李道军 著

THE GIST OF JURISPRUDENCE

法理学要论

知识产权出版社
全国百佳图书出版单位

内容提要

本书作为法理学教材，在结构安排上，着力于对法的本体的关照及实践愿景的回应，贯穿其中的主线则是利益、理性、民主、人权、控权和法治的宪政思维与实践动能。本书旨在促使读者更全面地理解法理学的范畴体系，更充分地养成法律思维能力以及对法律实践问题的反思与批判能力，侧重于培养读者对法律命题的分析、判断、推理与论证能力，以及参与"依法治国、建设社会主义法治国家"伟大实践的积极进取精神。

本书既可以作为面向以高等学校法学专业学生为核心的大学教育基础教科书，也可以作为法律实务界从业人员进一步了解法律原理与要义和把握法治内核与精髓的入门指导书。

责任编辑：李学军　　　　　　　　**责任校对：董志英**
封面设计：张　冀　　　　　　　　**责任出版：卢运霞**

图书在版编目（CIP）数据

法理学要论／李道军著 .—北京：知识产权出版社，2013.9
ISBN 978-7-5130-2297-2

Ⅰ.①法… Ⅱ.①李… Ⅲ.①法理学-高等学校-教材 Ⅳ.①D90

中国版本图书馆 CIP 数据核字（2013）第 221888 号

法理学要论
李道军　著

出版发行：知识产权出版社

社　　址：	北京市海淀区马甸南村1号	邮　　编：	100088
网　　址：	http：//www.cnipr.com	邮　　箱：	bjb@cnipr.com
发行电话：	010-82000860 转 8101/8102	传　　真：	010-82000893/82005070
责编电话：	010-82000860 转 8559	责编邮箱：	752606025@qq.com
印　　刷：	知识产权出版社电子制印中心	经　　销：	新华书店及相关销售网点
开　　本：	880mm×1230mm　1/32	印　　张：	9.5
版　　次：	2013年9月第一版	印　　次：	2013年9月第一次印刷
字　　数：	260千字	定　　价：	28.00元

ISBN 978-7-5130-2297-2

出版权专有　侵权必究
如有印装质量问题，本社负责调换。

前　言

　　法理学是我国教育部确定的高等学校法学专业16门核心课程之一，也是整个法学教育的基础课程，在当今法学体系和法学教育体系中占有极其重要的地位。

　　作为一门需要全面、系统的知识背景，严谨、科学的求知态度，敏锐、透彻的理解能力以及彻底、无畏的批判精神的学问，法理学不仅要一般性地探索与揭示法律的精义，还要全面性地关注与评判一国的法律体系；不仅要研究法律文本又不限于文本的研究，还要考察法的运作又不拘于运作的现实；既分析社会主体的行为指向与表现，也分析法的社会功能与效用，分析法是否以及怎样作用于社会主体的外在行为，亦即阐明法在现实社会生活中被创立、被遵守、被运行、被维护的机制与原理，为此，往往还需要基于而不局限于现行的实际存在与运行的法，去探求与谋求那些可以引领人们通往正确与公正的法的理想与愿景。当然，在这一架构和语境中，法理学必须对一些基本的关键范畴与重点命题作出清晰的阐释，例如：法是什么？为何法与利益、理性、正义不可分解？如何理解权利与义务？为何权力是必要的？为何要实行权力控制？法的价值何在？法是如何成长于社会又作用于社会的？为什么法律优于道德、政策等其他社会规范？法律职业为什么重要？如何确保法律职业担当其责任？为什么选择走法治之路？如何通往法治之路？凡此种种，都需要予以认真对待、细致拷问、理性思考与研判。而所有这些，都是属于法学世界的一些基础性、共通性、全局性和整体性的问题。

　　如果说，哲学与社会科学是致力于发掘人类理性的学问与方法，而法学是研究法这一特殊的社会现象及其规律的学问的话，那

法理学要论

么法理学的关注焦点则在于如何汲取、凝练和构建实施规范化社会治理的思维方式，指导法治化的社会实践并使其富有理性。法理学的视野、立场及其对问题的思考路径，总是充满着辩证的意味，法的形式与内容，现象与本质，意志与规律，稳定与变动，要素与系统，生成与发现，功能与作用，运行与守护，等等，莫不处于对立统一之中。因此，学好辩证唯物主义与历史唯物主义，对于理解和把握法理学的时代课题以及形成独到的法理认知模型，也是非常重要的。

本书无意致力于给当下法理学领域带来一场革命，但却谋求在前人成就基础上的超越与续展，看重体系上的创新、内容上的充盈、层次上的清晰和逻辑上的严明。在该书的结构安排上，着力于对法的本体的关照及实践愿景的回应。全书除前言、导论外，共计十三章，分别为法的本体论、法的发展论、法的作用论、法的效力论、法律关系论、法律责任论、法律程序论、立法活动论、法律方法论、守法原理论、司法原理论、法的监督论、法治理念论，正是这一努力的反映，而贯穿于其中的主线则是利益、理性、民主、人权、控权和法治的宪政思维与实践动能。

本书既可以作为面向以高等学校法学专业学生为核心的广大高校学生的大学教育基础教科书，也可以作为法律实务界从业人员进一步了解法律原理与要义和把握法治内核与精髓的入门指导书。其要旨在于促使读者更全面地理解法理学的范畴体系，更充分地养成法律思维能力以及对法律实践问题的反思与批判能力，尤为重要的是侧重于培养读者对法律命题的分析、判断、推理与论证能力，以及参与"依法治国、建设社会主义法治国家"伟大实践的积极进取精神。虽然未必能够完全达到这些目标，但本书至少为此付出了应有的努力，或者说为此而进行了一次有益的尝试！

李道军　谨识

2013 年 6 月 30 日

目　　录

导论 ………………………………………………………… (1)

第一章　法的本体论 ………………………………… (9)
第一节　法的定义 ………………………………… (9)
第二节　法的基本特征 …………………………… (19)
第三节　法的主要分类 …………………………… (24)
第四节　法的要素释义 …………………………… (35)
第五节　法的渊源范畴 …………………………… (47)
第六节　法律体系及其部门划分 ………………… (51)

第二章　法的发展论 ………………………………… (60)
第一节　法的起源轨迹 …………………………… (60)
第二节　法的发展的主要类型 …………………… (66)
第三节　法的发展的基本方式 …………………… (69)
第四节　法的发展的一般规律 …………………… (73)

第三章　法的作用论 ………………………………… (76)
第一节　法的功能与作用释义 …………………… (76)
第二节　法的作用的种类 ………………………… (80)
第三节　法的作用的范围 ………………………… (82)
第四节　法的作用的有限性 ……………………… (86)

第四章　法的效力论 ………………………………… (89)
第一节　法的效力释义 …………………………… (89)
第二节　法的效力范围 …………………………… (90)
第三节　法的效力的冲突机制 …………………… (93)

第五章　法律关系论 ………………………………… (97)

第一节　法律关系的概念及特征 …………………（97）
　　第二节　法律关系的分类 …………………………（99）
　　第三节　法律关系的主体与客体 …………………（102）
　　第四节　法律关系的形成、变更与消灭 …………（105）
　　第五节　权利与义务：法律关系的内容 …………（107）

第六章　法律责任论 ……………………………（118）
　　第一节　法律责任的概念及性质 …………………（118）
　　第二节　法律责任的主要特征 ……………………（122）
　　第三节　法律责任的种类 …………………………（125）
　　第四节　法律责任的构成及其要素 ………………（131）
　　第五节　法律责任的归责及其原则 ………………（134）
　　第六节　法律责任的承担机制 ……………………（137）

第七章　法律程序论 ……………………………（143）
　　第一节　法律程序的含义及特点 …………………（143）
　　第二节　法律程序的作用 …………………………（146）
　　第三节　正当法律程序的原则 ……………………（152）
　　第四节　正当法律程序的特征 ……………………（157）
　　第五节　正当法律程序的意义 ……………………（160）

第八章　立法活动论 ……………………………（162）
　　第一节　立法的概念及特征 ………………………（162）
　　第二节　立法的体制 ………………………………（168）
　　第三节　立法的原则 ………………………………（170）
　　第四节　立法的程序 ………………………………（175）
　　第五节　立法活动的延伸：规范性法律文件的规范化
　　　　　　与系统化 …………………………………（178）

第九章　法律方法论 ……………………………（182）
　　第一节　法律方法释义 ……………………………（182）
　　第二节　法律方法的分类 …………………………（183）

第三节　法律解释方法 …………………………………（189）
　第四节　法律判断与推理方法 …………………………（199）
第十章　守法原理论 ………………………………………（208）
　第一节　守法的语义界说 ………………………………（208）
　第二节　守法的理由 ……………………………………（209）
　第三节　守法的构成要素 ………………………………（211）
　第四节　守法的基本条件 ………………………………（218）
　第五节　守法的表现样态 ………………………………（221）
第十一章　司法原理论 ……………………………………（225）
　第一节　司法的含义及要求 ……………………………（225）
　第二节　司法权的性质与特征 …………………………（227）
　第三节　司法活动的基本原则 …………………………（231）
　第四节　司法的组织体系 ………………………………（236）
　第五节　司法独立的现代意蕴 …………………………（237）
第十二章　法的监督论 ……………………………………（240）
　第一节　法的监督的概念及特征 ………………………（240）
　第二节　法的监督的构成要素 …………………………（242）
　第三节　法的监督的原则 ………………………………（245）
　第四节　法的监督的功能 ………………………………（249）
　第五节　法的监督的种类 ………………………………（251）
　第六节　法的监督的制度化 ……………………………（254）
第十三章　法治理念论 ……………………………………（257）
　第一节　法治与法治国家的基本含义 …………………（257）
　第二节　法治的衡量要素 ………………………………（263）
　第三节　社会主义法治国家的基本特征 ………………（275）
　第四节　依法治国基本方略的核心内涵 ………………（285）
参考文献 ……………………………………………………（291）
后记 …………………………………………………………（293）

导　论

一、法理学的研究对象

任何学科都有相对独立的研究对象。正是由于有其各自相对独立的研究对象，才使得各个不同的学科，甚至同一学科的不同分支得以成为一门值得专门研究的专业。

法学是以法这种特殊的社会存在及其规律为研究对象的学科。作为一个独立的学科，它本身也是一个学科系统，在这个系统之内还包含一系列次级的学科。可以说，法学是一个由它的各个层级的分支学科所共同构筑的学科群，我们也可称之为法学体系。在这个体系之内，可以大致分为若干次级分支学科。按照学界通说，一个法学分支或部门的形成必须有独立于其他法学分支或部门的研究对象和研究方法。

法理学的研究对象乃是法学体系的研究对象的一个层面，也就是以一般意义上的法及其规律以及与之密切关联的基本范畴、重大观念、应有立场、思维方式等为研究对象，借助于对它们的研究，有助于发现法的理性因子，并有助于引领社会主体特别是法律职业群体和法学家群体张扬法的理性，推进制度的理性进程。因此，如果说法理乃是指法律理性的话，那么，法理学可以简称为探寻、揭示法律理性的学问。

在法理学的发展历史上，从全局视野观之，法理学的研究对象虽然相对明确，但各个时期、各个流派、不同研究者的侧重点往往会有所不同，形成了一些有其各自特性的法学流派或分支，如诠释政治的法理学、探索理念的法理学、表述制度的法理学、说明文本的法理学、传承思想的法理学、阐扬法治的法理学、表述规范的法理学等。20世纪中叶以来，法理学更是突飞猛进。突出表现在自然法的复兴，实证法学的自我超越，法律社会学的成长以及法律的经济分析等领域的兴起，尤其是伴随着法律及法学研究的地方主义与民族主义情结的逐渐淡化，比较法研究的勃兴，以及各个民族、国家、法系之间的彼此学习、借鉴与吸收，还有世界法思维和理想的出现，凡此种种，都使得法理学的范围更为宽广、立场更加坚实、方向更为确定、目的更为鲜明。

二、法理学的学科地位

在整个法学体系的架构中，法理学的地位非常显要。这种显要地位是由于它在法学体系架构中所处的一般性、基础性、引领性和根本性的位置决定的。关于法理学的学科地位，可以从以下几个方面来理解：

1. 法理学是法学的分支学科

法学是以法及其规律作为自身研究对象和考究范畴的学问。并且，作为一个相对独立的学科，有其自身的知识谱系和分科体系。法学的知识谱系为：以其独特的或兼容的思维方法和话语方式描述法的现象，讲解法的规范，阐释法的精义，勾画法的适用，评析法的效果，揭示法的规律。

从学科性质上讲，法学是属于社会科学领域的一个独立学科。法学的分科体系为：基础学科、应用学科、交叉学科。其中，基础学科乃是构成整个法学学科系统的观念基础、理论基础和结构基础的那部分学科，包括法哲学、法理学、法伦理学、法经济学、法政策学、比较法学等；应用学科乃是指构成整个法学学科系统的思考本体、知识主干、规范释义及其操作的那部分学科，包括宪法学、刑法学、民法学、商法学、行政法学、诉讼法学以及国际法学等；交叉学科乃是指法学研究和法治实践中涉及的兼具两个或两个以上的学科的知识、理论和方法，并由此同构起来的各个法学分支，包括法史学、法医学、刑事侦查学、犯罪心理学、司法精神病学等。

在法学分支学科系统中，法理学是一个与法哲学、法社会学、法史学等并列的学术门类，都属于以整个法律世界作为自己的研究对象的理论学科。同时，法理学也有其特殊意蕴，即凡是与一个国家或社会现实的法律生活有关的活动领域，包括以法律渊源形态存在的宪法、民法、商法、劳动法、环境法、行政法、刑法、诉讼法、国际法等整个法律体系中的各个部门及其规范性法律文件，以及现行法的运行和实现的全部过程，都属于研究范围中的重要命题。它以人类法律思维和法律实践中涉及的基本范畴及其一般属性作为考察的基点，对各个部门法进行统摄性研究并对各个部门法领域的研究成果进行一般性的抽象和把握，以为部门法学提供研究的基础和指南。可以说，法理学乃是连接法哲学与部门法的桥梁，也是沟通人类法律思维和法律实践的纽带。

2. 法理学是法学的基础学科

与法学其他分支一样，法理学的研究对象也是法及其发展轨迹和演进规律。但它所研究的法有其特殊性，即它所研究的主要是实证法（实际存在的或称国家创制的法律及其体系）的产生、形成和发展的过程及其规律，属于法学的基础性学科。它将各种具有规范形式的法律以及规范性法律文件抽象为一般法，然后研究它们的共同原理、普遍原则、基本范畴、功能作用、发展规律、本质特征、内外部关系及其价值取向等，并因此而成为高层次的法学理论形态。由此，法理学的定义也可以表述为：作为法学原理并且以法的普遍适用的原理、范畴、原则、规律、价值等为研究对象的法学分支学科。

伴随着法理学研究的纵深发展，法理学研究的内容会越来越丰富，法理学的体系也会不断调整。许多过去并不被法理学所关注的命题，已经逐步被关注甚至成为法理学研究的重点领域；在未来的法理学体系建构、完善中，相信会有一些更为新颖的素材、范畴、命题被纳入其中，一些新的研究方法，也会被广泛地吸收到法理学的研究体系之中。

3. 法理学是法学的一般理论

法理学的研究对象是古今中外所有的法律制度以及对这些法律

制度的发展过程、发展规律的全面、综合、系统的研究，而不是仅仅局限于本国或者某一发达国家或几个国家或具有某种特殊意味、历史类型的法律制度的个别的、局部的、针对性的研究。法理学的研究对象的展开通常是立足本国，环视全球，通览古今，聚焦先进，从横向和纵向两个向度延展开来，全面地、联系地、综合地考察、分析、阐释现象与本质、形式与内容、稳定与发展、要素与系统等各种法的范畴，并尽可能有机地运用比较的、历史的、经济的、政治的方法，批判地借鉴、吸收国内外不同历史时期的法律制度安排、法治社会建构和法学理论研究的经验和成就，分享人类在通往制度文明、法治之路上的优秀贡献。而且，被置于研究对象范畴之内的，既包括法的现象，也包括法的本质；既包括法的内容，也包括法的形式；既包括法的理念，也包括法的制度；既包括法的思想，也包括法的规范；既包括法的理想，也包括法的现实；既包括法的历史，也包括法的规律，凡此种种。最一般意义上的法所强调的意蕴之内，既包括一国之内法的调整所及的整个领域，或者说各个法律部门，亦即包括宪法、民法、商法、经济法、行政法、刑法、三大诉讼法等，也包括超越一国范围的国际领域的诸法域，亦即国际公法、国际私法、国际经济法等；而且还包括对其他国家和地区的法的比较与考量等；不仅包括总体的法的定义与特征，法的构成与要素，也包括作为法的系统之内的各个子系统或分系统而存在的各个部门与分支法的内涵与外延、功能与价值等，还包括现行的法的创制、运行与实现的各个步骤与环节。

法理学旨在寻找法的实存样态及其基本特征、共通范畴及其运行规律，进而为法学的其他各个分支学科提供共通的分析平台、共识性的话语氛围，并最终为法治建设进程服务。

4. 法理学是法学的思维平台

如果说，实践是全部学问的原点，法律生活是法学的基地，那么，法理学在整个法学世界中所担当的则是思维平台的角色，它的核心功能在于为法学的其他学科提供思维的范畴、理念、模式、方法等。

　　法理学研究的是一般意义、整体意义上的具有普遍性和根本性的问题。在法学的知识谱系中，其位阶应高于部门法学、法史学及交叉法学，它要为各个部门法学提供坚实的理论根据和成熟的指导思想，并使一些以涉法命题为观照、考究点的相关学科得以纳入法学体系之中。因此，法理学以其对法的概念、法的理念和法的原理的全面、系统的阐释，在引导人们恰当地理解法的性质、特征和功能及其影响变化的内、外因素的同时，揭示、阐明有关法的形成、成长、变迁及其作用的核心思想和基本观念，凝练和概括出有效性及于整个法学世界的基本范畴。例如，法律关系、法律责任、法律行为、权利、义务、法律规则、法律原则、法律解释、法律推理、法律文化等。这些范畴贯穿于各个部门法学，也是所有其他法学分野共同适用的。因此，法理学的这种贡献，可以说是为整个法学的知识大厦和认知进路提供了一个基本的思维平台。

　　5. 法理学是法学的意识形态

　　按照历史唯物论的基本观点，整个法学的世界都属于意识形态范畴。在经济基础之上，存在政治以及作为政治活动必然产物的国家、阶级、政党的活动等，与之相较，哲学、艺术、宗教乃至整个学术的领域所表达出来和所构筑起来的，则统统属于意识形态。

　　相较于部门法学和交叉学科等，法理学是更为抽象超脱的理论产物和意识形式，在波斯纳看来，法理学"指的是关于法律这种社会现象的最基本的、最一般的和最理论化的分析。法理学所涉及的问题、所使用的视角，大部分与法律实务者的日常关心相距甚远。它所涉及的问题无法参照或根据常规的法律文件推理而加以解决，它所运用的视角也无法演绎出法律原理和法律推理。法理学的许多问题是跨越原理、时间和民族的界限的"❶。法理学常常先声

---

❶ ［美］波斯纳：《法理学问题》，苏力译，中国政法大学出版社1994年版，序言。

夺人，发现和捕捉到一些与法律思潮、法律制度、法治实践紧密攸关的社会需求、时代主题，并及时加以研究、分析和升华，融汇到既有的法理学体系及研究范围之中，使其往往成为一个时期内人们的法学价值观、认识论的首倡者和评判者，新的法律意识的颂唱者和引领者。

6. 法理学是法学的方法之门

方法是获取知识的重要手段。现代法学中，方法逐渐从法学知识中分离出来，成为一门独立的关于方法的学问。事实上，法学之所以称之为一门独立的学科，很大程度上取决于其自身具有一套独立的科学的方法论体系。法学的成长轨迹早就表明，方法是否恰当、适宜和有效，对于研究结论的正确性和成果的可信度是非常重要的，因为方法的选择及运用在很大程度上会影响到研究者兴趣的领域、认知的程度、主题的确立、资料的取舍、判断的依据等，甚至可能会最终影响和制约研究者完成其任务的方向、进度及效率。之所以说法理学是法学的方法之门，主要就在于法理学本身还是一种兼容并包、善于吸纳各种方法的理论。不仅传统的历史分析方法、比较分析方法被其纳入自己的方法论体系之中，近现代以来活跃和成熟起来的价值分析方法、语言分析方法、系统分析方法也尽收入其方法论体系之中，而且，对于经典的哲学方法等，也从来没有丝毫的懈怠和抛却，而是不断加以强化，赋予其在对法的辩证思考、科学研究中以新的魅力。近年来，国内外法理学都在重视对一些新的方法的研究和吸收，旨在谋求方法的革新和对传统方法论体系的超越，在这个过程中，法理学责无旁贷且首当其任，使得法理学的开先之气一以贯之，并通过不断的提升、润滑，使其足以为各个部门法学和其他法学分支所通用，成为整个法学体系行之有效的方法；而且，法理学因其基础性、理论性的学科地位，也决定了其对包括国内外的人文、社会科学和自然科学在内的各个学科的科学方法的借鉴与吸收，一直视若顺理成章之事，而且从来就没有间断过。可以说，正是法理学，每一次先行开启方法更新与变革之门。

三、法理学的学习意义

学习法理学的意义,也就是要追问,为什么要学习法理学?进而设问,为什么必须将法理学作为法学教育的核心课程?

首先,在理论层面上,"法理学有助于法学者的自我认识、自我定位和对其行为的自我批评","是法学和司法进行自我反省时不可缺少的组成部分"❶。可以养成所有学习者对法的理性认识能力与合法行为观念以及良好的守法情结与用法智慧。

其次,在实践层面上,阅读法理学著述和参与法理学命题的讨论有助于培养"批判地、创造性地分析和思考法律的能力。在法律实践中,特别是面对法律中的新问题或试图表述和支持研究法律问题的新方法时,这种技能总是有用的"❷。其实,要养成批判性思维和反思性意识并不是一件轻而易举的事情,需要付出非常之多的精力与异常艰辛的努力。经历大学教育的大学生可以通过修习法律知识、掌握法律方法、形成法律思维、参与法律实践等途径,逐渐养成从法律的角度思考、分析、解决疑难法律问题的能力。

再次,法理学可以训练法律职业群体的法律思维能力,可以培养法律职业所特有的分析法律事件和思考法律良策的方式,从而形成法律人所特有的对各种社会纠纷、矛盾和冲突的法律化解决思路和专业化判断能力。法律思维方式不是凭空产生的,它是人们在长期法律实践过程中,随着对法律品性认识的不断提高、系统了解了法律方法之后,逐渐形成的法律思维方法。法律思维方式的形成是法制文明进化的标志,因而它要求人们使用法律思维方式来理解法律规范、法律概念和法律事实。法律思维方式是职业法律群体根据

---

❶ [德]伯恩·魏德士:《法理学》,丁小春、吴越译,法律出版社 2003 年版,第 14 页。

❷ [美]布莱恩·比克斯:《法理学——理论与语境》,邱昭继译,法律出版社 2008 年版,第 3 页。

法律的品性对人的思维走向进行规范、概括所形成的一种思维定式，是受法律意识和法律技术影响的一种认识社会现象的思维方法。❶

最后，也是更加重要的一点，就是："法理学本身是有趣的、有价值的，即使它并不带来财富、更多的自我认识或更大的社会进步。"❷ 它借助其特有的理论魅力和丰富的理论意蕴，不断地涌动出新的富有挑战性的时代命题，厚重地向爱好它的人们展示着深刻的法文化根基，传播着法的精神、理念与价值，滋润、提升着人们的法学思考的层次与境界，拓展、扩张着人们的法学观照视野，进而立于一个较为系统的理论高地上，俯瞰、扫视广袤的法学世界里的各类一般性理论命题和本学科的法学理论、法律实践课题。此外，直到今天，我们在对待许多尚未明确的问题时，总是要首先允许存在不同的观点和意见，并要为这些不同的观点与意见之间的交锋营造一个适宜的氛围，以便澄清一些理论上、实践中的是非关键。法理学领域亦莫能外。由于法理学在整个法学学科中的基础性地位，决定了大量的法学理论与法治实践问题多会首先在法理学领域中反映和显现出来，这又使得法理学领域的争论最多、最激烈，也最精彩。

---

❶ 曾宪义主编：《法律硕士专业学位研究生联考考试指南》，中国人民大学出版社2001年版，第80页。

❷ ［美］布莱恩·比克斯：《法理学——理论与语境》，邱昭继译，法律出版社2008年版，第3页。

第一章 法的本体论

第一节 法的定义

一、法的现象与本质

（一）法的现象

现象是本质的外部表现，是现实世界的事物和过程借以表现的外部形式。事物的本质是隐蔽的，是不能靠简单的直观去认识的。事物的外部形式则可以直接通过感官去感觉。但是，事物外部的表现形式常常歪曲和不正确地表达事物的真正本质。

法的现象意指法的现实表象和浅在性征，是外显的、征象的、可视的、易变的，借助于经历的、体验的、直观的历程和路径就能够了解它、接近它和把握它。法的现象与法的本质是对立统一的，我们在认识法的本质的时候会感到有困难，要在法的复杂多样的现象当中寻找法的本质，需要认真鉴别。在实践中，我们既要透过现象看本质，从而加深对法的理解；同时还要充分利用法的现象，以理解和把握法的本质，促进法的发展和进步。

现实世界中，许多生活经历都被烙上法的印迹，供我们品尝、斟酌、思索、回味……

法的现象可以从三个侧面来描述。

从社会生活事实的角度讲，法的现象既指在法的调整范围内的行为合乎法的要求或不违反法的禁止的状态，如婚姻登记、教育子女、赡养老人、慈善救助、正当防卫、紧急避险、守法经营、依法诉讼、法律服务等；也指时常发生在社会生活领域的触法现象，如交通违章、酒后驾驶、绑架人质、滥用权力、挪用公款、贪污受贿等。从这个角度看，法的现象还可以指个别化的纠纷解决方式，纠纷解决规范需求的各种表达，立法者的立法动议、法律草案拟制、法律草案的讨论，立法机关对法律案的审议、表决、通过、公布的一系列活动，以及关于法律效力与效果的评价、立法者关于法律的修改、清理、废止的活动，等等。

从法律运行的角度看，法的现象可以指立法者对所立之法的不断的解释活动，执法者执行法律的执法活动，司法者适用法律的司法活动，以及监督者监督和保障法律实现的法的监督活动，等等。

从法律关系的分布、划分的领域来考察，法的现象包括民事领域的权利维持、义务履行、契约订立、守约、违约、救济等；婚姻家庭领域的结婚、离婚、抚养赡养扶助、财产支配和分割，以及遗产的继承与转移等；侵权领域的各种侵权行为及其救济途径，等等，不一而足。

（二）法的本质

本质是指事物的内部联系和规律性，所表现的是主要的东西，这种东西能说明事物的特性、事物内部最重要的方面、事物内部深处所发生的过程，它是一事物与他事物区别开来的根本标志。

法的本质则意指法的内在规定和根本潜质，是掩藏在法的现象背后的、深层的、费解的、定在的特质，需要借助于理性的抽象思维才能认知、理解和把握。

从历史发展的真实场景看，任何时期的统治集团都会自愿或不自愿地创制一定的社会规范来整合内部关系，调整与其他利益集团主要是被统治者的关系，来维护社会生产力发展和社会关系变化的基本需要。从社会发展的互动关系来看，社会就是一幅巨大的关系之网，结织这幅巨大的社会网络的细胞或原子就是存在于各个生活领域的社会关系，从家庭关系以至于家国关系、国家间关系。社会关系的最关键的部分则为生产关系，也就是生活在特定时空条件下的人们在物质资料的生产、分配、交换和消费的过程中形成的社会关系。虽然，不同的时空条件下生产关系的性质和特点有所不同，在特定时空条件下的生产关系中人们所处的地位有不同，甚至在历史上相当长的一个时期内，在人类的大部分生活圈子中，都存在一个集团占有了另一个集团的劳动成果和剩余所得的情形，存在不同利益集团之间的对抗和冲突，但是，一个不可否认的法制史现象告诉我们，人类的各个历史类型的法，历史上各个国家的法，对于买卖、契约等交易行为，都有保护性规定，保障交易活动的安全；对于杀人、偷窃、强盗等严重侵犯人身、财产的行为都作出了禁止性规定，严厉加以制裁。即使在现今发达市场经济条件下，或者旨在实行有特色的市场经济条件下，关于物质资料的生产、分配、交换和消费，仍然是制度设计的头等要务，在任何一个称得上进步、完善的法律体系中，对这些领域和事项的规定和调整都会构成其主干与基础部分。从人类持续发展的环境与条件看，和平与安全成为人类的第一利益。人类的持续发展有赖于稳定的社会条件和有效的资源供给。没有安全、稳定的环境，人类无法共生和存续；没有充足、可靠的资源，人类难以持续发展。当今世界，恐怖主义、毒品交易、海盗、劫机、商业诈骗等犯罪活动猖獗且日益趋于国际化，对人类整体的人身和财产安全构成威胁，全人类联合起来对付战争与犯罪，维护人类的和平安全需要共同的规范；由于人口增长与科技的发展，人类活动对地球生态环境带来的不良影响日趋严重，大气污染、海洋污染、臭氧空洞、热带雨林锐减、物种减少、海平面升高、荒漠化、温室效应等生态环境问题威胁着人类的生存与发展，需要全人类的共同努力才能有所作为。不同的环境与条件对人民的生活样态，对社会的发展进步，对国家的政治文明，会存在这样或那样、促进或滞后的影响。对法的水平和法治的层次也会形成较大的影响；但伴随着认识的高涨，通过立法保护人类生存和发展的人口的、资源的、环境的之类的需求，又会推进法律体系的完备和法治水平的提升，会进一步彰显法的理性。立足当下的利益考量，兼及尊重先哲的贤明、慷慨，顾及后世的持续生存、发展，从人类一体的思路进行利益的配置和再分配，达到一种适合主权者理想状态的制度安排和利益配置与结构划分，这需要借助于合乎理性的制度安排,肯定法的理性的至上性,并加以尊重和守护。在此种意义上,也可以说,法的本质是人类一般理性的表达。

为此,对法的描述和揭示应比较全面地考虑到其本质和现象两个面向的统一。每一个社会形态都会有与自己的经济基础相适应的上层建筑,社会上层建筑竭力与经济基础相适应,同时也竭力为经济基础服务,在一定的条件下,它又反过来对经济基础发生反作用。而在上层建筑的构造之中,既有与经济基础相适应的政治设施、管理手段以及与之相应的关于政治、法律、宗教、艺术、哲学的观点等,其中政治设施主要是指包括政府、法院、警察、军队等在内的硬件系统;管理手段则是包括成文法及政策在内的软件系统等;而关于政治、法律、宗教、艺术、哲学的观点等就是社会意识形态。因此,法是有其相对的独立性的:一方面,它作为上层建筑的一个极其重要的层面,虽受社会经济基础制约,但也会对社会经济基础尤其是对社会经济制度的安排产生巨大的反作用;另一方面,在上层建筑的范畴之内,法既然是在主权者的主观努力下揭示、描述和确立了特定时期内各社会主体的利益划分与配置体系,就不可避免地融进了主权者对于利益划分与配置结构的主观意志因素,这也是法的意志性的唯一来源和可能解释。但是法一经形成并公开为社会公共产品,就应当是相对稳定的、确定的,其所形成的利益划分与配置格局就应为包括主权者在内的各社会主体一体维持,并通过进一步的富有理性的立法活动将其具体化为攸关各社会主体外部行为之允行或禁止的社会规范。

二、法的内容与形式

(一)法的内容

法的内容,即法所表述和确立的规范内容,亦即那些关于权利与义务、职权与职责、责任与荣誉的实质性规定。

在能够为人类体察的现实法律世界中,法的内容是以各种各样的利益互动关系、社会关系主体的利益划分与配置结构状况、社会关系主体追求与维护所划分与配置给自己的利益的自由度状况所表征和展现的。法的内容具有多个方面,既有顺应社会物质生活条件表达法的意志性与规律性的内容,也有体现法的阶级性与共同性的内容,还有翻译和传达利益分配结构与社会经济关系的内容,此外,关于社会秩序与主体自由的向度也从来都是法的深刻内容之一,凡此种种。

对法的内容的理解可以从三个层次展开:一是强调法赖以生成和发展的客观的物质生活条件,它们往往构成法的深刻的本质内容,规定了社会各阶级(利益集团)在法律中的地位,即法所调整的社会关系的实际状况;二是强调社会主体在社会生活中的利益互动和交往关系,即法是如何规定利益配置与互动状况的;三是强调法律通过什么方式实现对利益的划分与配置,通常表述为权利与义务关系、职权与职责关系、权威与服从关系,并通过法律规范概括出各类可资参照引导主体行为方向的行为模式。亦即可以将法的内容简约概括为:互动利益的规矩化、社会关系的抽象化、外在行为的模式化。

1. 互动利益的规矩化

社会因利益而划分为不同人群、阶层、集团等,也就在一定意义上为不同的人们提供了实现各种利益的需要与可能。凡是社会规范,都会体现、反映、代表或旨在保障某种利益。在任何存在利益矛盾与冲突的社会之下,法律的出台总是各种力量冲突与妥协的产物,都与各利益集团在冲突中的地位、作用及最后的力量变化和稳定结构密不可分。法所要调整的各种利益关系中所涉及的利益是多种多样的。从宪法、法律到每一个法规、规章,从民法、刑法等实体法到程序法,都离不开对各种利益关系的调节,法应当规定有关各方面利益的界限以及各有关社会主体谋求实现其利益最大化的最终界限。即法所确认的调节各种利益关系的方式也是多种多样的,既包括对利益加以确认、鼓励或保护,对实现利益提供机会或条件,协调不同利益间的矛盾,预防利益矛盾的产生和激化;也包括对有关利益的限制、禁止，对利益纠纷加以裁决，对受损害一方提供补救，对损害他人利益一方实施制裁，等等。

可以说，法能否为社会主体普遍遵守，能否真正发挥其应有的作用以及发挥这种作用的具体状况和程度，归根结底取决于法本身是否真正代表、体现、反映和保障这些社会主体的利益。因此，在阶级对立社会中，那些开明的处于主导和统治地位的利益集团往往会在自己的法律中规定一些保护其他阶级、阶层或集团的利益的条款。是否合乎最大多数人的最大利益，是否代表、体现、反映和维护各社会主体的应享与可享利益也是衡量特定的法是否合乎正义的最终标准。在此种意义上，法必然是在冲突和妥协的过程中占据了主导与核心地位的集团的利益的充分表达和展示，但同时亦对其他集团的利益、愿望和要求作出起码的反映与兼顾。

2. 社会关系的抽象化

法是奠基在一定社会的现实基础之上的，是一定物质利益关系的集中体现，并反过来维护和发展这些关系，即法的形成基础是各种各样的社会关系。通过对诸种社会关系的抽象、概括和确认，通过对各社会关系主体的利益的划分与配置，大量现实的社会关系转化为法的关系，并在各个具体的情境之下表现为形态各异的法律关系，构筑起各具特色的法律秩序。恩格斯在谈到法的产生时指出："在社会发展的某个很早阶段，产生了这样一种需要：把每天重复着的生产、分配、交换产品的行为用一个共同的规则概括出来，设法使个人服从生产和交换的一般条件。这些规则首先表现为习惯，后来便成了法律。"❶

因此，我们可以说，法律关系首先是法对社会关系的确认、虚拟态，是法律予以承认和保障的法定社会关系，作为一种特殊的社会关系，法律关系体现着国家意志，反映了国家对现实和预期社会关系发展与演化的立场。从实质上看，法律关系作为一定社会关系

---

❶《马克思恩格斯选集》（第2卷），人民出版社1972年版，第538~539页。

的特殊反映和表达，是存在于特定社会主体之间的以权能的拥有与否及对其扩张范围的肯定与否表征和展现的利益关系，它集中体现了国家对某种社会关系的态度。

3. 外在行为的模式化

人们大部分时间都在进行着频繁的社会互动，在这些互动中形成了特定的社会秩序状态，积淀了基本的行为模式。任何人都处于同其他人的交往关系之中，因而也不得不对其他人对自己的行为以及自己对其他人的行为作出预设，判断自己对他人的行为可能引起的反应以及他人对自己的行为可能带来的影响。而且，行为人为了能够实现自己的目标，必然会谋求事先对其他人的行为有一个大致肯定的预期；反之，其他人也会有此需要。这样，所有的行为人实际上都需要借助于一个优化的信息系统和公开程序来预知和确证其他人的行为以及社会公共权威力量对个别行为的许可范围。一般来说，在一个人们之间交往频繁的完全社会化的环境内，一定的行为准则已经获得其中大多数人的承认和支持，而其中那些当人们坚持它们时可以给人们带来益处，而不坚持它们时却可能对人们有害的准则逐渐在人们的社会生活中被巩固下来，形成调整人们外部行为的准则。亦即是说，只有那些可以获得社会系统中所有行为人共同承认、肯定和支持的行为才能得到提倡、巩固和强化，从而成为一个社会环境下各个社会成员的一种行为的标准范式，生成为普遍性的行为标准和规范。不管在什么社会，生长在这个社会中的所有个体中总有极大一部分人是按那个社会所指定的行为方式来行动的。❶

事实上，从实际情形看，将人们的外在行为上升到法律之中，形成法定行为主要模式的，主要有三大类，即可以放任的行为，要求作出的行为和希望不得作出的行为。相对应地，被高度抽象、升华和模式化的，也是三大类，即授权性行为模式、命令性行为模

---

❶ ［美］本尼迪克特：《文化模式》，王炜等译，三联书店1988年版，第234页。

式、禁止性行为模式，此外还有一种兼具权利义务双重内核的重合性行为模式。其中，命令性行为模式和禁止性行为模式又统称为义务性行为模式。授权性行为模式指示人们可以作为、不作为或要求别人作为、不作为，其特点是为权利人提供一定的选择自由，对于权利人来说不具有强制性。它既不强令权利人作为，也不强令权利人不作为，相反，它为行为人的作为、不作为提供了一个自由选择的空间。规定该类行为模式的法律规范被称为授权性法律规范，通常采用"可以"、"有权利"、"有……的自由"等表述方式。授权性法律规范在现代法律体系中所占的比重最大，而且还处于不断扩展的过程中。命令性行为模式是法律规范为维护社会成员的自由和利益而提供的告知法律关系主体必须作出某种行为或依权利人请求作出某种行为的行为模式，这种行为模式对义务主体而言是一种约束，对权利人而言则是一种保障。规定该类行为模式的法律规范被称为命令性法律规范，通常采用"应当"、"应该"、"必须"、"负有……的义务"等表述方式。禁止性行为模式是法律规范为维系社会安全和法的权威而提供的告知特定社会主体不得作出某种行为的行为模式，其实质是要求义务人抑制自己的冲动和行为，这在表面上看对义务人是不利的，但最终对他是有利的。法律规范通过这样的行为模式，可以使其避免因实施危害他人和社会的行为而遭遇制裁之难或牢狱之灾。规定该类行为模式的法律规范被称为禁止性法律规范，通常使用"不得"、"禁止"、"严禁"等表述方式，并往往在描述行为模式后附加因实施该行为的法律后果。重合性行为模式是法律规范为维护法的权威而提供的告知社会主体其行使权利的行为，同时也是其承担义务的行为、行使职权的行为，也就是履行职责的行为的行为模式。重合性行为模式多属于为公法上权力主体的行为提供的行为模式，但私法上也提供了许多类似的行为模式，如监护等。此外，在社会法中的劳动的权利与义务和受教育的权利与义务，虽非权利、义务完全重合，但作为个人与国家（社会）关系图式中的主要范畴，也是告诉公民享有要求国家平等地提供健全的教育资源、机会和条件,或提供劳动的机会和条件的权利。而在国家提供了健全的教育资源、机会和条件时,公民负有接受义务教育的义务,或在国家提供了劳动的机会和条件的前提下,公民负有参与劳动的义务。

(二)法的形式

法的形式则指法的内容的组织形式,亦即指称法是如何有序地陈述权利与义务,如何设计法律后果的评价机制,如何整合法律原则和规则并将其融汇于法律系统之内的。

当我们说,法的形式指法的具体的外部表现形态的时候,这一概念所指称的,主要是法由何种国家机关制定或认可,具有何种表现形式或效力等级。任何法都有一定的表现形态,例如以成文法形式表现或以判例法形式表现,以法律形式表现或以行政法规形式表现。立法者或执政者的重要职责之一,便在于使所制定或认可的法,获得适当的、科学的形式。正像学者们已经指出的那样,"法律就其性质来说,乃是一种一般性的陈述形式"❶。从形式和实质的对比中可以发现,"形式是指法律内部的东西,实质是指法律外部的世界,就像在形式正义和实质正义的对比中所使用的那样"❷。

当代中国,包括宪法、法律、行政法规、地方性法规、自治法规、行政规章等在内的制定法,是法的内容的主要表达方式,其中宪法、法律、行政法规分别居于核心地位和尤为重要的地位。目前,我国法的形式也就是指由国家制定或认可的成文法、制定法,包括宪法,法律,行政法规,地方性法规,自治条例、单行条例,特别行政区的规范性法律文件,国际条约等,具有多层性的特点。

---

❶ [澳]维拉曼特:《法律导引》,张智仁、周伟文译,上海人民出版社2003年版,第149页。

❷ [美]波斯纳:《法理学问题》,苏力译,中国政法大学出版社1994年版,第51页。

法的形式作为主权者为揭示和反映法的内涵、明定各社会主体的利益归属及基于其上的权利与义务、表达法律规范的物质载体，是法的最直观、最稳定的表达方式。法的形式在确立法的范畴、反映法的内容、形成法的范围、确保法的质量方面是非常重要的。其重要性的表现有以下几点：

1. 法的形式是区分法律规范同其他社会规范的一个重要标志

不是所有的社会规范都具有法律效力，只有通过法定程序、经过法定国家机关制定、认可、解释，并具有法的形式的社会规范才具有法的效力。要把某种社会规范确立为法律规范，就必须赋予这种社会规范以法的表现形式。因此，研究法的形式，有助于人们了解法的范围并明确区分法律规范与其他社会规范。

2. 法的形式是确定法律规范的效力层级的凭据

不同法的形式是由不同的立法主体制定、认可和解释的，立法者必须依据法定的职权和程序立法，而不能在不属于自己职权范围内的事项上立法，不同的立法主体所采用的法的形式也表明了立法主体在立法体制中的地位。因此，研究法的形式有助于解决什么样的国家机关有权产生什么形式的法以及该法在法律体系中的效力层级问题，有助于明确哪些法的效力较高，哪些法具有最高效力。

3. 法的形式是确保立法活动效率性的基础

各种类型的法的形式都属于立法活动的产物，立法活动的结果需要以相应的法的形式来固化；调整不同社会关系不仅需要不同的法的形式，而且这些不同的法的形式的技术特点和要求也有不同。立法活动需要采用适宜的能够体现立法者的地位并且能够满足立法的技术特点要求的形式。因此，研究法的形式，有助于立法者运用特定立法技术和适宜的形式来制定、认可、解释特定的法律规范，选择适宜的形式宣示和表述法律规范并以其调整相应的社会关系。

4. 法的形式所具有的优良品质，如"良法"或"善法"要求法本身必须具备相应的形式价值

例如，法应当具有公开性，而不应诡秘难知；应当具有稳定

性，而不应朝令夕改；应当具有连续性，而不应陡然巨变；应当具有严谨性，而不应破绽百出；应当具有灵活性，而不应过于僵化；应当具有实用性，而不应华而不实；应当具有明确性，而不应含混不清；应当具有简练性，而不应冗长烦琐等。但是，最基本的则是法所具有的权威性、普遍性、统一性和完备性。即任何个人或团体都必须无条件服从法律的支配，法律的尊严神圣不可侵犯；不因人设法，而是以一般性的规则来调控所有人的同类行为；保持法律制度本身的和谐一致，消除矛盾和混乱，实现有法可依，在应由法律加以调整的行为领域消除法律空白和漏洞。这些品质被认为是值得珍视和追求的，是合乎期望和理想的，也是"法治"之法的最起码的形式要求。

对于普通的法律需求者和遵守者而言，考察和思索大多局限于形式的、表象的、直观的一面。而对于那些以追究法的存在为业，以创造、完善法律系统为己任的自由思想家、职业法学家、权威立法者而言，考察和思索则会大大超越作为一个普通的法律需求者和遵守者的视域疆界，而深入社会生活的深层次中，甚至嵌入人类生存和发展的纵横情境之中，去探寻、发现、揭示、阐释人类的生活法则、交往法则，以及导致这些生活法则、交往法则之所以成为人们不得不受其规制的法则的规律和力量。

基于以上分析，给法作出如下定义或许是成立的：法是特定历史阶段上衍生于社会生活之中，并由在社会生活中占主导地位的集团、阶层或其联合，根据其赖以生存的物质生活条件，以国家或其他权威力量的名义加以确认，通常明晰为各种法律规范或沉积于各种法律文本之中，并以该种强制力通过特定的程序保障其实现的社会各类主体之间的利益划分与配置体系及其表现形式。

第二节　法的基本特征

事物的特征是由事物的本质所决定的、为主体认知并区别于其他事物的不同的性质与属性。法的特征就是由其本质所决定的使其得以被社会主体所认知、理解、信守的并区别于道德、政策、判决、命令等其他社会规范形态的特殊属性。

有社会即有规范，有人类活动即有关于人们行为的规范存在，也可以说，规范都具有一定程度的社会意义，都是指向人们行为的。因此，人类直面的所有的规范都可以称之为社会规范。法正是社会规范体系中的一种最公开、最确定的社会规范，法的最基本的特征有以下几个方面：

一、法是调整人们的行为的社会规范

法的调整对象是社会主体的行为。行为是特定主体所为，而且其承受的评价及其后果最终要由作出各该行为的主体来担当。法只有能够为人们理解和把握并作为行为准则，才能明确地指引社会主体的行为，社会主体才能运用法来预测和规范自己的行为，参与各项社会活动。因此，在社会生活中，法作为人人应当遵循的行为准则，必须确定、公开。人们如果依其而行，应该发生怎样的结果、会承受何种评价都应可以预期。法律调整人们行为的具体方式包括：权利规范与放任性调整；义务规范与导向性调整；道义规范与奖励性调整；违法行为与制裁性调整。

法旨在确保各社会主体的自由和维持良好的社会生活秩序。当属于法的调整范围内的一定事件发生时，就应当平等地适用。无论通过立法还是司法过程，其所表达或输出的关于人们行为关系的法律准则应当是一个状态稳定、可以遵守和适用的可控系统。

二、法是由国家权力创制的社会规范

任何特定历史阶段的法，都是由国家权力创制的。近代以来，专门国家机关的制定、认可和解释被认为是法的创制的基本方式。法的制定是指享有立法权的国家机关依照法定权限和程序通过立法活动产生新规范；法的认可是指具有相应权限的国家机关对社会中已经存在的行为规范予以承认，赋予其现实有效性的活动。这种"认可"通常有三种情况：其一，赋予社会上早已存在却尚未具有法律效力的某些一般社会规范（如习惯、经验、道德、宗教、习俗、礼仪）以法律效力；其二，通过批准国家承认的国际条约等方式，认可国际法规范；其三，审判机关等特定国家机关在对具体案件的裁决过程中，通过抽象、概括和总结，产生相应的规则或原则，并将这种规则或原则适用于相应案件中，并赋予其法律约束力。法的解释则是在法律规范存在"漏洞"而依照法律体系的内在逻辑要求可能推断出相应规范存在，或者法律语言存在歧义可能导致误解等情况下，由有权的专门国家机关在已有法律文本基础上依照其法定权限和程序所进行的法的"再造"与"重塑"。

无论历史上哪一个时期，在法的创制过程中，控制或影响着创制进程的各个利益集团、阶级、阶层（或其联合）都会最大限度地把本集团、阶级、阶层（或其联合）的利益需求与愿望、法的观念或思想等置于法的构架之中，视为反映和代表全体社会成员意志、利益、愿望的产物，当作社会关系之调整器。此时，就出现了一种特殊的法的结构，带有一些特殊的阶级私利，甚至夹杂了许多个人的因素和意志，或者成为一个阶级任性意志的法定化，而一旦此种情形无限地扩大和严重下去，必然导致对其他社会主体利益的侵害和无视，从而使法与法的价值取向和法的精神发生背离。这一事实也恰恰表明，法是特定历史阶段在社会经济、政治生活中占主导地位的集团、阶层或其联合根据其赖以生存的物质生活条件以国家或其他权威力量的名义加以确认或规范化、文本化，并以该种强制力保障其实现的各类社会主体的利益划分与配置体系。在这一过程中，一国之中的各个不同的社会集团、阶级、阶层都会试图在法之中掺进自己特有的利益考虑以使法有利于自己。

三、法是以权利义务为标识的社会规范

以权利与义务为标识旨在强调：法是建立在现实的社会利益关

系基础之上,并以抽象的权利和义务关系的形式来表征社会主体的可享利益。在权利与义务的对应关系中,权利意味着利益的获取与实现,义务意味着利益的付出与负担;法律确立的不同社会主体之间利益的获取或付出的状态,构成了在一定条件下它们相互之间可以作出或不作出某一行为,或者要求他人作出或不作出某一行为,或者根据自己的良知与理性抉择是否作出或不作出某一行为的约束机制。权利与义务对应关系的成立,为权利主体和义务主体的行为合理地设计、提供了协调彼此行为的边界,并分别以授权性规则昭示人们可以这样行为、以命令性规则昭示人们应当这样行为、以禁止性准则昭示人们不应当这样行为。同时也告诉社会主体如果不依照法定的行为模式去行动所可能或必然引致的法律干预。

权利与义务范畴的意义在于:权利以其特有的利益导向和激励机制作用于社会主体的行为,义务以其特有的约束机制和强制机制作用于社会主体的行为,以使不同的社会主体基于对自身权利义务的理解与认识恰当地行使其权利,全面地履行义务,使社会关系和社会秩序归于和谐与安定。这无疑集中体现了法的有益于个体利益的满足、有益于社会和国家公共利益的性征。

四、法是有国家强力保障的社会规范

国家强力即国家可能实施的强制力,是指国家依法启动具有强行性的军队、警察、法庭、监狱等力量的现实可能性。尽管其他许多社会规范也有强制力,但是其他社会规范的强制力不得借助具有强行性的军队、警察、法庭、监狱等国家力量。如果没有国家强制力作后盾,那么对于具有触法、违法、枉法倾向的社会主体来说,法的拘束性就会大大降低,对其违法行为也无法及时予以抑制和惩罚,法蕴含的理性也就难以彰显和贯彻。由国家强力的保障实现作为最后的支撑乃是法有别于其他社会规范的一大特性。

不论哪个时代的法,都有内在的规定性和外在的强制性,以此确保其强制实现的效力。对于社会主体而言,守法只是第一道防线

第一章 法的本体论

也是最低警戒线,德行是第二道防线也是较高警戒线。如果法失却强制性,将无法发挥不同于道德规范作用的社会效能,但是,法的实现并非仅靠强制性一个因素、强制力一种手段。正如遵守道德规范是一种内外各种因素综合作用的结果,合法守范行为的实现也是各种力量整合作用的结果,其中包括道德的、宗教的、习俗的、舆论的、社团规范和法律意识(包括法的国家强制力意识)的,等等。人的自觉守法,并不能否定法的强制性的存在,而只是不对其表现为直接现实强制力而已。当他违法或别的主体侵犯其利益而构成违法时,这种强制性就会转化为直接现实的强制力。法的强制性不管是否成为现实的强制力,作为法律规范体系背后依凭的一种刚性力量,始终顽强地存在。❶ 无论社会主体是否违法,都存在这样一种外在的强力,在这一点上,法就与道德主要依靠内省力来实现有着显著的不同。

五、法是有社会控制指向的社会规范

法通过其所具有的对社会有益的功用和效能而对社会利益关系乃至整个社会生活领域进行调控,调控的方式主要有:对社会利益关系的确认,对社会关系变迁的引导,对社会利益关系的调节,对权力和权利行使的制约,对社会主体利益的救济。

法所承载的是一些必须公开的公共信息。它将具有肯定的、明确的、普遍的内容和形式,并反映和体现主权者的倾向以及各个不同的利益集团、阶层(或其联合)的意志、利益与愿望的信息公开宣示于世人和社会,成为各社会主体皆可借以维护自身权益,或请求其他社会主体不得侵害他人的法定权益,并请求公共组织对非法行为予以纠正的手段。进言之,在人类社会生活中,整体意义上的法就是作为一种公共信息系统而存在的,其内在体系直接负载着

---

❶ 尤俊意:"国家强制性、强制性规范与制裁——也论法的强制性问题",载《法学》1996年第3期。

关于国家和社会对各社会主体行为的态度方面的公开的、肯定的信息，须向所有社会主体昭示主权者的意志、愿望和要求，表明其对纷争与冲突的态度和立场。

第三节　法的主要分类

法的分类，是指从不同的角度，按照不同的标准，将法律规范划分为若干不同的种类。对法进行分类的首要目的是更全面、准确地理解法律的概念。根据不同的标准，法可以有不同的分类。例如，以法的规则内容为标准，可以将法分为禁止性法、授权性法、选择性法，或宪法、民法、刑法等；按照法的发展的历史线索，以社会形态为标准，可以将法分为奴隶制法、封建制法、资本主义法、社会主义法，等等。法律分类的另一目的是总结法律规律。分类虽是一项技术性工作，但可以通过对法的各种形态的比较，来探索法律发展和运行中一些带有规律性的问题。此外，法的分类还对于法的适用具有重要意义，它对于我们了解和掌握不同法律的特性、效力、功能等，有重要意义。

一、法的一般分类

（一）成文法与不成文法

依据法的创制方式和表达形式的不同，法可以分为成文法与不成文法。

在形式上制作为法典文本的法称为成文法，又叫作颁布法、制定法、法典法，一般是由国家依照一定的程序制定、公布施行的法律，多表现为法典或类似法典的单行法规形式。没有在形式上制作为法典文本的法则称为不成文法、非颁布法，包括习惯法和判例法。不成文法虽然不具有法典文本的形式，但也是国家依一定程序认可其事项具有法律效力的法的表现方式。

一般来说，在大陆法系国家，更为重视由国家有权机关制定和公布的、以比较系统的编章节条款目等结构形式体现的成文法。除了由国家立法机关制定的法律之外,还有未经国家立法机关制定的合理习惯,若干合理的习惯即可形成一种习惯法,它往往与国家制定的成文法同样具有调整社会生活的拘束力。而在英美法系国家,成文法和判例法同等重要,习惯法也受到相当的尊重。同时也存在以制定法改变判例法的趋势。❶ 此外,无论大陆法系还是英美法系,在民商事领域,当社会出现相应纷争而实体法律并无明确的规则,甚至没有法律原则可以援用,而司法机关又必须作出裁判之际,法理作为对法律精神和意蕴的阐释,其运用就可以起到弥补法律漏洞或填补法律空白之效。

成文法与不成文法有很强的互补性:成文法要经过必要的制定和公布程序,规定的内容具体而明确,有利于国家机关依法行政,公众依法行为,因而有利于促进社会进步;且其修订和废止也必须经由必要的程序;它顺应特定的事实而制定特定的法律,对于禁止事项由法律确定;它对实施某一行为会导致何种法律上的结论事先明文确定下来,可为社会主体决定自己行为或不行为提供指南。这些优点是不成文法所欠缺的。但不成文法也有一些优点是成文法所不具备的:不成文法对社会现实的变迁具有比成文法更强的适应性,成文法反而易于受各种事实流弊的牵制;成文法尽管条文较多,却往往难以完善周详,常需借助法律解释以进一步明确其精要,而解释主体与立法者的不同一,又多易造成解释之法与立法之法律相悖的情形出现;不成文法由于没有固定条文之限制,能够更好地表达其意思。于是,在现今时代,在不成文法国家也有了大量的成文法;而在大陆法系诸国,也开始出现了遵从先例的呼声和实践。

(二) 实体法与程序法

以法的内容是直接规定权利义务关系本身还是以此种权利义务

---

❶ [英] G. D. 詹姆斯:《法律原理》,关贵森、陈静茹等译,中国金融出版社1990年版,第46页。

关系的救济程序为标准，法可以分为实体法与程序法。

实体法是直接确定各社会主体的利益划分与配置结构本身的法，它通常是指以"应当如此"的现实和预期的社会关系为内容，以配置各种社会利益和指引一般社会主体的行为尺度为取向的法，其直接规定着社会主体间为法律所承认并旨在保障其实现的权利和义务关系，规定着实体上引起权利和义务产生、变更和消灭的法律事实。与此对应，程序法通常是指确定实现实体法内容的手续或途径、方法的法，是确定民事、刑事和行政诸程序的法律规范系统，它旨在确定如何实现法定权利义务关系以及在权利受到侵害之后进行救济的程序与手续，以辅助实体法施行的方式和途径，简而言之，程序法就是规定着权利和义务如何实现以及实现的过程、步骤和方法的法。

一般来说，大陆法系比较重视成文法、实体法，而英美法系比较重视判例法、程序法，甚至在英美法系国家，几乎所有法律问题都被理解为或转化为程序问题。大陆法系通常将实体法视为法的主干、核心，程序法只是居于次要和辅佐地位上的辅助法、手续法，实体法才是确立人们权利义务的关键法，程序法只是有关如何去实现权利和义务的导引和指南而已。所以，大陆法系比较容易滑入"重实体而轻程序"之境。然而，相对而言，实体法主要是规定实体上的权利义务关系，其所体现的是关于利益归属的第一次分配的情形，如果没有相应的程序性的制度保障，这种利益分配的格局很难得到维系，一旦被破坏也得不到恢复和修正。因此，实体法极易流于空洞、虚化。因为真正决定权利和义务关系的稳定和成长的，真正保证权利和义务享有和实现的，不是仅靠理论说教就能解决的，同时也要依靠在具体的、现实的过程之中采取切实的方式、方法。所以，英美法系认为，有权利必有救济，无救济则无权利。正因如此，大陆法系有所谓"法学乃权利之学"之称，英美法系则有"法学乃救济之学"的称谓。比如，中国以宪法为代表，众多实体法中都规定了许多的公民权利，但实际生活中，人们却常常有

第一章 法的本体论

这些权利大都没有实际享有之慨叹。这主要就是因为当权利受到侵害或者认为自己的权利被侵害时,缺少健全、完备的救济程序。

(三)根本法与普通法

依据法的地位、内容和创制程序,法可以分为根本法与普通法。

根本法是指在一国法律体系中地位最高、内容最重要、创制程序最为严格的法,它规定着一个国家的各项根本制度、根本原则和公民的基本权利等具有根本意义与核心价值的内容。在成文法国家,宪法就是根本法;在不成文法国家,根本法体现和存在于重要的具有宪法意义的单行法律和具有重要意义的典型判例之中。普通法则是地位次于根本法、内容旨在诠释根本法、创制程序较根本法宽松的,可以直接适用于各类纷争解决的法。

在现实社会生活的各个领域,宪法的权威与尊严必须得到维护,即宪法具有至上性和超然性质,与宪法的精神、原则和规则相冲突的任何法,一律不得适用于具体案件之中。宪法是国家的根本大法,具有最高的法律效力,构成全部其他国内法的法律基础,也是法的整体运作的支撑点,较之于其他一般性法律,宪法可谓"母法",而其他法律则为"子法"。从逻辑上讲,宪法乃"是整个法律秩序的源泉"❶。但是,宪法只是确定一些重大的社会关系及一般原则,而这些原则的具体化是通过普通法来完成的。

(四)一般法与特别法

依据法的效力范围,法可以分为一般法与特别法。

一般法是指面向一般社会主体或事项,在全部主权管辖范围内有普遍约束力的法。特别法是指针对特定的人群或特别事项,在特定区域有效的法。在法律推理和适用方面,特别法的效力优先于一

---

❶ [美]格伦顿、戈登、奥萨魁:《比较法律传统》,米健、贺卫方、高鸿钧译,中国政法大学出版社1993年版,第235页。

般法。依照这种意义上的法的效力范围，还可以将其作三种细分：

（1）以涉人的效力范围为基准分为：一般法（原则上适用于所有的人）和特别法（仅适用于特定的人群）；

（2）以涉事的效力范围为基准分为：一般法（适用于不特定的一般事项）与特别法（仅适用于特定的事项）；

（3）以空间的效力范围为基准分为：全国共通法（适用于一个国家主权管辖的全部领域，例如我国的基本法律等）和区域法（仅适用于部分区域，如各个自治区的自治条例和单行条例以及地方性法规）。

在以英国为代表的普通法法系，普通法无疑是一般法，而基于衡平思想确立起来的衡平法则是在对具有特殊情形的个别案件处理基础上形成的特别法。

（五）公法与私法

公法与私法的划分可以追溯到古罗马法。区别公法与私法，学界普遍认为极有必要。但如何区分，其标准却并不统一。历史上关于公私法划分标准的代表性学说有：

（1）主体说，认为凡是法所规定的主体，一方或双方为国家或公法人者为公法，而若法所规定的主体之双方均为私人或私人性质的团体者则为私法，即凡是规定国家与公法人和公众之间、私法人之间的法，为公法；而仅规定公众互相之间，或公众与私法人相互间之法，为私法。

（2）法律关系说，或认为公法是规定公权力关系，即规定国家内部中央与地方间、国家与公众之间、国家机关相互之间的公权力关系的法；私法是规定私权利关系，即规定个人相互之间、作为一般民事主体的国家与个人之间私权关系的法。或认为公法是规定不平等的权力关系之法，具有强制人们服从的权力，而人们并无取舍的意思自由；私法是规定平等关系之法，人们可按私人意思作出取舍。

（3）强行法说，即以法的应用为区别公法私法的标准，认为法所规定的权利不许私人的意思自由处分者为公法,而法所规定的权利可以自由处分者为私法。

(4) 利益说,即以法的目的是保护公共利益还是私人利益区别公法私法的标准,认为以保护公共利益为目的之法为公法,而以保护私人利益为目的之法为私法。

(5) 行为关系说,即以行为关系为区分公法私法的标准,认为法的规定属于国家本身的行为者为公法,如宪法、组织法、议事规则等为公法;而法的规定为私人的行为者是私法,如债法、物权法、亲属法、继承法等为私法。

本书认为,应当综合考虑上述分类标准,融汇成一体,作为分类标准:公法应是指调整国家与公民之间、国家机构内部之间和本国政府与外国政府之间的法律;与此对应,私法则是指调整作为平等主体的私法人之间、个人之间、私法人与个人之间关系的法律。相对于私法而言,公法强调权力的强制性干预,如组织法、行政法、刑法、行政诉讼法和刑事诉讼法,主要是通过国家公共权力的能动干预,如行政行为、刑罚措施等,维护国家的经济、政治和文化利益等具有整体和全局意味的重大利益。其特点在于:极少采用私法等领域的意思自治、商谈沟通、要约承诺等方式,而以强行性的干预、控制为首选。例如在刑法领域,由于犯罪行为严重侵犯了公民、国家和社会的利益,国家公共权力通常不会允许当事人"私了",即使现在有一些刑事和解的做法,也主要运用在刑事附带民事的领域;对于是否追究犯罪以及如何处以刑罚,则是由国家司法权力强制运行的。由于公法具有的作用指向,在一个健全的市场经济条件下,公法应保持最大限度的克制与审慎,尽可能避免运行过度,压制社会主体自由、侵害社会主体权利等不良后果的发生。

二、法的历史时序分类

按照法的历史时序的时代特征,法可以分为古代法、近代法与现代法。

古代法是指与传统的自给自足的农牧业经济和君主专制的人治政治相适应，强调公众个人对专制国家及其统治者的义务而完全无视或极少关注国家对公众个人权利保障的，以身份等级关系为基础，主要以刑罚实现对统治者有利的伦理、道德、习惯、策略为目的指向的社会规范系统。奴隶制法和封建制法虽然在各自赖以存在的经济基础及其体现的国家意志、保护的利益方面有很大差异，但多数奴隶制法和封建制法又都是建立在自然经济和专制政治基础之上的，因而，在许多方面也有重要的共通之处，它们可以统称为古代法。虽然当我们从特定的历史条件实证地来看古代法的时候，能够发现并必须承认当它适应当时的社会物质生活条件和符合统治阶级整体意志与利益时，也可以对当时的社会生产力发展、社会秩序稳定起到积极的促进作用。但从总体上看，古代法是专制的、野蛮的、愚昧的、落后的、简单的。

近代法是随着商品生产和交换的扩大，于封建时代的后期孕育、萌发，在商法兴起和罗马法复兴，特别是在宗教改革、文艺复兴和思想启蒙的基础上，通过资产阶级革命或改革而最终确立的资本主义法。由于近代资本主义法律制度是在资本主义的市场经济和民主政治条件下存在和运行的，其奉行的许多原则也就明显不同于古代法。由于近代资本主义在它的发展过程中，经历了崇尚"个人本位"的自由资本主义和崇尚"社会本位"的垄断资本主义两个发展阶段，在法的发展过程中也明显呈现为前后两个阶段：自由资本主义时期的法和垄断资本主义时期的法。

现代社会还是一个发展中的历史时代，所以，现代法泛指现代社会主体受其调整和管辖的所有的法，由于"现代"本身就是一个动态的、发展着的、不断换型的范畴，因此，现代法也可以称为法的现代转型。所谓法的现代转型主要就是指从20世纪中叶起，随着社会物质文化生活条件的变迁，整个世界范围内，最先发生在各先进国家，并逐步扩展至追求进步的发展中国家的，在法的价值与精神、内容和形式、体制与文化等方面所经历着的深刻更新与重构过程。通常被称为法的现代化。在这个时期，一方面，资本主义法获得了空前的发展，实现了资本主义法律发展史上的一次新的飞跃。在主要资本主义国家，随着经济、阶级状况的改变，在政治上也相应地采取改良、让步和福利主义政策，使一般社会公众的政治地位大大提高，并在相当大程度上改善着社会公众的生活质量。与此同时，社会主义法伴随着社会主义国家政权的建立和巩固，逐步形成了以宪法为依据创制起来的法律体系。

三、法的文化传统分类

按照法的文化传统等的不同，对当代法可以分为大陆法、英美法与伊斯兰法等。

法律文化是特定的民族、地域与社会在长期的历史发展进程中积淀而成的有关法的认识，以及反映和表达这种认识的各种文化遗存。法律文化作为文化的子系统，可以指人类所创造的一切法律组织、法律机构、法律设施、法律文献、裁判文书等各类现象或遗存，囊括了全部人类文明中与法有关的理念要素、心理要素、组织要素与制度要素，也就是历史上各个时期在其特定的社会物质生活条件下居于主导地位的阶级、集团、阶层及其联合体，以国家的名义所创制的各类法律组织、法律设施、法律制度、法律文书等，以及各该社会条件下的人们关于它们的认知态度、价值取向、心理情感、遵守信念以及学说理论等要素所构成的复合体。❶

法律传统属于法律文化的历时性存在形式，通常是指法律在其发展、演变的历史过程中流传下来并依然具有意义和影响的观念、制度、设施、器物等法律文化积淀物。法律传统总是与一定的社会政治、经济、文化的发展联系密切。❷

西方法律传统主要是指以古希腊、古罗马法律文明为源头，经

---

❶ 徐显明主编：《法理学》，中国政法大学出版社2007年版，第298～299页。
❷ 同上书，第302页。

历文艺复兴、宗教改革和近代资产阶级革命或改良基础上形成的，以欧洲为核心并包括深受基督教教义影响的巨大文化共同体所留存和保有下来的并仍然在产生影响和发挥作用的关于法的理念、制度、设施等的统称。在西方法律传统中，一般来说，成为社会主流的意识是崇尚理性、服从规范、追求法治；以个人为中心，强调为权利而斗争；遇有纷争，首选法律手段解决；权力必受制约，强调司法独立，等等。

自古以来，东方法律传统的根基在中国，中国法律传统是东方法律传统的代表与典范。中国法律传统主要是指以夏、商、周三代传说和孔孟之道、儒家伦理为精神，以先秦法家学说为源头，以汉代以来的被改造的儒法合流的历代法制度、设施、思想为表现的法律文化积淀和遗存的统称。相对于西方法律传统，中国法律传统更多地强调法自君出、言出法随；法为规矩绳墨、治民之具；以伦理为中轴，维护宗法社会秩序；天下者为帝王一人之天下，王权观念强烈；虽说诸法合体、礼法并用，但刑事法总是位居首位；遇有纷争，首先习惯于寻求和解或调解等非法律手段，以之为主来作为解决之道；等等。

法学上，通常把以中世纪以来古老的普通法为代表的英国法和继承英国法传统的美国法为核心，包括英国殖民统治过的广大国家和地区的法律统称为英美法系或普通法系。而通常把以罗马法为传统根基并在欧洲大陆发展起来的各种法律称为大陆法系，或称之为罗马法系、法典法系、民法法系和罗马—日耳曼法系。英美法系和大陆法系是当代最具影响力的两大法系。除此以外，涵盖人口较多、影响较大的法系是伊斯兰法系。伊斯兰法是指于公元7~9世纪形成的以阿拉伯哈里发国家的同伊斯兰教教义紧密相关、兼具宗教和道德性质的法律为开端，后来在信奉伊斯兰教的众多国家和地区发展起来的包括穆斯林宗教、社会、家庭等各方面的具有普遍约束力的基本生活准则的统称。

在当代世界范围内，属于大陆法系和英美法系的国家为数众

第一章 法的本体论

多，影响最为广大，故而常被统称为两大法系。其中，大陆法系是法国、德国等欧洲大陆国家在罗马法基础上，以1804年《法国民法典》和1896年《德国民法典》为代表的法律，以及在其法律传统影响下仿照它们而形成、发展起来的各国法律体系的总称。英美法系是以英国中世纪法律，特别是英格兰的普通法为传统和基础形成、发展的一些国家和地区法律的总称。大陆法系与英美法系在法的基本理念、精神和主要原则及内容方面是相通的。但由于受不同历史条件和文化传统的影响，在其存在和运行方式上，两大法系各有其特点。表现在：

1. 法的形式存在差异

大陆法系是成文法系，其法律以成文法即制定法的方式存在，它的法的形式包括立法机关制定的各种规范性法律文件、行政机关颁布的各种行政法规以及本国参加的国际条约，但不包括司法判例。英美法系的法的形式既包括各种制定法，也包括判例，而且，判例所构成的判例法在整个法律体系中占有非常重要的地位。英美法学家通常将这些法的形式称为法的渊源，法律被看作是在对权威性决定和先例的搜集和编纂基础上出现的。

2. 法的结构上有不同

大陆法系承袭古代罗马法的传统，习惯于用法典的形式对某一法律部门所包含的规范作统一的系统规定，法典构成了法律体系结构的主干。英美法系虽然也有制定的法典，但其更习惯于用单行法的形式对某一类问题作专门的规定，因而，其法律体系在结构上是以单行法和判例法为主干而发展起来的。

3. 在司法过程中，法官的权限有不同

大陆法系法官在法庭审判中却起着主导作用。但它强调法官只能援用成文法中的规定适用于案件当中，法官遵从法律明文办理案件。鉴于成文法无法包罗千变万化的社会现象引起的法律问题和案件，法官往往通过解释扩大适用法律条款，法官被允许适用类推，类推成为成文法的补充形式。当然，法官对成文法的解释也需受成文法本身的严格限制，故法官只能适用法律而不能创造法律。英美法系的法官却既可以援用成文法也可以援用已有的判例来审判案件，还可以在一定的条件下运用法律解释和法律推理的技术创造新的判例，这样，法官不仅在适用法律，同时也在一定的范围内创造着法律。

4. 诉讼程序方面有不同

大陆法系的诉讼程序以法官为重心，突出法官的职能，具有纠问程序的特点，而且，多由法官和陪审员共同组成法庭来审判案件。英美法系的诉讼程序以原告、被告及其辩护人和代理人为重心，法官只是双方争论的"仲裁人"而不能参与争论，与这种对抗式（也称抗辩式）程序同时存在的是陪审团制度，陪审团主要负责作出事实上的结论和法律上的基本结论（如有罪或无罪），法官负责作出法律上的具体结论，即判决。

5. 在哲学基础方面存在差异

一般来说，大陆法系崇尚理性主义，具有对全部社会关系加以理性设计和安排的特点，它的法典式体系逻辑严谨，覆盖面广，内部协调一致性强。而英美法系崇尚经验主义，其传统是强调根据具体的经验解决具体的问题，因而具有很强的针对性和灵活性，但是，其法律的庞杂、混乱和难以被非专业人士了解等特点也很突出。

6. 在法律传统上有差异

罗马法对两大法系影响深远。但大陆法系的法国、德国等国家，系统、直接接受罗马法的影响，它们将罗马法演变为基本法性质的民法体系，并且作为整个法律制度的基础；而英国法只是部分地接受罗马法原理或制度，间接受其影响。

此外，两大法系在法律分类、法学教育、司法人员录用和司法体制等方面，也有许多不同之处。

相对而言，伊斯兰法是从中世纪开始通行于阿拉伯世界各个国家的法，因这个法域诸国的法律与伊斯兰教教义密切相关，甚至就是伊斯兰教教义的翻版，普遍适用于所有的伊斯兰教徒，而且，直至目前，在广大信奉伊斯兰教的国家和地区仍然发挥着现实作用，因而，比较法学家们一般习惯称之为伊斯兰法系。并且被认为是当今世界上的第三大法系。虽然在大陆法系和英美法系的发展过程中也都曾经深受基督教的多方影响，但总的来说，它们始终未与基督教教义真正地合二为一，而一直是拥有独立于圣经之外的表现形式的世俗法。

在近代以来法的发展中，大陆法系和英美法系之间的上述几个方面的区别最为明显。但自进入20世纪以来，由于各国之间的经济、政治和文化联系与交流加强，两大法系之间的互相借鉴也随之受到重视，两大法系有相互影响和沟通的趋势。因而它们之间的差别也开始缩小。英美法系国家的成文法逐渐增加，不仅颁行了许多单行法和法规、条例，还产生了法典。❶ 判例法除了在大陆法系某些领域内（如法国行政法）愈来愈占重要地位外，在一般立法、司法中起着潜在的作用。相比之下，伊斯兰法却始终有着与伊斯兰教教义难以割舍的表现形式，包括《古兰经》、《圣训》以及法官的类推和法学家的灼见等。

第四节　法的要素释义

法的要素指法的基本成分或单元，亦即法的基本构成元素，即彼此互相联系、互相作用从而构成完整的法的系统的各种元素。任何时空中以整体形态存在的法都是由基本的要素所构成的。按照系统论的观点，法律是由若干要素所构成的一个复杂的系统。在该系统中，各个要素彼此相互独立却又相互关联。缺少其中任何一个要素，法的系统都将不够完整，系统的功能也将难以发挥其现实影响。❷ 如果我们把整体形态的法律体系看成一个系统的话，那么法

---

❶ 已有的研究成果表明，19世纪以后，尽管英国仍保持着普通法、衡平法和制定法的古老传统，但判例法的比重和作用显著下降，制定法的比重和作用显著上升，并逐渐趋于系统化。从19世纪中叶，特别是20世纪以来，英国进行了大量的立法活动。

❷ 葛洪义主编：《法理学》，中国政法大学出版社1999年版，第93页。

的要素就是构成这个系统的各种元素。

无论哪个历史发展阶段中的法，只要属于法的范畴，就会有其相应的构成要素，以使其得以被称为法。法的要素的状况实则是法律系统本身发展水平和程度的一个主要的外在衡量尺度。一般认为，法律发展与进步的过程总是与法的要素的质和量的提高相伴共进的。法的要素越清晰、越明确、越标准，法的可预测性、可遵守性和可操作性就越强；法的要素越具有确定性、越具有共识性或可接受性，也越能够在实际生活中得到贯彻和落实，亦即越能够在法的实施方面事半功倍、富有实效。

基于不同的标准和尺度，可以看到法的要素有一些不同的种类。例如，按照法的形式体系中规范性法律文件的语言构造来分析，法的要素包括法律词汇、法律语句、法律条款、法律逻辑等。按照法的实质层面的价值取向来分析，法的要素包括权利与义务、职权与职责、公正与效率、自由与秩序、政权与人权、治理与自治、平等与激励，等等。

在法理学的历史上，比较流行的有关法的要素的分析路径是依据主体的行为模式及其法律后果安排的具体化、细密化的实体元素及表述方式来分析，有的学者早已作出了相应的归纳与概括。❶ 目前国内较为通行的有关法的要素的观点还是着眼于法律概念、法律规则和法律原则三者。本书认为，从系统与要素的辩证关系角度考察，构成一个完备的法的系统，至少会有下列法的要素融入其中。

一、法律概念的界定、分类

概念是反映事物本质属性或特有属性的思维形态，一般来说，概念反映了事物的本质或特征。概念有内涵和外延两个方面，概念的内涵是概念的内容，是对对象的反映；概念的外延是概念所指称

---

❶ 张文显主编：《法理学》（第三版），高等教育出版社、北京大学出版社2007年版，第113页。

的对象，可以是具体事物，也可以是事物的性质或关系。

法律概念也就是作为语汇意义上的法律术语，是指人们在不断地认识和实践过程中，对法这一社会存在的原理、原则、具体规则和案例等各种外在现象进行研究、抽象、概括和归纳之后形成的"具有一般意义和抽象意义的概念"❶。法律概念在揭示与解释人类行为和法定行为模式方面具有特殊的意义，应具有清晰性、普遍性、权威性和共受性，应是一些确定性的范畴。每一个法律概念乃至法律系统所涉及的其他概念，都要极其准确严谨、科学且合乎逻辑；语义和所要表达的内容应极度相符，在表意的性质描述、幅度大小、措辞轻重等诸方面应与所要表述的客观事实、要求协调一致。

通常而言，法律概念越是抽象，概括性越高，在确立法律原则和人类行为模式方面的作用也就越大，对于帮助人们理解法律的真谛越有益处。一般来说，法律概念的技术性越强，可能离日常用语就越远，而其使用频率越高，该法律概念就越具有科学性。

法律概念具有一些显著的特性，主要包括：

1. 语言性

法律概念是有专门的话语体系的范畴，严格遵循语言规律和修辞，准确、明晰地言传、陈述和表达具有普遍意义的立法意图、规范意蕴和法律含义等，是其重要特性。

2. 法律性

一方面，法律概念是在规范性法律文件中被广泛采用的具有权威性的词汇和术语，具有法律意义上的严谨、规范、普遍、强制等特点；另一方面，法律概念是在人类长期法律生活实践中积淀下来的，并经过法律思维加工的产物和表现，有着指向法律化生活事实

---

❶ ［英］戴维·沃克（David M. Walker）：《牛津法律大辞典》（The Oxford Companion to Law），北京社会与科技发展研究所组织编译，光明日报出版社1988年版，第533页。

和现象的明晰、妥当、恰切的内涵与外延。

3. 实践性

一方面，法律概念有着深厚的生活基础和法律实践根源，是在对大量法律生活实践中的事实、现象的认知、把握、抽象的基础上沉积、形成的；另一方面，法律概念在法律实践和法治化生活中，有助于人们树立法律意识和法治思维，有助于人们对纷繁复杂的行为作出有法律意义的判断、评价，也有助于执法者、司法者在行政、审判实践中，形成职业化思维，运用精准而易懂的法言法语，提升职业素养和形象。

法律概念对法学理论研究和法治实践的作用非常重要。

第一，法律概念是构成法律系统的最基本要素，若没有法律概念，整个法律系统都将无从表达。社会主体对各类法律规定的陈述以及对各种法律现象的评价始终离不开对法律概念的运用，无论是关于利益分配格局的阐释，还是关于权利与义务的表达，抑或关于各种权力与责任的规定，都必须借助于法律概念才能使其具有严格的规范意蕴和法律地位。

第二，法律概念有助于提高法律规定的肯定性、准确性、明晰性以及社会主体对自己行为的法律后果的预见的有效性。法律概念是具有常识性、共识性、周延性和确定性的专业术语。法律概念大量地运用、贯穿于法律系统之内，使得法律系统及作为法律系统中的各种规范性法律文件显得准确；法律概念大量地运用、贯穿于法律实践的各个环节，如立法、执法、司法活动中，就会更加凸显出法律的可遵守性。

第三，法律概念是法律运行逻辑的起点和基点，全部的法律判断和法律推理活动都离不开对于法律概念的正确理解和准确把握。若没有法律概念，法律判断就难以做到，法律推理也无法进行，甚至整个法的适用活动都无法进行。

按照不同的标准，对法律概念也可以有不同的分类。通常，有以下几种分类标准和相应分类：

第一章　法的本体论

　　依照法律概念的生活化、技术化、专业化语境的差异，可以大致分为：日常概念、技术性概念、专业概念。日常概念是指那些本来就存在于现实社会生活的话语体系中，即使没有法律的吸纳和运用也会在日常生活中频频使用的范畴、词汇和术语，诸如父母、子女、兄弟姐妹、祖父母、外祖父母；杀人、强奸、绑架、诈骗；故意、过失、意外；等等。这些法律概念来源于生活实际，又超越于具体的生活语言，其意味已经特定化、明确化了。技术性概念是指那些几乎不含社会伦理因素，随着人类认识场域的扩大和科学技术进步及其在社会活动中被采用的强度的提升，而由立法者吸纳进法律系统之中，对涉及的现象加以规制的有着显著的科学技术意味的术语，比如核辐射、传染病、添加剂、公害、污染等，这类概念在科学技术进步法、大气污染防治法、水污染防治法、水土保持法之类的规范性法律文件中比较多见。专业概念是指那些基于长久的人类法律实践和法律化纠纷解决机制的需要与滋养而生成和成熟起来的，并且在反复的理论抽象和实践检验的基础上被定型化的专门适用于准确地表达、反映、阐述和诠释法律世界的各种法律主体、法律行为、法律事件等范畴的术语。它们属于法律世界特有的专门概念，不仅法律意味深、专业程度强，而且用语严谨规范、含义稳定一致、语汇简洁明了，但凡具有专门化的法律知识素养，都不难精准把握。比如违约责任、严格责任、无过错责任，诉讼时效、继承时效、追诉时效、追究时效，担保物权、优先权、留置权等。

　　依照法律关系的构成要素，可以分为：主体概念、客体概念、内容概念、事实概念。其中，主体概念顾名思义就是指称各种法律关系的各类主体的概念，诸如选举人、被选举人，公民、法人，原告人、被告人，犯罪嫌疑人、罪犯，代理人、辩护人，等等；客体概念顾名思义就是指称各种法律关系的内容所指向的对象的概念，如存款、孳息，房屋、果园，土地、林场，质押物、抵押物，等等；内容概念顾名思义就是指称各种法律关系中主体的权利和义务，亦指权利与义务所指向的背后的深刻利益关系，如所有权、抵押权、留置权、继承权、婚姻自主权、请求权，等等；事实概念顾名思义就是指称法律事实的，亦即法律确认的能够引起法律关系产生、变更和消灭的事实，如出生、死亡、侵权、违约，交通肇事、醉酒驾驶，等等。

依照概念所涉及的对象的不同，可以分为：涉人概念、涉物概念和涉事概念。其中，涉人概念是指那些用来表达各种法律关系主体的术语，如父母、子女、近亲属、继承人、公民、选民、法人、法定代表人、当事人、代理人、监护人、法定代理人、公司、债权人、债务人、犯罪嫌疑人、刑事被告人、辩护人、国家、立法机关、执法机关、司法机关，等等；涉物概念是指表达法律关系内容所指向的具有物理属性和财富意味的客体的专门术语，如动产、不动产、专利、商标、房屋、汽车、股票、基金、有价证券，等等；涉事概念是指法律关系的内容所指向的不具有直接物理属性和财富意味，但足可为主体带来利益或不利益的客体的专门术语，如贪污、受贿、代理、授权、侵权、违约，等等。

二、法律规则的定位、构成、分类

法律规则是指采用特有的逻辑结构形式，具体地规定法律关系主体的权利、义务以及相应的法律评价后果的法律规范。作为其上位概念的法律规范，则是指那些国家通过制定或认可的方式确立起来的调整社会主体行为的社会规范的法律性表达，既包含法律规则，也包括法律原则。

法律规则以最细致、最原初的法细胞形态表征法的整体中的个别化要求。法律的主要特性就在于它旨在通过一套规则来指引和调节人们的行为和解决纷争。英国法学家哈特认为，法实际上就是法的规则的总体。[1] 法律规则将所有需要由法调整的人、事、物等归入特定的规则类别之中，并按照共同的标准预测、指引、平抑各相

---

[1] ［英］哈特：《法律的概念》，张文显等译，中国大百科全书出版社1996年版，第96、101～102页。

关主体的相关行为。❶ 因为法律规则"可以被描述为规范控制的方式，其特征是它们具有很高程度的精确性、具体性和明确性"❷。假如没有法律规则，就不会有真正的法律秩序。而且这些规则遭到忽视的地方，人们也不可能建立良好的交往关系。所以，整体上讲，法的体系主要应由能够普遍适用的规则所构成。同时，由于法律规则在规范人们行为方面具有重要作用，因此要求它在对同一事实进行调整方面绝不能存在冲突。

任何一个完整的法律规则都有自己内在的逻辑结构。所谓法律规则的逻辑结构，是指法律规则的内部构成及各要素之间的关系，即构成法律规则的诸项内部要素所固有的相对稳定的组合与联结方式。它旨在表明：在逻辑意义上，法律规则由哪些元素所构成；构成法律规则的诸要素之间是何种关系；诸要素是如何组合与联结为一个标准的法律规则的。

目前国内有学者认为，"法律规则的逻辑结构，是指在逻辑意义上，法律规则由哪些要素或成分所构成，以及这些要素或成分之间是如何联结在一起的"，并把法律规则的构成要素"区分为假定条件、行为模式和法律后果三者"。其中，"假定条件是法律规则中关于适用该规则的条件和情况的部分，即法律规则在什么范围（时间、空间、对象）适用以及在什么情况下法律规则对人的行为有约束力的问题"；"行为模式是指法律规则中规定人们具体行为之方式或范型的部分，它是从大量的实际行为中概括出来的法律行为要求"；"法律后果是指法律规则中规定人们在作出符合或者不符合行为模式要求的行为时应承担的结果的部分，它是法律规则对人们从事具有法律意义的行为所持的态度和立场"，"法律后果可分为肯定性后果（也称合法后果）和否定性后果（也称违法后果）

---

❶ 赵中孚、齐斌："弘扬民法的平等精神"，载《中国法学》1996年第3期。
❷ [美] E. 博登海默：《法理学——法哲学及其方法》，邓正来、姬敬武译，华夏出版社1987年版，第227~228页。

两种形式"❶。也有学者认为，法律规则"有较为严密的逻辑结构，包括假定（行为发生的时空、各种条件等事实状态的预设）、行为模式（权利和义务规定）和法律后果（含否定式后果和肯定式后果）三部分。缺少其中任何一部分，都不能算作完整的规则；规则的前两项如果是有效的，那么它的后一项也应是有效的"❷。

本书认为，从总体上讲，每一个法律规则都内在地、逻辑性地存在适用的前提条件、类型化的行为模式和确定的评价结论这三个构成要素。

（1）适用的前提条件，即假定条件，或称适用规则的前提，是指法律规则中关于适用该项规则需要具备的条件与情形，即法律规则在什么范围适用以及在什么情况下对哪些人的行为具有约束力的问题。这是强调一定的法律规则在什么时间、什么空间、对哪些社会主体适用的问题，任何法律规则都是在特定的时间、特定的空间、对特定的社会主体产生效力的，不同的社会主体在不同的时间、空间所实施的行为，法律规则对其发生的规范作用是不尽相同的，同一个社会主体实施同样的行为，在不同的时间、空间里，法律规则对其产生的拘束力往往也不尽相同。在这里，时间、空间和主体状况的差异，就是适用的前提条件。

（2）类型化的行为模式，简称行为模式，是指在法律规则中的社会主体的行为规则的指示内容本身，也就是法律规则当中清晰、明确且抽象性、一般性地规定人们的类型化、共通性的具体行为方式的那一部分。它直接为人们如何行为提供和指明了一个标准、方向，或者提供了一个评价主体行为的善恶、优劣的客观尺度，便于各类社会主体理解与把握，可操作性强，这部分应属于法律规则的核心内容。行为模式的设定，通常与特定时期的立法者对

---

❶ 徐显明主编：《法理学》，中国政法大学出版社2007年版，第26~27页。
❷ 马克思主义理论研究和建设工程重点教材《法理学》编写组：《法理学》，人民出版社、高等教育出版社2010年版，第40页。

社会的认识水平和社会秩序需要、价值追求有关。归纳起来，类型化的行为模式大致包括放任式的行为模式、禁止式的行为模式、命令式的行为模式三种类型。这样的行为模式明确地告诉各社会主体可以这样或那样行为、应当这样或那样行为、必须这样或那样行为、不得这样或那样行为、禁止这样或那样行为等几种基本情况，通常被归结为授权式行为模式、命令式行为模式和禁止式行为模式。其中，授权式行为模式也称为放任式行为模式，旨在告诉相应的社会主体自己决定是否、怎样去作出或不作出此类行为。禁止式行为模式通常以"不得"、"严禁"、"禁止"等词汇表达出一种强烈的不允许相应社会主体去实施该类行为的意志；而命令式行为模式通常是以"应当"、"必须"、"有……的义务"等词汇表达出一种强烈的要求相应社会主体去积极实施该类行为的意志。后两者因为都有着一种强烈的要求相应社会主体就模式内的行为不去实施或者去积极实施的意志，所以通常也合称为义务式的行为模式。

（3）确定的评价结论，即法律后果，或称法律评价，即法律规则中较为直接、明确地规定了人们的实际行为符合或不符合其确立的行为模式的内在要求时可能面临何种评价以及是否应当承担所设定的消极的、不利的后果的那一部分元素，即法律规则所公开化、确定化了的一旦某一社会主体实施了有违类型化的行为模式的某一行为后，它就将作出何种反应、采取何种态度的那一部分内容。

对法律规则，按照不同的标准可以划分为不同的类型，通常有以下几种：

（1）按照法律规则所设定的行为模式的不同，可以分为：授权性规则、命令性规则、禁止性规则和复合性规则，这也是最为常用的分类。其中，授权性规则是指规定相应的社会主体可以作出一定行为或不作出一定行为以及得以要求他人作出一定行为或不作出一定行为的法律规则。命令性规则是指规定相应的社会主体必须作出一定行为的法律规则。禁止性规则是指规定相应的社会主体不得作出一定行为的法律规则。复合性规则又称重合性规则,是指针对可能发生在某些社会主体行为指向中的权利与义务(或职权与职责)发生重合的情形,所确立的那些兼具授予权力同时课定责任,或赋予权利同时设定义务的双重属性的法律规则。例如,对权力主体而言,行使其法定职权的行为同时也是履行其法定职责的行为;对于拥有监护权利的人而言,其行使监护权的行为同时也是履行其作为监护人必须履行的监护义务的行为。

(2)依照法律规则的效力强度,可以将其区分为:强行性法律规则(不能依约定而随意变更者);任意性法律规则(只有在当事人没有相反之约定时,方能加以适用者)。其中,强行性法律规则是指不询问指向的主体的本人意愿如何,或不考虑指向的主体的意愿,而肯定地加以强制性适用的法律规则,因此有时也称强制性法律规则。任意性法律规则是指法律规则的适用与否通常取决于当事人的意思表示和自主选择,其所指向的主体的本人意愿获得尊重,其权利义务内容也可以任由当事人在双方意思协商一致的基础上加以调整、修正、变更和废止的法律规则。

(3)按照法律规则的内容是否直接明确地规定,可以分为确定性规则、委任性规则和准用性规则。其中,确定性规则是指明确地规定了行为规则的内容,无须再援用其他规则来确定不规则内容的法律规则。委任性规则是指没有明确规定行为规则的内容,而授权某一机构加以具体规定的法律规则。准用性规则是指没有明确规定行为规则的内容,但明确指出可以援引其他规则来使本规则的内容得以明确的法律规则。

(4)按照法律规则的功能,可以分为调整性规则和构成性规则。其中,如果法律规则所指向的行为在逻辑上先于或独立于法律规则本身,那么这样的法律规则就属于调整性规则。如果法律规则所指向的行为在逻辑上晚于法律规则本身,那么这样的法律规则就属于构成性规则。调整性规则的功能在于调控人们此前已经出现的经常性行为,使之符合法律规则所要求的行为模式。而构成性规则的功能在于先期设定一种理想的行为模式或模型,提供即将开始的行为作为准据与参照。假如没有这样的构成性规则,相应的主体就无法行为。如《全国人民代表大会组织法》、《人民法院组织法》、《人民检察院组织法》、《国务院组织法》等,组织起相关国家机关的法律规则,属于构成性规则,而规范这些国家机关如何开展活动、行使其权力的法律规则就属于调整性规则。

三、法律原则的界定、分类

在法理学意义上,法律原则是指可以作为法律规则的基础和本源的,具有综合性、总括性、普适性、稳定性的原理和准则。

原则是观察和处理问题的准绳。就法律原则而言,它不是针对具体的和个别的社会关系,而是面向具有相同或相似特征的同一类社会关系,"个别的情况是服从这些原则的,仿佛是由原则引申出来的"❶;其存在是为指引和规制具有相同特征的所有的现实的和可预期的社会关系,或直接作为某一领域的社会关系的法律规范的。它体现着社会所追求的制度模式的构想和主权者对社会关系的现实及其演变规律的认识、对各种相互重叠和冲突着的利益要求的态度及其判断是非善恶的根本准则,最集中地体现和最一般地昭示着法的精神。

按照不同的标准,法律原则也可以分为若干种类。

1. 按照法律原则抽象性程度的差异,可分为一般法律原则与具体法律原则

一般法律原则又称为基本法律原则,是指那些具有高度抽象性的体现着法的公理内涵和基本价值的法律原则,它们贯穿于一个国家的法律体系之中,构成其灵魂和基干。具体法律原则主要是指特定的具体法律部门在不违背一般法律原则的基础上,特定化地贯穿于各该法

---

❶ [法]孟德斯鸠:《论法的精神》(上),张雁深译,商务印书馆1961年版,作者原序。

律部门之中作为遵守与适用各该法律部门的原理性准则或指针。因此，具体法律原则常常被视为一般法律原则在某一个特定的专门法律部门或领域的进一步具体化，如刑法中的罪刑法定原则、无罪推定原则可以看作人权保障原则在刑法领域中的具体体现；罪责自负原则、罪刑相适应原则可以看作公平原则在刑法领域中的具体体现。

2. 按照法律原则产生的基础的不同，可以分为公理性原则与政策性原则

公理性原则是指在人类发展进程中，在社会主体日常的社会生活中积累、沉积下来并业已获得广泛的社会认同的原则。对于特定的社会生活条件下的社会主体来说，它们属于进行社会生活和开展社会活动所必须依循、践行的不证自明的原理性行为准则，如公平原则、诚信原则等，皆属于这种情形。政策性原则是指一个国家或社会在一定发展阶段或历史时期内，为了更好地实现国家与社会在政治、经济、文化等领域的发展战略与目标、任务，通过法律宣示的具有显著的时代特征与强烈政策导向意味的行为准则，如新中国成立之初的土地法确立的土改政策，现行宪法、婚姻法确立的计划生育政策等，皆属于这种情形。

3. 按照法律原则涉及的内容及其功能的不同，可以分为实体性法律原则和程序性法律原则

实体性法律原则是指通常由实体法确立，主要涉及实体法的调整范围和方法，并旨在确保实体法更好地实现的指针性、概括性、原理性行为准则，如民法上的诚实信用、等价有偿原则，行政法上的信赖保护原则，刑法上的罪刑法定原则，等等。程序性法律原则是指通常由诉讼法或程序法确立，主要涉及程序法的运行、实施及其方法等领域的指针性、概括性、原理性行为准则，如民事诉讼法上的谁主张、谁举证原则等。

第五节 法的渊源范畴

一、法的渊源的含义

法的渊源这个范畴，曾经是国内外法学学说和法学教科书中的基础范畴之一，而且对其有多种诠释，常常从实质意义上和形式意义上被分别阐述。在指称法的实质渊源时，所说的是法的真正来源、根源和发源，即法是根源于社会物质生活条件还是神的意志、君主意志抑或人民意志；在指称法的形式渊源时，所说的乃是法的创制方式和表现形式，即法的各种具体表现形式，如宪法、法律、法规；有时又指称法的效力渊源，即法产生于立法机关还是其他主体，产生于什么样的立法机关或其他主体；有的时候还指称法的材料渊源，即形成法的材料来源于成文法还是来源于政策、习惯、宗教、礼仪、道德、典章或理论、学说等。其中法的形式渊源和效力渊源的含义最为经常地出现在人们的理论研究和实践分析的视域之中。形式意义上的渊源还可分为直接渊源和间接渊源，直接渊源又称为正式渊源或法定渊源，即国家机关制定的具有规范性的法律文件，依其地位和效力不同，又分为宪法、法律、法规和规章等；间接渊源，又称为非正式意义上的渊源或者非法定渊源，是指各种习惯、判例、宗教规则、法理学说、道德原则和规范等。按《牛津法律大辞典》的解释："由于这些渊源被确认具有权威性，因而它赋予某些原则和规则以法律效力和法律强制力，而这些原则和规则是源于这些形式渊源本身的。这些原则和规则具有人造法和宣布法的作用。"在不同法系的国家中，判例作为法的渊源的情况是不同的，在大陆法系国家中，判例一般不是直接渊源，或仅是非正式渊源，制定法是法的主要渊源；而在普通法系国家中，除了制定法是法的直接渊源外，判例则是法的一个重要的直接渊源或正式渊源。在法学研究中，法的渊源应当给其一个特指的意义。

本书认为，以"法的渊源"指称法的来源比较适宜，即当依法行政或依法审判之际，从哪里寻找可资作为依据和准绳的适用规范。法的渊源就是从中发现能够适用的法律规则与原则的法律素材集结地和法律规范藏身所。

二、法的渊源的种类

学说上，将特定历史阶段上的国家用以表达法的整体内容的各种不同的形式体系称为法的渊源的种类，这重点是强调哪些规范性的文件、隐含着规范的非规范性文献、记载、传承等可能被视为法律规范的藏身之所，从而足以被司法机关去进行规范的发现、承认和适用的问题。由于法的形式本身是个发展的范畴，不同时代和国情之下的法的内容的表达方式多有不同，因此，各个历史时期、各个国家，不可能有完全一样的法的渊源，而是分别包含着若干不同类别的表达、反映着那个时期法的内容的形式系列。例如，古罗马时期，被视为法的渊源的就包括法律、习惯、最高裁判官的告示、法学家的著作。早在公元前5世纪，古罗马经过贵族与平民的斗争，颁布了著名的《十二表法》。在共和时期，罗马的成文法源有：人民大会制定的法律，平民大会的决议，元老院的决议，皇帝的敕令，长官的告示和法学家的解答等。其中，人民大会制定的法律是主要法源。帝政时期的法源主要有：皇帝的立法，包括书信、敕令、关于法律问题的复文、实际的附加条款、命令等。中世纪欧洲各国法源比较复杂，主要有被视为理性法的罗马法、日耳曼习惯法、教会法、王室法令、自由市的法律、判例法、商人习惯法、城市法、庄园法等。17、18世纪资产阶级革命以来，议会立法大量增加。在大陆法系各国，制定法成为主要法源；英美法系则以判例法和制定法为主要法源。在当代欧洲，欧盟各国的法源比较接近，这些法源按效力高低分为：欧盟法、欧洲法院的判决、国家议会制定法、各种附属立法、习惯法、权威性解释、公认的价值观，判例法国家还包括本国法院的某些判例，甚至是其他国家的重要判例。

在传统中国，在法的渊源问题上有较为明显的特点。成文法历

第一章 法的本体论

来是中国法的渊源的最核心的部分，不成文法往往处于法的渊源的补充地位。秦朝统一中国后，皇帝垄断立法权，制定法开始成为主要法源。不过中国古代制定法法源的名称一向比较复杂，历朝变动比较大。秦汉魏晋时主要法源有律、令、科、比，南北朝时又出现格、式。隋唐时期以律、令、格、式为主要法源。两宋时期敕的地位大为提高。辽金元时期法律名称比较混乱，体例不一。明清时期，名称渐归统一，律、例成为法的基本渊源。在制定法以外，各代皇帝的诏、敕等均为法源，习惯法、宗族法、礼、情理等也是重要的法源，其中，礼是中国古代最重要的一种社会规范。清末修律变法，中国的法源逐渐以大陆法系国家为模式，制定成文法典。到民国时期一度形成相对完备的"六法全书"体系，至今还留存于我国台湾地区。新中国成立后，长期疏于法制建设，有学者将这一时期的法概括为"政策法"。❶

在当代中国，法的主要渊源除作为根本法地位的《宪法》外，还有：国家立法机关创制的法典——法律（基本法律和专门法律）；最高行政机关制定的条例——行政法规；最高司法机关作出的释法——最高人民法院的规范性解释；地方国家权力机关的"立法"——地方性法规；特别行政区的规范化"立法"——特别行政区法；最高国家权力机关批准的条约等。此外，判例、习惯、法理等非成文法的形式在作为中国法的渊源时，被视为法的渊源的重要部分。不过，虽然判例、习惯、法理是作为法的渊源的重要部分被看重的，但对作为法源的具体语境还需充分注意：

（1）判例。英美法系的判例法是从司法判决中产生的法，是一个判决中所含的原则或规则对下级法院或本级法院今后的判决具有一种先例拘束力。判例法的根本之处不在于法官在此后的判决中能够从先例中得到指导或帮助，而在于将先例看作一种规范，并从中得到根据惯例应当适用的原则或规则。根据先例拘束力原理，法

---

❶ 武树臣：《中国传统法律文化》，北京大学出版社1994年版，第772页。

院就具体案件所作判决将产生两种效果：一是对当事人的判决既判力（即一事不再理原理）；二是根据该判决所确立的法律原则将产生法律拘束力。大陆法系国家以前一直在根据自身的传统否定判例法的法源地位，但自20世纪以来，越来越多的法院似乎都开始强烈地倾向于遵循先例尤其是上级法院的判例。我国的情形亦如此。从理论上大陆法系判例不具有普遍约束力，但是在实践中具较强的说服力。

（2）习惯。习惯亦即社会风习、惯行，乃是一个国家、地区或一个民族的人们在长期的共同生产、生活实践中累积而成、相沿传承并信而守之的习惯、风俗和民约。在各个国家、民族和特定地区有着共同生活经历的人们都会形成自己的社会风习。当然，由于各个国家、民族和地方的人们所处的自然环境、历史传承、经济条件等因素的不同，其社会风习也会各有不同。不过，它们也都有着共同的属性，同样都深深地植根于各个民族、各个地方人民的内心，成为不可僭越和违背的生活法则。习惯随着法律的进化而在立法和司法不断认可的过程中很大程度上已被纳入立法与司法中。

（3）法理。法理是指法律蕴含之理性、通常之原理，形式上说是自法律的精神演绎出来的一般法律原则。其基本功能在于补充正式法、习惯法的不足，使司法者自立于立法者的立场，谋求公平正义、妥善协调各种社会利益。各国民事立法例均有将法理作为补充法源的规定。在当代中国，依据法理的情形也较为多见。

此外，国家与社会特定时期的公共政策，主流社会群体关于公平正义的观念，公序良俗，乡规民约，被奉为权威性的法律思想，等等，也常常被视为法的渊源的各种重要补充，是法的渊源体系中不可缺少的组成部分。

第六节 法律体系及其部门划分

一、法律体系的概念及特征

对法律体系的理解和使用有两种解释：一种是指一个国家法律的整体，也就是一个国家或者一个共同体的全部法律；另一种是指某些有着共同特征的不同国家的法律组成的法律家族。我国法理学界一般认为，法律体系是指由一国现行的全部法律规范根据一定的标准和原则，将同类法律规范整合为一个个法律部门，并按照不同的法律部门分类组合而形成的一个呈体系化的有机联系的统一整体。由这个概念出发，我们可以概括出法律体系的以下几个特征：

1. 法律体系是一个国家的全部现行法律构成的整体

法律体系既不是几个国家的法律构成的整体，也不是一个地区或几个地区的法律构成的整体，而是一个主权国家的法律构成的整体；既不包括一国历史上的法律或已经失效的法律，也不包括一国将要制定的法律或尚未生效的法律，只包括现行的国内法和被本国承认的国际法。法律体系不仅是一个国家的社会、经济、政治和文化等条件和要求的综合性法律表现，而且是一个国家主权的象征和表现。

2. 法律体系是由各个法律部门分类组合而形成的系统化的有机统一整体

整体上的统一性是法律体系的基本特征，也是法律体系区别于单个法律规范的主要根据。整体统一性不仅要求处于系统内的各种法律规范维护良好的状态、输出应有的功能，而且还应注重各法律规范间相互作用的结构方式，从整体上体现法的宗旨和目的及效果。在法律体系之内，所有的规则和原则有着一种内在的一致性；每一条规则与每一项原则都是内在和谐的法律整体中的一个有机组成部分。在法律体系之内，希望人们遵循的外部的、形式的规范体系及文本体系与人们追求的、协调的价值结构所形构的内部的、有效的规范秩序与位阶秩序是一贯相通、和衷有致的。在对这样一个系统化、立体化、动态化、有序化的法律体系的全方位思考之下，相关法律规则、相关法律原则、相关法律学说和相关法律制度成了一个可以相容、相融、贯通、融贯的合乎理性与逻辑的统一体。在一个法律体系中，其各个法律部门都必须服从宪法并与其保持协调一致，即一切法律、法规、规范性法律文件以及非规范性法律文件的制定，必须符合宪法的规定或者不违背宪法的规定。凡是违背宪法者，不能具有法律效力；在所有法的形式中，下位法的制定必须有宪法或上位法作为依据，下位法不得同上位法相抵触，凡是下位法违背上位法的均属违法立法，该下位法不能具有法律效力；在不同类的法的形式中（如法律和行政法规之间），在同一类法律渊源中（如在行政法规之间）和同一个法律文件中（如在行政诉讼法中），规范性法律文件不得相互抵触；各个法律部门之间的规范性法律文件不得冲突、抵触或重复，应该相互协调和补充。在法律解释方面，要将需要解释的法律规则、概念、技术性规定、法律条款置于相应的法律、法规、条例中理解和把握，使解释活动从属于该法律文件的整体；将对个别法律部门有关规定的解释，纳入更高级的法律部门和整个法律体系全面掌握。不能把法律解释看成个别的局部的行为。

3. 法律体系的理想化要求是门类齐全、结构严密、内在协调

门类齐全是指在一个法律体系中，在宪法的统摄下，应该具备调整不同社会关系的一些最基本的法律部门，不能有缺漏；结构严密是指不但在整个法律体系内部要有一个严密的结构，而且在各个法律部门内部也要形成一个由各基本法律间相配套的一系列法规、实施细则构成的完备结构；内部协调是指在一个法律体系中，一切法律部门都要服从宪法并与其保持协调一致，即普通法与根本法相协调，程序法与实体法相协调等。在法律体系中，存在任何程度的门类不全、结构疏散、互不协调问题都会破坏整个法律体系的完整

性和科学性，它不仅会使应当由法律规范调整的社会生活和现实社会关系失去控制，而且还会对相关的其他法律规范的功能与效力产生强烈的消极影响。

4. 法律体系是客观法则和主观认知的有机统一

从最终极的意义上讲，法律体系是社会关系的全面反映，它必须适应于总的社会经济、政治和文化发展的状况，因此，法律体系的形成首先是由客观社会经济、政治和文化发展规律以及社会关系的发展、演变决定的；但从法律体系的形成过程来讲，它又离不开人的意志、主观能动性、意识形态、文化传统等的作用，是受历史文化传统以及其他社会因素共同影响的。法律体系应具备法的价值取向，体现法的时代精神，也就是法律必须具有一定的内在的道德性，即符合一定社会特定历史时期的价值标准并与人类社会最低限度的共同价值准则保持一致。而且，法律体系在整个社会大系统中只是一个子系统，它总是要与外界发生各种各样的联系，而且处于不断的发展变化之中。法律体系对某一特定规范的确立、认可、包容应以既能够充分满足社会发展的特定时期的现实需要和各社会主体的利益保障需要，又能使其他各种社会规范得以自主调整和各自实现其使命作为适度标准。即法律体系与需要法予以调整的现实的以及可能出现的社会关系的范围应当是一致的，法律体系的建构在整体上对凡属关系国家的根本的或重大的利益和人们生命、财产、自由、人权等关乎国计民生的重大问题都必须纳入其调控界域之内，在相应的部门法之中设定和认可相应的社会规范，将其确认为法律规范，以作为各有关社会主体的行为准则。

5. 法律体系具有系统架构的稳定性和要素丰富的持续性相协调的自洽性

从法理角度而言，法应该是稳定的，各社会主体需要法是稳定化和明晰化的，能够为人们理解和把握并作为行为准则的，否则法就失去了其意义。法也只有在争取稳定性的确定化过程中才得以成其为法律。法律体系本质上就应是一个具有稳定性的确定系统。依据现代控制论的基本原理推论，稳定性应是法律体系本身的一个属性，作为一个状态稳定的规范系统，法律体系应当具有可以为主体认知和信赖的行为准则。尽管在事实上法律体系不可能完美无缺，但最大限度地维护法律体系的稳定性，以增强社会交往中的理性因素，是非常必要的，也是完全可能的。因为法律体系的系统架构中的基本范畴、逻辑体例、价值取向、核心理念、时代精神及其所包含的主要部门已经确立，就会在一个较长时期内保持大致的稳定性。当然，不仅在一般意义上，法的稳定性是相对的，即使在系统意义上讨论法律体系，这种稳定性也是相对的，因为在法所设定与要求的行为与现实社会的实存行为之间永久地存在相当程度的紧张关系，实际上在各个社会都是不可避免的。社会生活是不断发展与丰富的，法律体系作为社会生活的调整器不能不反映和适应变化中的社会现实。实际上，法律体系作为一个成长着的有机整体，也经常地随着社会生活的发展变化而变化，适应社会需要进行适应性调整，并在这种持续的适应性调整与变化中不断走向完备。

二、法律部门及其特征

法律部门又称部门法，是一个国家在对本国全部现行有效的法律规范根据一定的原则和标准进行划分的基础上所形成的同类法律规范的系统。当把法作为一个整体和系统看待时，部门法是将组成体系的法律规范依不同的标准而归于不同的法的部门所形成的许多系列，它是整个法律体系的有机构成部分，也是法律分类的一种特殊形式。由于法律部门所指的主要是国内法，是指一个国家全部现行有效的同类法律规范，因而，它既不包括国际法，也不包括已经失效的法，不包括将要制定但尚未制定的法律，它仅指与特定分类标准和原则相适应的已经颁布生效的同类法律规范的整体。作为整个法律体系的子系统，法律部门具有以下几个特征：

（1）法律部门是法律体系的子系统，在法律体系中，各个法律部门之间应当是和谐共存的。在国家的根本法——宪法的统摄之下，它们彼此之间相互协调、密切配合，共同构筑起一个国家维护社会秩序和实现其社会价值所必要的法律体系。

（2）各个法律部门是相对独立的，由于它们所涵盖的法律原则和规则的内容不同，彼此所调整的社会关系各异，或者由于在对社会关系主体的行为实施调整时所运用的方法有别，而使各个法律部门千秋各异，各自相对自成一体。

（3）各个法律部门的整体架构基本上是确定的，但微观层面上又会随着人们认识水平的提高和调整社会关系的实际需要而悄然发生一些变动。这主要是由于法律部门的划分本身是主客观相结合的产物。就客观方面而言，作为法律调整对象的社会关系本身是一个自然的历史发展的过程，法律对社会关系的调整活动，乃至法律的制定和实现，都是基于客观的社会关系的规范需要。就主观方面而言，一方面，法律毕竟是经由立法者主观活动所揭示、阐释的产物，它本身就不可避免地带有浓厚的主观色彩；另一方面，在对法律进行部门的划分之际，实施法律部门划分的人们的主观认识活动的影响也是非常显著的。

三、法律部门的划分原则

法律部门的划分是主观与客观相结合的产物和表现，划分的状况如何会直接影响到法律体系的整体功能和各社会主体对法律体系的认识和理解，进而可能影响到执法、司法和守法的程度和水平。因此，在进行法律部门划分之际，为了使法律部门的划分做到科学、合理、可行，应当确立和遵循一些基本的原则。这些法律部门的划分原则大致包括以下几点：

1. 整体把握原则

即以一个国家的全部现行有效的法律规范为划分对象，同时还要考虑到现实社会生活中社会关系的成长状况，因为全部的现行有效的法律规范的存在意义就在于其调整的社会关系大量存在，并需要以相应的调整方法予以调整。部门划分的结果应当使一国全部现行有效的法律规范全部分布于各个相应的法律部门之中，并确保所有调整同类社会关系的法律规范都归属于某一法律部门，确保运用同样的调整方法的全部法律规范纳入某一个法律部门之中。

2. 出发点上的合目的性原则

法作为社会生活中人们共同的行为准则，它自身又要求应以准确的语言文字和严密的逻辑思维表达出来；又因为法的实施关系到社会上每一成员的切身利益的得失乃至生命健康、人格尊严的存亡与褒贬，因此要求法律应当富有严密的逻辑性。❶ 毕竟，划分法律部门的目的应是便于人们了解和掌握本国的现行法律规范，使人们有机会和条件以最少的时间、精力的付出获得、了解和掌握最重要的或与自己的生活息息相关的法律规范，便于人们对相关法律的研究、阐释和适用，实现法律在化解纷争、制裁犯罪、和睦社会方面的积极作用。

3. 实施中从实际出发、适当均衡的原则

即在划分法律部门时应当考虑到划分的具体对象的情况，各个法律部门之间法律规范的规模或数量之间要保持大体上的均衡，不能使某些法律部门的法律规范特别多，而有些法律部门的法律规范则特别少。具体来说，是要注意到法律规范所调整的社会关系的广泛程度和现行法律、法规的数量情况。对于那些需要法律调整的社会关系比较广泛的领域以及调整同类社会关系的法律规范数量庞杂的领域，可以考虑划分为两个甚至几个法律部门，比如私法领域，就可以划分为民事法律部门和商事法律部门等，社会法领域可以划分为劳动法律部门、环境法律部门等。而对于那些法律规范很少的社会关系领域，可以考虑予以合并，如代表法、选举法等，其调整的社会关系相当重要，但清楚、明确，数量又不多，就可以考虑把它们整合到宪政法律部门中去。也就是说，在划分部门法时，一定要坚持从社会关系和法律法规的实际情况出发的原则。

---

❶ 李步云："法的内容和形式"，载《法律科学》1997 年第 3 期。

4. 保持相对稳定与适时发展调整相统一的原则

为了便于社会主体了解和把握法律，在划分法律部门时，要充分考虑到法律部门的稳定性，以已有的全部现行有效的法律规范为基础，以现行法律为主。划分法律部门虽要以现行法律为基础，但客观世界是在发展变化的，社会关系也是在发展变化的，作为调整社会关系的法律当然也会发展变化。不考虑法律的发展变化，就不可能在法的发展的动态过程中保持法律部门的相对稳定。这就要求，在划分法律部门时应考虑到未来的立法情况，做好立法预测工作。

总之，法律部门的具体划分，因划分者的主客观因素而会有不同。但是，无论如何，法律部门的划分都应既合乎逻辑又便于具体操作。

四、法律部门的划分标准

法律部门的划分标准主要有以下两方面：

1. 法律规范所调整的社会关系的性质和特点

法律是调整社会关系主体行为的基本准则，离开了社会关系及其主体的行为就不会有任何法律规范的存在。社会是由人们组成的，社会关系就是人与人之间的关系。法律部门就是以法律规范所调整的社会关系的性质和特点作为依据来确定各个法律规范属于哪一个法律部门的。客观的社会关系是复杂多样的，一旦它们需要法律规范来调整，它们便成了法律部门形成的基础，最终使调整不同领域的社会关系的法律规范集中形成了各具特色的不同法律部门。

一般认为，法律所调整的社会关系的性质和特点应该是划分部门法的首要的、第一位的标准。

2. 法律规范所运用的调整方法的性质和特点

划分法律部门的标准除了法律规范所调整的社会关系的性质和特点外，还可以将法律规范所运用的调整方法的性质和特点作为法律部门的一个重要划分标准。比如，民事法律部门、行政法律部门、刑事法律部门的划分大致就是如此，凡是承担民事责任方式的法律规范划分为民法法律部门，凡以行政制裁方法为特征的法律规范划分为行政法律部门，而将以刑罚制裁方法为特征的法律规范划分为刑法部门，等等。

五、当代中国特色法律体系

在大力倡行"依法治国，建设社会主义法治国家"的当代中国，必须整备、健全具有时代特色的法律体系。

我国是一个发展中的社会主义国家，在健全具有中国特色社会主义法律体系的过程中，应该从中国的实际出发，解放思想，实事求是，独立思考，参考外国经验，决不照抄照搬，就是说，应当立足我国社会主义法治建设的现实需要，继承中华民族优秀历史文化传统，吸取一切适合我国实际并有益的外国经验和教训，创造出既蕴含深厚的中华民族优秀传统，又富有时代精神和改革特点的社会主义性质的法律体系。

当代中国特色法律体系的主要法律部门，即宪法及相关法、民商法、行政法、经济法、社会法、刑法、诉讼与非诉讼程序法基本形成并日趋完善，其中每个法律部门都包含若干子部门，有些子部门还可以作进一步的细分。

当代中国特色法律体系的发展目标指向是以科学发展观为指导，以法治理念为灵魂，做到：以充分保障人权为目标，在所有法律领域进一步丰富和完善公民权利确认、权利保障和权利救济法律制度体系；以构建和谐社会为目标，建立健全维护秩序、保障自由、促进效率、保护人权、实现全社会公平正义的法律机制；以更加积极和主动的姿态参与到建立和维护全球法治的活动中，承担相应的国际法律义务和责任。

当代中国特色法律体系的主要特点是：在"一国两制"实现祖国统一的方针指引下，逐步向"一国、两制、三法系、四法域"的格局发展。即在一个中国的前提下，社会主义与资本主义法律制度并存；在法系上，中国内地的社会主义法系、台湾地区与澳门地区的大陆法系和香港地区的普通法系并存；在法律的空间范围上，内地、台湾地区、香港地区、澳门地区四个法域相对独立存在。

实践没有止境，法律体系也要随着实践的发展而不断完善。尽管宣告了中国特色社会主义法律体系已经形成，但社会发展不会止步，社会关系不会停滞，改革开放将会深入。今后还必须适应改革开放和社会主义现代化建设的发展要求和构建法治国家、和谐社会的需要，根据实践中取得的重要的新经验和新认识，及时依照法定程序对现行法律体系内的某些规定进行必要的修正和补充，使法律体系真正成为反映时代要求、与时俱进的法律体系。

第二章 法的发展论

第一节 法的起源轨迹

一、法的产生及其条件

（一）有人类即有社会，有社会就必然有行为规范

人类社会的第一个发展阶段是原始社会。当时，人们以数十人为一个群体，到处游动，为了能够生存下去，人们相互之间逐渐形成了不同的共同体，构成社会最早的组织单位——氏族公社和部落联盟。在这个阶段，虽然尚未有今天这样的要素齐备的法，但因为需要协调组织内部成员之间的关系，确认彼此的责任和生存利益，某些简单的、低级的甚至带有愚昧与野性的行为模式开始胎动和萌生，出现了某些法的要素并在维护日常人际关系方面发挥着调整功能。

（二）有序化生活是人类的一种基本需要

诚如法律史家莫里斯所指出的，"对于来自外界而具有拘束力的法律之存在的承认是人类固有的天性，而且是人类的一种需要。……社会如无法律即不能存在，则据必然的推断，法律之存在是与人类同时代的，因此，人类的创造者就是一切法律的源泉，不但神法如此，就是一切公正的人为法亦是如此"[1]。实际上，无论有没有创制的过程，法都会以自然法的形态客观地存在于人类社会之中。

（三）法的起源从根本上讲，是社会生产方式发展的必然结果

随着生产力的进一步发展，人们过去那种原始的平等友爱关系

---

[1] [美] M. F. 莫里斯：《法律发达史》，王学文译，商务印书馆1939年版，第2页。

逐渐由压迫与被压迫、剥削与被剥削的关系所取代；过去那种以纯粹的血缘关系为基础的社会组织逐渐被以地域与疆界的统属关系为特征的社会组织所代替。处于不同经济地位的奴隶主阶级和奴隶阶级处于日益尖锐和不可调和的矛盾之中。在新的社会关系面前，社会自身再也无力解决这种对立的冲突了。为了不使社会和互相冲突的阶级在残酷的斗争中同归于尽，于是就需要有一个凌驾于社会之上的力量，把这种阶级冲突控制在秩序的范围内。由此产生了由特殊的公共权力强制确立社会成员的权利和义务的必要。日益增加的治理水利、兴修道路之类的公共事务管理也需要一种公共的权威力量来组织。为适应这样的社会结构和历史条件，新的社会组织、权威系统和新的行为模式应运而生。这种新的社会组织、权威系统和行为模式就是国家和法。

总之，法是以社会为基础的，法的起源过程中尽管有多种社会因素在其中相互作用，但这些因素又是在经济因素最终起决定作用的条件下相互作用而产生的。在法的产生过程中，社会分工和交换的扩大，私有制的形成是其经济根源；在社会生活中居于统治地位的利益集团——奴隶主阶级——利用国家和法律来维护自己的政治统治和经济利益，是法产生的政治根源；而随着社会发展而来的社会公共事务管理的需要则是法产生的社会根源。

二、法的起源的历史轨迹

法不是从来就有的，法的从无到有是一个社会共识和历史事实，从最初的萌芽到最终成为一种人类社会的基本制度，在不同的民族和社会经历了不同的具体进程。当然，也有一些共同的规律，主要表现在：

（一）在调整方式上，经历了从个别调整到一般调整的漫长过程

任何一个社会要想正常存在和发展，都需要有相应的社会调控方式，即由具有权威的社会组织通过一定的物质力量和精神力量规

定人们的行为方式,使人们的行为符合一定的价值观念而具有社会意义,并通过对行为的肯定或否定,而确认、保护和发展某种社会关系,或抵制、改变和禁止某种社会关系,最终使人们遵从社会认同的行为模式,维持社会秩序和实现社会价值。

人类社会初期阶段里,个别发生的各种争执就需要个别的法则予以裁判而处罚。但在这时的所谓司法,并非司职法律,在这时候人们还没有意识到有什么法律,他们只是在作出一个判决,并不是在立法,每遇一个案件发生,就作出一个判决,所谓"议事以制,不为刑辟","临事制刑不豫设法"。❶ 事与事之间并没有什么原则上的联系。不过在当时社会,所发生的情事,很多是差不多同样的,同样的案件给予同样的判决的结果,积而久之就渐渐成为具有法律意义的习惯了。部分知识分子垄断了对习惯的解释,遇有争讼纠纷,只有他们知道应当如何解决,这就到了真正的习惯法时期。这一时期,人们认为只有极少数所谓的聪明之人,方能知道这些习惯上的原则,知道什么是应当的,什么是不应当的,而能从事于辨别是非,作排难解纷的决定。

到古希腊、罗马时期,以及西亚诸古王国、我国战国之际各诸侯国等,社会进一步发展,社会关系更趋复杂,原有的习惯法已经不足为之规范,而社会阶级利益冲突渐趋严重,当此之际,不确定的习惯已难以应付,于是成文的法律应之而生。成文法的颁布,使人们得以了解法的禁止性模式和命令性模式,以指引、控制自己的行为,从而将人类法制文明推进到一个全新的阶段。

(二)在法律规范的形式意义上讲,经历了一个从原始社会的氏族习惯到不成文的习惯法再到法典化的成文法的发展历程

在漫长的原始社会,习惯起着调节人们行为规范的作用。这些习惯在社会的进一步发展中,有的一直延续下来,有的则逐渐归于

---

❶ 肖永清主编:《中国法制史简编》(上),山西人民出版社1981年版,第100页。

消失，也有一些则因其地位的重要和作用的明显而被赋予普遍的约束效力，最终演化成为法律。成文法一般都是伴随着奴隶制国家的建立、统一而制定的，是保护统治阶级的阶级特权、私有财产，维护社会秩序的需要。

（三）在与宗教、道德等其他社会规范的关系的意义上，法律经历了从与其他规范浑然一体到相对独立为一种权威性规范系统的过程

在法律与宗教、道德之间，在各个民族的历史上，都曾经是浑然不分的。而且，最早的行为规范，大都烙上了深刻的宗教的印记，比如图腾崇拜、乱伦禁忌等。"宗教本身从一开始，即使处于模糊状态，也包含了将从宗教中分离出来的所有要素，这些要素本身通过成千上万种方式相互联系、相互结合，成为集体生活的不同呈现形式。"❶ "实质上，宗教不过是具有专门权威的集体性信仰与仪轨的体系。一旦某个目标为一整群人所追求，作为这种一致追随的后果，他就获致了某种道德优势，这种道德优势会将这一目标提升到远远高出个人目标的水平，并由此而为之赋予某种宗教特征。"❷ 如果"没有宗教，可能就没有道德；没有道德，也就没有了法律"❸。法律及宗教都与公正有关，"宗教关心的是人的精神，人凭着这种精神就能认识到什么是公正；而法律只是在我们日常事务中运用公正——尽管还不是完全正确地运用。如果宗教烂死在地里，那么真理和公正也将烂死在地里"❹。

随着人类文明的进化，社会化程度日益增强，社会管理的需要越来越迫切，实施社会控制的禁止性、命令性规范的重要性逐渐凸显出来，并最终发展成为一套相对独立的规范系统。尽管这一走向

---

❶ ［法］爱弥儿·涂尔干：《乱伦禁忌及其起源》，汲喆、付德根、渠东译，上海人民出版社2003年版，第187页。

❷ 同上书，第208页。

❸ ［英］丹宁勋爵：《家庭故事》，刘庸安译，法律出版社2000年版，第240页。

❹ 同上书，第242页。

相对独立的过程及表现，在各个民族的历史上略有不同，但法律与道德、宗教逐步区分开来，则是共同的规律。

三、从原始社会习惯到法的出现

原始社会习惯和法都属于调节人们行为的社会规范，都具有规范主体行为的功能，都有其调整社会关系的作用，并且二者都有保障其实现的强制力量，因此，当相应的主客观条件具备时，原始社会习惯就逐步转化为法。但作为一种新型社会控制工具和社会管理手段的法毕竟不同于原始社会规范，人类最早的法虽然源于原始社会习惯、脱胎于原始社会习惯，但也并非简单地承继和延续。二者存在许多差异，主要表现为：

（一）二者产生和形成的方式有所不同

原始社会习惯大多是习惯性地、自发地在氏族组织成长和壮大过程中生成、沉积和延续下来的，虽然大多数原始社会习惯也有强制实现的保障方法和途径，但这些强制性的方法和途径从性质和形式上看，都是低级的、愚昧的、野蛮的、无常的；而法是有意识的自觉的理性创制产物，法的强制实现力来自于有组织的国家强力的保障，即是说，法是由有组织的系统化的国家机关所创制，并由国家权力系统的强行力量宣示和保障其实现的。

（二）二者所体现的本质和重心利益有所不同

原始社会的习惯，宣示者或解释者虽然主要是贵族或元老阶层，但作为调整氏族成员间的规范，这时习惯应被理解为是反映该社会的全体氏族成员的根本利益的。在存在统治关系的阶级社会里，法代表和体现掌握统治权的统治阶级意志，主要是宣示和保护统治阶级的各种利益，这是其法律安排和规范宣示的重中之重。

（三）二者在适用的范围方面有所不同

原始社会习惯属于以血缘关系为核心的属人主义；而法则属于以地域关系为核心的属地主义。原始社会习惯仅适用于有着共同血缘亲脉的同一氏族或部落，即相同血缘关系的成员；而法适用于国家权力管辖地域范围内的所有居民。

（四）二者所调整的社会关系的内容有所不同

在氏族社会和城邦社会里，个人是某种社会团体的成员，是其中有机的不可分割的一个组成部分，其独立意识和能力非常之弱。实际上，其几乎完全融于整体之中，个人的利益和要求被整体的需要所吸收和吞没。它们曲折地以整体的利益和要求的形式表现出来。个人的利益只能从整体上曲折地反映出来，在整体中得以实现。个人的价值在于融入整体并为整体作出贡献。而法表现为权利、义务的分离，是以权利与义务的形式为手段调整社会关系的。在奴隶制社会之初，社会成员之间却出现了权利和义务的分离。这种分离首先表现为在财产归属上有了"我的"、"你的"、"他的"之类的区别；其次，在利益（权利）和负担（义务）的分配上出现了不平等，即出现了特权；最后，在行使权利和履行义务上出现了明显的差别，有的人（贵族和富人）的权利可以得到充分的实现，而另外一些人的权利却得不到实现。如果说，原始社会习惯对行为的调整以利益的共同性为前提，那么，法律对行为的调控则必须是以利益的分化即权利和义务的分离为条件的。

（五）二者在规范的实施方式上有所不同

原始社会习惯主要依靠传统的力量、成员舆论、首领的权威、长老的威望、众人的自觉以及宗教迷信来保障实施。法的实施虽然也有赖于当事人的自觉遵守以及舆论的呼吁和支持，但当真出现无视法律权威、挑战法律尊严的情形时，往往还要依靠军队、法庭、监狱等国家强力机器来保障其实施，至少要借助于这些组织化的强力机关和设施作为强制实现的后盾。

（六）二者在规范的目的和追求的指向方面也存在差异

原始社会习惯旨在维护氏族的血缘关系、共同利益和平等、团结、互助的氏族内部关系，是维护氏族的共同利益，维系氏族成员间平等、团结、互助关系的手段。而法则旨在维护和保障对统治阶级有利的统治关系和社会秩序。

第二节 法的发展的主要类型

法的发展是指法律在产生之后，与社会经济、政治和文化发展相适应、相协调，由低级形态向高级形态、由简单形态到复杂形态的演进过程及趋势。法律的这种演进是通过缓慢的、循序渐进式的革新来实现的。演变的内容包括法律制度，也包括法律的精神和文化。近代以来，法的发展是包括制度变迁、精神转换、体系重构等在内的全面进步。

法的发展是包括在社会整体发展之中的，并且是与社会发展互动的。影响法的发展的因素很多，也十分复杂。法是上层建筑，它当然受经济基础的决定性影响，包括生产力和生产方式。但法在受经济基础制约的同时，也受经济以外的其他上层建筑因素的影响，比如哲学、艺术、宗教等。一方面，法的发展是由社会发展所驱动，是社会发展的结果，没有经济、政治和文化的发展，法律的发展既不需要，也不可能。法的发展对社会发展起着引导、保障和推动作用。社会需要法律，社会发展需要发展的法律，正是法律发展才使社会发展有可能健康、有序、富有生机地进行。

各个时期各个地方在法的发展的背景、原因、基础、样态诸方面有所不同，我们可以对法的发展类型进行如下划分：

一、法的内发型发展

法的内发型发展，指的是由社会自身力量产生的内部创新、经历漫长过程的法律变革道路，因内部条件的成熟而从传统法制走向现代法制的转型发展过程。这种类型的法制现代化模式一般以英国、法国等西欧国家为代表。其主要特点是：

其一，一般来说，它是因社会自身内部条件的逐步成熟而渐进式地发展起来的。

其二,商品经济的发展与发达是推动内发型法制现代化运动的强大的内在动力。

其三,民主的代议制政治组织形式的发展成为内发型法制现代化运动的重要支撑力量。

其四,法律的形式合理性与价值合理性的互动发展构成了内发型法制现代化运动的运作机理。

二、法的外源型发展

法的外源型发展,指的是因一个较先进的法律系统对较落后的法律系统的冲击而导致的进步转变过程。这一类型通常以19世纪的日本、沙俄等国家为代表。其主要特点是:

其一,强大的外部因素的冲击成为外源型法的发展与进步运动的生成动力。尽管在这些国家,其社会内部存在一些引起法律发展、进步的生长因素或条件,但是这一转型过程十分缓慢且困难,因而外来的法律文化系统的冲击与渗透,就成为外源型法的发展与进步运动的强大推动力量。

其二,政治变革运动往往成为外源型法的发展与进步运动的历史先导,政权组织系统发挥着主要的推动作用。由于外源型法的发展与进步运动的国家是在外部环境影响以及外域法律文化的冲击下走上法制变革道路的,因而往往有着相对确定的时间起点,而这些时间起点通常又与特定的政治变革事件相联系。比如,日本法制现代化进程以1868年的明治维新为起点。

其三,争取法律主权的斗争往往成为外源型法的发展与进步运动的国家从事法制变革运动的重要目标。

其四,法律的形式合理性与价值合理性之间的背离是外源型法的发展与进步进程的重要表征之一。在外源型法的发展与进步运动中,虽然法典化进程明显加快,法律发展在形式上有了较大进展,但是,法律的形式合理性与法律的价值合理性之间存在明显的

"二律背反"现象。这必然导致外源型法的发展与进步运动错综复杂。

三、法的复合型发展

法的复合型发展,指的是因各种内外因素相互作用而推动传统法制向进步法制的转型与变革过程。复合式的法的发展类型既具有内发型法的发展与进步模式的某些特征,又兼具外源型法的发展与进步模式的相关属性。这种模式以近代中国的法律现代化转型过程为典型代表。

四、法的递进型发展

拉德布鲁赫认为,迄今的人类社会历史的发展进程大致经历了三个阶段,即古代的礼俗社会、近代的自由社会和现代的组织化社会,与之相对应,法律的形态也经历了先有民俗法,再而制定法,最后发展为社会法这样三个类型,而且这三个类型的变迁过程,也经历了一个肯定、否定、否定之否定的过程。最终,发展到现代社会,"法律变成了一种新型的民俗法——它不再反映无组织的民族精神的本能意志,而是反映经过组织起来的民族精神的目的意志。故此,历史的进程是从无组织的共同意志,中经有意识的个人意志,再到有意识的作为立法者的共同意志;我们也就作为法律主体的人和作为法律客体的人作了仔细对应的考察。所有的法首先是主观意义和客观意义上的礼俗社会法,即反映礼俗社会意识的、为礼俗社会之人适用的法;次则为两种意义上的个人法,即个人立法者为被认为互无关联的个人所订之法;最后又回到另一层概念的礼俗社会法,但这不是父权(家长)制社会的法,而是高度组织起来的社会的法。"❶ 马克思主义法的历史类型更迭的理论基本上应归

---

❶ [德]古斯塔夫·拉德布鲁赫:《法律智慧警句集》,舒国滢译,中国法制出版社2001年版,第154页。

为递进型的法律发展类型。

我国学者通常按照法所产生的经济基础的性质以及体现的阶级意志的不同，对古往今来的法律进行分类，将经济基础相同、反映的阶级意志相同的法归为同一历史类型，并依次划分出四种不同的法的历史类型，即奴隶制法、封建制法、资本主义法和社会主义法。其中，奴隶制法、封建制法和资本主义法，分别奠基于其上的是奴隶制经济基础、封建制经济基础、资本主义经济基础，这些统统都属于私有制经济，它们所体现的阶级意志也分别属于奴隶主阶级、封建主阶级和资产阶级，历史上的这三大阶级皆属于剥削阶级，故而这三种历史类型的法也都可称之为剥削阶级类型的法。最后一种历史类型，即社会主义法，是奠基于社会主义经济基础之上的，它所体现的阶级意志属于一个工人阶级为领导的，以工农联盟为基础，由全体社会主义劳动者，拥护社会主义的爱国者和拥护祖国统一的爱国者所组成的广泛的统一战线，这一主体意志中囊括和反映了最广大的人民大众的利益、愿望和要求，因而与历史上其他几种只是体现少数统治者的意志和利益的法的类型，在实质上还是存在较大差别的，并因此被称之为最高历史类型的法。但是，也必须看到，近代以来的资本主义法在不断地改革、改良，以适应其各自社会发展的要求；20世纪以后才出现的社会主义国家的法制建设，大都艰难曲折，目前的社会主义各国，也还处于法制建设的初级阶段，走向成熟还需假以时日锐意进取、不断完善。

第三节 法的发展的基本方式

一、法律革新

在社会变迁意义上，革新主要是指革除旧的积习、惯例与制度而创立、建构新的规则、制度的以新代旧、革故创新的行为系列、运动过程和变革成果。革新首在摒弃革命的思维，旨在追求和维持一个建设的目标,借助彼此商谈和相互妥协以谋求政通人和、国泰民安。

法律革新亦称法律改革、法律变革,指的是一个国家或社会在其社会的本质属性与基本的社会制度结构保持相对稳定,其现行法律制度的基本性质也没有根本性变化的前提下,在法律的时代精神、法律的运作体制与框架、具体的法律制度等方面的自我创造、自我更新、自我完善和自我发展。其要义则在于法律制度的适时、创新、发展与进步。

法律革新的内容和取向通常表现为:

(1) 政体结构的改进,即在中央与地方之间,在立法、行政、司法、监督之间,通过修宪和改法,不断地微调其职责范围,以使得政体结构更优化,更好地服务于社会公平正义事业的发展需要。

(2) 法律系统的整合,即确立法律制度的价值取向和基本架构,通常在完备法律体系的过程中,逐步地完备民事的、商事的、刑事的、行政的、诉讼的等各个主要的主干性法律部门,并谋求各个法律部门之间的衔接与契合而不存在冲突与龃龉,等等。

(3) 制度本位的调适,即适时适度地调整法的当下追求目标和价值取向,通常是在稳定与发展之间、在治权与人权之间、在秩序与自由之间等方面,作出适合当时当地情况的微调,以使法律制度保持与社会发展的基本需要和重大关切相协同一致。

二、法律继承

法律继承是指在法的发展过程中,在新政权进行法律体系建构之际,有选择、有批判地吸收或沿用被其取代的旧法当中某些合理的、适当的元素,融入新法使其成为新法的有机组成部分的法律发展方式。

对旧法的继承,其对象主要限于某些具体的、可资为当下所用的法律与相关制度,以及合理的科学的法律技术和经验。在法律发展过程中,新法的出台与实施,对于旧法而言都是一种无形的否

第二章　法的发展论

定；但这种否定并非一种简单的抛弃和废止，而是整体上否定之下对局部、个别部分的吸收性肯定，使得法的发展过程呈现出对旧法合理元素的尊重。法的继承可以使一国现行法律制度保持与本民族法制文明的历史连续性，使新的法律制度在既往法制文明的基础上高起点进步。

法的继承主要有两种情形：

一种是同一国家在发展中出现的同一性质的前后政权间发生的法的继承，或者新的历史类型的法对旧的历史类型的法的继承。就前者而言，最典型的历史事实就是"汉承秦制"。西汉王朝建立后，汉高祖面临统治全国的新形势，感到"三章之法，不足以御奸"❶，于是命萧何参照秦律，"取其宜于时者，作律九章"❷。《九章律》是在《法经》六篇的基础上增加了《户律》（主要规定户籍、赋税和婚姻之事）、《兴律》（主要规定征发徭役、城防守备之事）、《厩律》（主要规定牛马畜牧和驿传之事）三章，合为九章。就后者而言，中华民国成立之初，尤其是北洋政府时期，直接采用了清末沈家本修律时创制的法律《大清新刑律》等一系列改制时期草创的法律；而且南京政府时期之初，在 20 世纪 20 年代末叶开展大规模的立法活动之前，在较多的案件的处置中所依循而用的，其实也是这些旧法中的基本规定。

另一种是殖民地附属国与宗主国发生的法的继承。如近代以来美国法的变迁，实证了其对英国法的继承与超越。独立战争之前，殖民地时期的法律渊源长期受英国普通法的影响。美利坚合众国成立后，对于英国普通法，只要其本身是合理的，是适合于美国人民的生活条件和日常活动，与联邦和各州的宪法、制定法的精神和文字相吻合的，都被他们的法院遵循和正在被遵循着。可是，只要发现它不具备上述要求中的任何一项，法院就会适时地修改，以使其

---

❶ 《汉书·刑法志》。
❷ 同上。

更适应当时、当地的环境。

三、法律移植

法律移植是指在法的发展过程中，正在进行立法的国家或地区有目的、有选择、有取舍地翻译、引用、借鉴与吸收其他国家或地区的相关法律术语、法律原则、法律规则、法律制度乃至法律理念，凝练、融汇到本国的法律体系之中，作为本国法的有机组成部分的法律发展方式。法律移植的来源素材主要是两大类：一是被认为先进、发达、可鉴的外国法，二是国际上通行的成熟的国际法规范以及国际惯例等。

法律移植可以使一国法律体系在引进国外法、吸收先进法律经验和技术的基础上与世界法制同步发展。法律移植不仅仅局限于对法条、法规、法典的移植，同时还包括对法律的研究方法、法律意识、法律文化、法律教育体制等方面的移植。对法条、法规、法典的移植可以较为迅速地改进落后的法律文字、条款，填补法律体系的空白；对法律的研究方法、法律意识、法律文化和法律教育体制的移植则可以提高全民法律素质，促进法律人格化，从而真正实现法规、法典在现实生活中的运行，是实现法律进步的关键。

法律移植主要包括两种情况。一是基于推进社会变迁、拉动经济增长与控制社会秩序的内在需要，出于自觉自愿，主动地吸取和移植外国法律制度，为自己所用。如土耳其，在凯末尔时期为了迅速发展本国经济，对瑞士民法典所进行的法律移植就属于这种情况。二是在外来侵略或迫使之下而不得已进行的法律移植。当今社会，利用侵略其他国家推行本国法的情况已不多见。但基于第一种原因，即各国为发展本国经济，促进社会发展，往往试图走一条捷径，即移植现代发达国家的成功的法律，以法律的现代化促进社会的现代化。从历史事实来看，任何一个国家的法律制度都极少能够为其他完全不同的国家和社会所援用，除非在充分考虑到政治、经济、文化和自然地理环境的前提下，在遵循正确的立场、观点、方法的基础上，法的移植才有可能发生和成功。

法律移植是一项极为复杂的工作，在实践中真正运用法律移植至少要经过以下三个步骤。第一步：发现本国法律体系中的空白和不足之处，这是法律移植的前提。第二步：找出适当的可供移植的外国法。在发现本国法律体系的不足后，应通过比较法学的工作，对不同国家的法律进行比较分析，寻找出在其他国家法律体系中对该问题或类似问题制定得成功且被广为适用的法律。第三步：结合本国国情，将所要移植的外国法与国内实际情况进行比照，综合多种因素，最终得出该法律移植到本国后能否成活的明确答案。[1] 经过以上步骤后，才可以将选定的某外国法移植到国内，再经过诸如小范围试点，取得成功经验再全面推广等具体办法，然后将该外国法吸收为本国法律体系的组成部分。

第四节　法的发展的一般规律

一、法的规律的意蕴及表现

在一般意义上讲，法的规律是指法作为特殊的社会存在所具有的内在的、客观的、必然的和可以再现的存在和运行的机理，它展现着法所固有的产生、成长、发展、变迁的趋势及其功能的意义。法的规律是客观的，即法具有不以个别人的意志为转移的客观性质。法的规律具有可再现性或重复有效性。法的规律的可再现性是说，在相同条件下，在不同的时空范围内，会有同样类型或同样性质的法的产生和存在。法的规律的再现性通常表现为发展中的周期性循环和重演。法的规律又是不可回避的。法的这种不可回避性强调，法的产生、成长、发展、变迁是一个不可避免的社会事实，是

---

[1] 张朝霞："'法律与发展研究'评析——兼谈法律移植的若干问题"，载《中外法学》1992年第4期。

人类社会发展到一定阶段的必然产物，是一个自然的过程，而不是什么偶然的因素所致或某一个智者的发明创造。从历史发展进程来说，法的规律集中表现在法的发展过程的几个侧面的表现上：（1）法的发展经历了从神授法到习惯法进而到成文法的过程。（2）立法技术从低级到高级、从简略到繁细。（3）法的内容从压制、奴役人到激励、保护人。（4）从身份的法、契约的法到人权的法。

二、法的发展规律的基本表现

法的发展具有自身的规律。法的发展的一般规律通常表现为：

第一，相对静止与绝对发展相结合的不断进步的规律。法从产生以后尽管存在过个别时期、个别国家的法的停滞甚至倒退。但从总体上来看，一直没有停止过进步。法的进步规律表现在它从野蛮、愚昧发展进步到文明、科学。

第二，历史类型更替且由低级向高级不断进步的规律。法的进步分为两种情形：其一是一般的发展进步，即非本质的发展进步，如对法律作一些小范围、小规模的改良。其二是法的历史类型的更替，即本质的发展进步。如前所述，历史上存在过奴隶制法、封建制法、资本主义法和社会主义法四种历史类型。它们从较低类型的法依次发展到较高类型的法，体现出了社会的本质的进步。

第三，以经济条件为核心受各种客观因素制约和决定的规律。社会生产力的发展必然导致生产关系的发展变化，而生产关系的变化又必然导致包括法律在内的上层建筑的发展变化。如法的改革就是由它的经济条件提出要求而存在必要性的。

第四，依赖于革命或改革而除旧立新的量变与质变相结合的发展规律。法的发展进步离不开人们主动积极的法律改革活动。例如，雅典的梭伦立法与改革为雅典民主共和制的建立奠定了基础；拿破仑立法与改革推动了法国资产阶级法律乃至整个资本主义世界的法律的发展。

第二章 法的发展论

第五，法律继承或移植以继承及超越为主的规律。法的继承是指依次更替的不同历史类型的新旧法律之间，在否定旧法的同时进行有所选择、有所取舍的扬弃，吸收旧法中的可以利用的成分，使之成为新法中的有机组成部分。

任何规律都表现出一种不以人的意志为转移的客观必然性，即具有一种非遵守不可的强制性。可以说，法之所以能成为人的行为的准则，主要在于法律能够反映这种客观规律，满足社会主体的一般要求，并把这种要求通过自己特有的法律规范明确、具体、肯定地表现出来，把社会主体的行为引入值得期待和激励的正确轨道上。

第三章 法的作用论

第一节 法的功能与作用释义

法的功能是指法固有和潜在的功用和效能。"法的功能在于通过法律规范实现目的与价值"。❶ 法的功能乃是法所具有的、内在的能够对个人行为乃至社会关系的正常发展施以积极的有益的确认、引导、调节、整合的功用和效能。法的功能的定义本身就决定了其具有内在性、应当性、恒定性的特点,对社会具有正向的、正值的意义。

所谓法的作用也就是指法以其功能对现实的社会关系——法律关系主体的行为并最终对社会所产生的外在影响。法的作用状况仅仅是将法的功能发挥得好或者坏的程度,即在何种程度上实现了法的功能的问题。法的功能有可能得到较好的发挥,也有可能得不到正常发挥。但是它并不影响法本身所具有的功能质量。法的功能为法的作用的良好发挥设定了一个制度上的理想模式。法的作用愈是接近法的功能,法的作用就发挥得愈好,反之,若法的作用逆向于法的功能,就会距法的功能日趋遥远甚至适得其反。由此我们也不难看出,法的功能和法的作用是有区别的,将二者加以区分具有重要的理论和实践意义。

由于法的功能主要是经由其规范发挥作用,所以,传统意义上将其称为法的规范作用,但在本书看来,这其实是法的规范功能,也就是对个人行为的规范功能,主要是指通过法所具有的内在的对社会有益的功用和效能而对作为个体存在的社会主体进行指引、评

---

❶ [德]伯恩·魏德士:《法理学》,丁小春、吴越译,法律出版社2003年版,第134页。

价、预测、惩戒和教育的可能性，即法作为一种调整人们行为的准则而直接作用于人的行为所应当产生的规范性影响。主要包括如下几个方面：

1. 对本人行为的指引

在复杂的社会交往关系中，每个人的行为都会对其所在的社会共同体产生积极或消极的影响。共同的社会生存条件需要对每个人的行为加以积极的引导，使其产生积极的影响。其作用的对象是每个人自己的行为。一般来说，对人的行为的指引可以分为两种：一种是个别指引（或称个别调整），即通过一个具体的指示就具体的人和情况的指引；另一种是规范性指引（或称规范性调整），即通过一般的规则就同类的人或情况的指引。在人类社会生活中，个别指引在很多情况下是必不可少的，但在一种关系比较复杂的、人数众多的社会中，仅依靠个别指引是不可能建立社会秩序的，至少不可能建立较持久的、稳定的社会秩序。这样的社会必须要有规范性指引。这种规范性指引分为两种情形：确定的指引是指通过规定法律义务，要求人们作出或抑制一定行为，人们必须根据法律规范的指引而行为；有选择的指引是指通过授予法律权利，给人们创造一种选择的机会，人们对法律规范所指引的行为有选择余地，法律容许人们自行决定是否这样行为。法律代表国家向整个社会传达人们可以或必须如何行为的信息，通过法律，人们可以知道什么是国家赞成的，应当做、可以做的；什么是国家反对的、不该做、不得做的；可以知道国家的发展目标、价值取向和政策导向。确定的指引在行为模式上是义务模式，这种模式对行为人而言是确定的、不可选择的；有选择的指引在行为模式上是授权模式，这种模式对行为人而言是有选择余地的。从立法的意图来说，确定的指引旨在防止人们作出违反法律指明的行为；而不确定的指引则是旨在引导人们从事法律所容许的行为，尤其是鼓励人们积极从事法律所提倡的行为。除了确定的指引和可选择的指引外，还有羁束的指引和非羁束的指引之分，原则的指引和具体的指引之分。前者主要是针对国家机关及其工作人员履行职务行为而言的：法律准确、具体地规定了国家机关及其工作人员的权限的情形为羁束的指引；法律仅规定了一个行使权力的权限幅度，允许国家机关及其工作人员在此幅度范围内自由裁量的情形为非羁束的指引。后者主要是从告示人们的行为模式的行为准则是法律原则还是法律规则的角度划分的：以高度概括性、普适性、纲领性、抽象性的法律原则为人们提供行为路向的情形为原则的指引；以具有明确性、肯定性、具体性、可操作性的法律规则为人们提供行为模式的情形为规则的指引。

2. 对他人行为的评价

其作用的对象是其他人实施的行为。评价者可以是非官方的，也可以是官方的。例如，作为一个社会成员对其他社会成员的行为的评价，或者作为一个法官对每一诉讼参加人的行为的评价，等等。法律作为一种行为标准和尺度，具有判断、评价人们的行为的功能。法律通过这种判断和评价，影响人们的价值观念和是非标准，从而达到指引人们行为的效果。与评价人们的行为的道德规范、宗教规范、风俗习惯和社会团体的规章等标准相比，这种法律上的评价更具有客观性。什么行为正当，什么行为不正当，什么行为是可做的，什么行为是不可做的，在法律规范中通常都有明确的规定，只要人们的行为属于法律行为，法律规范就是评价其行为的最为有效的标尺，而不论人们的主观愿望上是否乐于接受这种评价。法对他人行为的评价作用因评价主体、方式、后果的不同可分为专门的评价和社会的评价两大类：前者是指国家机关及其工作人员依据法定的职权和程序对他人的行为所作的权威性的有法律约束力的评价，如法官依法对人们的行为所作的判决、裁定、决定等；后者是指社会公众、人民团体、大众传媒等对他人的行为所作的民间性的不具有法律约束力的评价。

3. 对人们相互的行为的预测

其作用的对象是特定社会关系主体相互之间的行为。法作为具有公开性、确定性、普遍性的行为准则，足以使人们通过对它的内容的知悉和了解，预先估计到彼此之间将如何行为及应该如何行为。比如，以金钱为标的的债的担保方式中有一种重要的方式，即定金。我国《担保法》第90条规定："定金应当以书面形式约定。当事人在定金合同中应当约定交付定金的期限。定金合同从实际交付定金之日起生效。"交付定金一方不履行合同时，无权要求返还定金；接受定金一方不履行合同时，应当双倍返还定金。这就使得合同当事人双方可以清楚地认识到并预见到违约会导致的法律后果，从而能够变相地促使当事人致力于合同的履行。再如，交通法规颁布后，一般人都会相信，只要自己在道路上行走时遵守交通法规，即使道路上车辆很多，也是有安全保障的，因为人们相信，在通常情况下，驾驶车辆的人也会遵守交通法规，只要他们也遵守交通法规，车辆的正常行驶是不会危害自己的安全的；而且，交通警察也不会允许有违反交通法规的情形，一旦发生违规情形，将会对他们进行必要的处罚。

4. 对违法犯罪行为的惩戒

其作用的对象是违法犯罪者的行为。对违法犯罪者以国家名义加以制裁、惩罚，这是任何性质社会的法所共通的方式。当然，这种制裁、惩罚的性质、目的、强度和范围，在不同性质社会或不同类型的法中是有差异的。在传统社会，肉刑种类繁多且野蛮严酷，行刑方法令人毛骨悚然。在现代社会，法的惩戒作用一方面表现为通过对公理的修正，对处于弱势地位者的利益进行倾斜性的保护，对于处于强势地位者施加控制，或是通过国家权力采取诸如行政处罚、刑事制裁等强制性手段，制裁、惩罚违法犯罪行为，达到对利益关系的整合，从而实现利益关系的平衡与和谐。另一方面也表现在预防和解决社会成员之间的争端，预防违法犯罪行为，尽可能减少违法犯罪行为，增进社会成员的安全感。当然，通过使违法者承担法律责任，不仅可以直接教育违法者和其他社会成员，吸取教训，不至于重蹈覆辙，而且也可以教育其他社会公众依法办事，不做有损社会、国家、集体和他人合法利益的行为。

5. 对公众的教育功能

其作用的对象是一般社会公众的行为。通过法的实施可以对一般社会公众今后的行为产生积极影响。只有能够普遍性地对一般社会公众真正起到教育作用的法律才会获得恒久的生命力。比如，司法机关通过立案、侦查、起诉、审判、执行等一系列活动，惩罚犯罪者。法对一般社会公众的教育功能，一方面有赖于有关国家专门机关严格执法、严肃司法，通过打击、制裁违法犯罪行为，震慑一切实施违法犯罪行为的企图；另一方面也有赖于长期、持久、踏实的普法宣传。如果一个国家或社会的一般公众对于法律知识知之甚少或根本不知，他们就很有可能触犯法律而自己茫然不知；如果公众的法律意识淡薄，再好的法律制度也会因为得不到普遍遵守而发挥不出应有的作用，甚至形同虚设。

第二节　法的作用的种类

如前所述，法的作用通常是指法依其功能在社会中产生的各种影响的总称，具体而言就是指法对个人行为、社会关系乃至整个社会发生影响的各种实际的现实体现，也可以说，法的作用乃是法的功能的外显和展示。

按照不同的标准，对法的作用可以进行不同的分类。

一、全局作用和局部作用

这是以法律系统的作用范围为标准对法的作用所作的分类。在人类历史长河中，法所发挥的作用当然属于宏观意义上的作用的范畴。但在一个国家的特定历史时期的法律体系所发挥的系统性作用，就属于全局作用；而在一个国家的特定历史时期的法律体系的各个子系统，包括某个部门法或一部法典或其他规范性法律文件所发挥的作用，则属于局部作用。

二、直接作用和间接作用

这是以法对社会主体的个人行为、社会关系和社会活动的作用深度和影响为标准对法的作用所作的分类。通常而言，法律对社会主体的行为的指引、抑制、保护等，直接体现在具体的个案当中，并借此达到对各该社会主体参与的特定的社会关系的调整，使其朝向正态的、希望的方向发展。这种调整比较直观、明确，不难发现是法在直接起作用。当然，法在直接作用和影响特定的社会主体的行为以及相应的社会关系时，对于其他社会关系及其主体的行为，也会产生各种潜在影响，这种潜在影响就是法的间接作用。如各个诉讼程序法的启动，在直接对进入诉讼程序的双方当事人和司法者产生一种直接的引导和约束作用的同时，对于尚未进入诉讼程序的社会主体而言，也是一种教育和预演，可以看作法的间接作用。

三、预期作用和现实作用

这是以社会主体对立法的期望与法的现实效果之间的差别为根据对法的作用所作的分类。预期作用亦可以称之为非现实作用，主要是指社会主体对法的应有作用的预设、期待与愿望，也可以将其称为预设的作用、期待的作用或愿望的作用；法的现实作用是指法的实施所产生的即时的、现在的、实际的影响。法的预期作用与现实作用之间往往存在一定的差距。当然，这类差距越小，法就越富有现实意义，实效越强。

四、积极作用和消极作用

这是以法的作用对社会主体的行为、对社会主体参与其中的社会关系乃至社会生活本身所产生的影响属于正面或负面、有益或有害等评判标准为依据对法的作用所作的分类。其实这里所依据的，无非是社会主体对法的社会意义的判断。一般来说，凡是符合健康、向上的价值准则和个人理性的价值追求的，就属于法的积极作用；凡是违背社会基本的价值准则，社会主体良好的愿望和期待的，就属于法的消极作用。法的积极作用对一个社会的发展与进步能够产生良好的影响，起到推进和保护的作用，而法的消极作用对一个社会的发展与进步会产生恶劣的影响，起到阻碍和破坏的作用。

五、法的规范作用和法的社会作用

这是以法的作用的形式与内容的不同为根据对法的作用所作的分类。通常意义上，法的规范作用是指法直接作用于社会主体的个别化行为所产生的显在或潜在影响，只要有法律规范存在，就有法的规范作用。而法的社会作用则是从法的社会目的意义上讲的，也就是说，法作为建立在一定社会经济基础之上的上层建筑成分之一，反映、保护着社会关系和社会秩序，这就是法的社会作用。法的规范作用与法的社会作用之间属于手段与目的的关系，即是说，法的规范作用是实现法的社会作用的手段，法的社会作用则是法的规范作用的目的。当然，法的规范作用也有其独立存在的基础和根基，有其发挥自身作用的独立的价值诉求。

第三节　法的作用的范围

在现代社会中，法对社会生活的各个领域和各个方面有着重要影响。法的社会作用范围是极其广泛的。自法律产生以后，它对一国政治、经济、文化等公共事务影响的广度和深度便日渐加强。随着社会生产力的发展，科学技术的进步，劳动与生产的繁杂程度越来越高，生产的社会化程度进一步加强，要保障现代社会生产安全、有序、高效地进行，就必须依法管理，否则，就会陷入混乱之中。

就当代而言，这种作用范围主要及于以下几方面：

一、维护社会秩序，保障基本自由

对社会秩序的维护，其实也是对整个社会的全局利益的保护。如果没有稳定的秩序，社会主体就无法预期未来，无法对社会关系的未来进展有一个可控的合理期待。对基本自由的保障，可以使社会主体积极参与社会生活，在理性互动的过程中，营造良好的社会关系。

二、改善市场环境，推进经济发展

这是现代法的社会作用在经济领域的主要表现。通常，法对经济活动的意义，首先是确认各该社会的基本经济制度以及宏观调控及微观经济调整的方式、路径和方略，进而规范化地保障经济关系的良性发展，矫治和制裁经济运行中的违法犯罪行为，促进经济活动富有效益、竞争有序，最终为社会的全面进步和福利改善提供强大的经济支柱。

三、确保利益实现，彰显社会正义

法在这个方面的社会作用，就是要宣告和保障各社会主体的利益归属和利益实现。因为正义本身是一项倡行且捍卫"各得其所应得，各付其所应付"的事业，对正义的彰显就是要维护社会财富、机会、条件等领域分配的公平。同时防止对正义的可能侵害和破坏；当出现因不可抗力等不测事件造成特定社会主体的生存利益的缺失而陷于困境之际，还要予以必要的恢复和救济，以维护正义的一般要求，彰显正义的基本目的。

四、组织国家生活，保障对外交往

自古以来，国家机器的组织和运行都是确保对外防御安全和对内治理秩序所必不可少的。但近代以来，更多地强调国家权力的双刃性质，即一方面要确保其服务于传统以来的使命，保障国防和维护秩序,另一方面还要防范其因本身的异化而陷于权力滥用乃至暴政之境。因此,各个近代文明国家都在厉行宪政,通过宪法和相关组织法、选举法等,确立国家政权的组织体制和方法、途径,赋予国家各种权力机关以不可推卸的职责或职权,确立其最大限度地行使其职权和履行其职责的权力边界或权限。无论立法机关、行政机关还是司法机关,都是如此。同时也通过宪法和法律,确立其中央与地方的治理权限以及彼此关系。从国际法律体系角度看,在国际化的法治趋势和背景之下,国际法一方面为人类和平、进步展示了美好的未来,使不同的国际主体得以彼此沟通,谋求达成更多的共识;同时也为各个谋求民主、文明、进步的现代国家提供了相互学习、促进的平台。

五、繁荣文化事业,促进道德自觉

繁荣文化事业,就是要促进理性文化的形成和发展,在当今时代首先就是法治观念和宪政思维的形成和发展,诸如法律面前人人平等成为群体法律认知的共识,尊重人权、保护人权成为社会普遍的观念模式,良法为治成为全社会的主流信念。促进道德自觉,一方面,将具有一般性、普遍性的社会道德共识和道德规范纳入法律体系之中,作为引领社会主体健康、向上的有德性的法律化社会生活的指针;另一方面则要营造一个各种社会主体之间良好的信用氛围和信用关系,这对维持一个社会的成熟、稳定、发展,是必不可少的,人与人之间应该讲信修睦,法人与法人之间真诚相待,政府与民众之间彼此信赖,当事人或交易主体能信守诺言,忠实于自己所承担的义务,并有能力承担义务。

六、推动社会进步,建构法治国家

正是由于法不仅能够调整社会成员的普遍社会关系,而且能够负担巨大的政治、经济、文化的组织任务,因而是实现国家职能,推动经济和社会发展的最重要的、不可缺少的手段。近代以来,一个追求进步的社会，普遍拥有良法为治的思想，即人们信赖法律的统治，而实现统治的法律必须是良性法律。在这样的社会中，都在尽其可能做到不分民族、种族，各民族一律平等；尊重人的思想、信仰自由；确保言论、出版、集会、结社、游行、示威、罢工和迁徙自由；从实体到程序维护人的生命健康与人格尊严；保障各主体的合法财产神圣不可侵犯等。总的来说，一个文明的现代国家，其法律体系整体和各个法律部门，无论宪法还是刑法、民法等实体法，以及民事诉讼法、刑事诉讼法、行政诉讼法等程序法，其任务和所确立的规范内容以及所追求的目标，都是旨在推动社会的全面进步或属于其各个调整范围的社会进步的事业。

坚持法律至上，走法治之路，运用法律机制作为治国方略具有优越性，这已经获得近代以来法治化国家的实践经验的证实。当然，法治既需要成熟的社会规范——良法，也需要善于发现和守护良法的法治精英阶层。而这个阶层的构成、素养及其育成，需要通过法律加以确认和规范。因为，无论立法机关、行政机关还是司法机关，都是由个人组成的。每个人都会有基于自身的经历所形成的法律观念和情感，都会有自己关于法治的懵懂和思索。在实践中，由于立法人员、行政人员和司法人员都享有广泛的权力，同时也面临各种各样的利益集团的压力，所以，如果没有异常坚定的职业品格和道德修养，在一些合理的和不合理的动机驱使下，就会经常实施一些权力滥用的行为。所以，通过法律明确规定他们的任职资格和任职程序，是极其必要的。法官法、检察官法、律师法、公务员法等的作用，就集中体现在这方面。

七、秉持传统精髓，张扬普世价值

文明是有其独特性的。每一种文明都有其不同于其他文明的独到之处。然而，在这些差别之中，肯定还有一些更高一层的、为所有不同文明都向往和追求的普世价值。在人类社会的历史进程中，普世价值不仅是存在的，而且是以价值体系的方式普遍存在的，那就是正义以及自由、平等、人权、博爱之类的核心价值。这些核心价值具有旺盛的生命力，它们其实就是人类社会有识之士的一些共同的理想信念、强大的精神支柱和基本的道德规范，它们的召唤往往能够使人们超越民族、血缘、语言、地域等方面的差异，超越阶层、行业、职业、利益等方面的差异，而去追求神圣而庄严的各项事业。在这些普世价值中，最为重要、作为基础的，则是自由。同时，在中华民族五千多年的历史进程中，形成和积淀了大量值得我们继承、发扬的优秀文化。法的一个无法推卸的任务，就是不但持续地在不断的立法活动中秉持、张扬它们，而且在法的运行和法治实践中，发扬和捍卫它们。实际上，现代立法、执法和司法活动中，体现着这个方面的情形比比皆是。

第四节　法的作用的有限性

　　强调法的作用的有限性，旨在说明，要想使法发挥其应有的作用，是需要一些基本条件的，而且，即使具备了一定的条件，法的作用还是有限度的，甚至可能是有缺陷的。

　　首先，调整人类社会关系及相关行为的规范多种多样，法律规范只是其中的一种，但它不是唯一的方法，只不过是其中最重要的一种规范而已。从规范的意义上说，除法律之外，还有政策、纪律、规章、道德、民约、公约、教规及其他社会规范；从手段的意义上说，除法律之外，还有经济的、行政的、教育的等多种方法。虽然在现代社会，法的作用范围极为广泛，涉及经济、政治、文化、社会生活的方方面面。但应当看到，在很多问题上，采用法律手段是不适宜的。例如，涉及人们思想、认识、信仰或一般私人生活方面的问题，就不宜采用法律手段。对人们的思想、认识、信仰或私生活方面的问题采用法律手段强行干预、限制、禁止，不仅不可能起到应有的效果，而且往往导致负面的结果。

　　其次，在法律不断完备的过程中，法律"漏洞"会大量存在。

这是由于立法主要是基于对以往和当前的社会关系事实而创制法律的，虽然会保持适度的预测，但不可能对将来一切行为和事件都作出完全适宜的规定，而且事实上法律也不可能穷尽一切人类行为和事件。这本身就是法律的尴尬与无奈。相对滞后的法律可以通过法律实践发现其漏洞与不足，然后再由法学家、法律工作者、法律制定者来修补与完善。这样，法律才能越来越完备，越来越有权威，越来越受民众的敬重。

再次，法律的规定通常具有稳定性、抽象性、概括性和一般性，而其调整的对象却是变化的、具体的、独立的和个别的。在企图完全适用法律对上述调整对象进行规范性调整时，就会暴露出法律的保守、僵化、教条和笼统的消极一面，严重时甚至可能压制人们的创造和进取精神，束缚社会发展与进步。

最后，"徒法不足以自行"，不仅法律的创制是依靠特定的立法主体来完成，而且法律的遵守和适用也是借助于社会主体来完成的，没有主体的因素，法律是没有意义的；忽略主体的因素，法律的品质和效果会大打折扣。一个社会可以制定出良好的法律，但却并不必然能保证这些法律都能产生良好的法律效果，都能增进大众的福祉。它还取决于各类社会主体的法律意识。一方面，任何法律制度得以确立和运行，都离不开公众对法律制度价值合理性、合法性的普遍有效认同。社会公众的法律意识一旦形成，就会对社会法律生活产生巨大的作用——人们会以崇法、尚法的法律心理，自由、正义的观念，法治、人权等思想为前提并在其主导下衡量法律规则、法律行为，在其内心形成的法律信念的支配下进行各种社会活动。另一方面，任何法律制度得以运行和实现，还有赖于各类执法人员和法律职业群体良好的法律素养和崇高的职业精神。

认识到法的作用的有限性，对于协同法的调整范围与社会主体自治各自界域的良性态势，对于建构一个充满人性和活力的法治化和谐社会而言，意义重大。

法的一个不可回避的任务就是通过对既存社会关系的调整和对

社会关系变动的预测与展望,将社会秩序维持在可以为社会所接受的状态之下。法的任务的实现有赖于法的功能的强化和作用的发挥。法的作用状况通常由社会主体来评价。当法的指引、预测、警示、评价等规范功能符合其所存在的特定时空社会发展的实际需要和各社会主体的需求时,就肯定是有效益的。法将各社会主体的行为笼罩在统一的规矩之中,成为社会达成和谐与共生的巨大软件系统,对社会加以控制、对主体行为施加约束,从而达到推进社会进步和人类文明程度提高的效果。

第四章 法的效力论

第一节 法的效力释义

法的效力通常是指法的引导遵守力、规范拘束力与强制行动力的统称。其中，引导遵守力是指引领、督导主体自觉守法，在可能出现触法、违法之际督促相应社会主体使其行为遵循法的规范与调整，将自己的行为控制在不违法、不犯罪的限度上。规范拘束力是指依凭法所具有的一般性规范功能，普遍性地规范所有社会主体的行为，在出现特定的社会主体的行为触法、违法、犯罪之际，依法对其施加个别化处罚和制裁的可能性与现实性。强制行动力亦可称之为强制实现力，是指法的以其教育功能动员社会主体一体维护法的尊严的实现力，以及当出现违法、犯罪行为之际，得以启动国家强制力强行干预，以惩处违法、制裁犯罪，确保法的规定得以切实实现的力量。

通常而言，立法的目的在于引导或迫使社会主体依照法的规制和期待去行为，即对社会上的人和事产生确定的拘束力，以使得人的活动和社会关系能够按照法律所预定的轨道进行。正是法的效力所富有的意蕴才使得法成为"活的"、"有生命力"的规范实体。[1]

法的效力不同于法的实效。法的效力是内在的，法的实效则是外在的；法的效力是潜在的，法的实效是显在的；法的效力是应有功能，法的实效是实际作用或现实效果；法的效力是理论意义上的，法的实效是实践层面的；法的效力是前提性的，法的实效是结果性的；法的效力是目的指向，法的实效是实现状况；法的效力是相对静止的规范张力，而法的实效则是动态与静态的互动产物。

---

[1] 徐显明主编：《法理学》，中国政法大学出版社 2007 年版，第 119 页。

法的效力与法的有效性也不完全相同。法的效力强调的主要是旨在实现行为调整的范围与限度，而法的有效性主要是强调法为什么有力量，以及法的效力根据所在。通常而言，法的效力范围所提示的主要是法的形式的约束范围，以及法的形式上的调整限度；而法的有效性则除了形式层面的拘束力外，还有更重要的一面，即实质上的规定性和实现力，或者说还强调尤为重要的实质层面的有效性，历史传统、权力威望、道德共识、习惯做法、宗教信仰等在法的实质有效性方面有着重大影响。

第二节　法的效力范围

法的效力范围指的是法对哪些人、对何种事、在什么时间与空间范围内有约束力。法的效力范围的明确、清晰、适度，是法得以获得普遍遵守、严格执行、公正适用以及妥当监督的基本前提。

实质意义上讲，所谓法的效力范围，其实就是法的能力范围，亦即"法之能"。学理上，亦可称之为法的功能的限度。

一、法的对人效力

法的对人效力是指法律对哪些社会主体的行为与事项具有法的约束力。

各国不同时期确定法的对人效力所遵循的原则有所不同。目前，世界范围内曾经出现过的确立法的对人效力所遵循的原则主要有以下四种，即：

（1）属人主义原则，即只要是本国的社会主体，无论其在国内还是在国外所实施的行为和事项，都适用本国法；而对在本国领域内的外国人、无国籍人的行为和事项却都不适用本国的法。

（2）属地主义原则，该原则以地域为标准，即一国之法对其主权管辖范围内的所有的社会主体都有约束力，而不管其国籍如何，而即使本国人，如果其行为和事项在境外，则本国法也不对其产生约束力。

（3）保护主义原则，该原则以保护本国利益为标准，亦即完全以社会主体的行为与事项是否侵害本国利益为考量，无论是何种主体，不管来自何处，只要其侵害了本国的利益，就适用该国法。

（4）结合主义原则，该原则实际上是对前述三个原则的一种综合或折中，亦即以属地主义为核心，兼顾属人主义、保护主义，综合考虑多重因素对国家利益、国民利益和各类人群的利益的影响，以属地为基本、属人和保护为辅助。这种对人的效力原则，为当今世界绝大多数国家所采用。

我国与世界上多数国家一样，也采用的是结合主义原则。第一，中国公民在中国领域内一律适用中国法律，法律面前人人平等。中国公民在国外仍受中国法律的保护并受中国法定义务的约束，但同时也要遵守所在国的法律。当两国法律对同一问题规定不一致时，要按照既要维护中国主权、又要尊重所在国主权的原则处理。第二，中国法律对外国人的效力问题包括两个方面：一是在中国领域内的外国人，除享有外交特权和豁免权或法律另有规定者外，适用中国法律；二是外国人在中国领域外对中国公民、法人犯罪，依中国刑法规定的最低刑为3年以上有期徒刑的，可适用中国刑法规定，但依犯罪地法不受处罚的除外。

二、法的时间效力

法的时间效力特指法的约束力的开始和终止时限，以及它对其生效以前的事项和行为有无溯及既往的效力。

法的生效时间，是指法从何时起开始发生效力。法的生效时间通常有以下四种情况：

（1）自公布之日起生效。

（2）法律公布后不立即生效，而是间隔一段时间后开始生效。

（3）比照相关法律以确定法的生效时间。

（4）规定达到一定期限开始生效。

法律终止生效时间，即法律被废止的时间。一般有五种情况：
(1) 新法公布后，旧法即丧失效力。
(2) 在新法中明确宣布旧法作废。
(3) 法律自身规定了失效日期，时限届满时自行停止生效。
(4) 有的法律已经完成历史使命，从而丧失效力。
(5) 发布特别决议、命令宣布废止某项法律。

法的溯及力又称法律溯及既往的效力，所指称的是经国家制定的法律对其生效以前的事项和行为有无溯及既往的效力的问题。如果新的法律对它施行以前的事项和行为可以适用，该法律就具有溯及力；反之，新的法律不能对以往的事项和行为进行追诉，该法律就不具有溯及力。有关这一问题，各国的规定不尽相同，所遵循的主要原则包括：

(1) 从旧原则，即新法不溯及既往。
(2) 从新原则，即新法具有溯及既往的效力。
(3) 从轻原则，即新法较旧法处理较轻的，按照新法处理，则新法有溯及既往的效力；新法较旧法处理为重的，按旧法处理，则新法无溯及既往的效力。
(4) 从新兼从轻原则，即新法原则上溯及既往，但旧法对行为人处理更轻的，依旧法规定。
(5) 从旧兼从轻原则，即新法原则上不溯及既往，但新法对行为人处理更轻的，依新法规定。现在，世界各国公认的原则是：禁止法律的溯及既往。我国大致上坚持的是从旧兼从轻的原则。

三、法的空间效力

法的空间效力，是指法律适用的地域范围，即法在哪些地方或区域有效。一般来说，在一个主权国家，法律的效力是及于主权所及的全部领域的，包括领陆、领空、领水三个部分，上及高空，下及底土。另外，还包括延伸意义上的领土，主要是驻外使领馆和在境外航行的飞机或船舶。但是，由于法的形式的不同、效力等级的不同、调整对象的不同所致，法的空间效力问题主要有下列三种情况：

（1）在全国范围内有效。中国宪法和全国人大及其常委会制定的法律，国务院制定的行政法规，除本身有特别规定的以外，都在全国范围内有效。

（2）在特定区域内有效。包括两种情况：一是有些法律、法规虽然是由最高立法机关或最高行政机关制定的，但法律本身明确规定了法律的特定适用范围，那它就只在此范围内有效；二是地方国家机关制定的地方性法规、民族自治地方制定的自治法规和其他地方规范性文件，只在相应管辖区域内有效。

（3）法的域外效力。有的法律，不但在国内有效，在特定条件下其效力还可以超出国境。

第三节　法的效力的冲突机制

一、法的效力的冲突机制释义

法的效力的冲突机制是解决法律体系内部规范之间价值冲突问题的重要分析工具。由于法律规范数量庞大且位阶不同，适用起来非常复杂，而法律适用者还必须在解决纷争时找寻到那些适用于当时出现的法律问题的法律规范，并且还必须确定适用于特定法律问题的不同法律规范的位阶关系。因此，需要从制度上和学理上确立法的效力层级机制，以确立可能冲突的法律规范的适用方法。

二、法的效力的层级冲突解决路径

具体而言，法的效力的层级冲突解决路径就是上位法与下位法之间的冲突解决方法。在上位法与下位法发生冲突的情况下，一般性的冲突解决规则就是：（1）根本法优于普通法；（2）上位法优于下位法。

根据《立法法》第78～80条之规定，宪法具有最高的法律效力，一切法律、行政法规、地方性法规、自治条例和单行条例、规章都不得同宪法相抵触；法律的效力高于行政法规、地方性法规、规章；行政法规的效力高于地方性法规、规章；地方性法规的效力高于本级和下级地方政府规章；省、自治区的人民政府制定的规章的效力高于本行政区域内的较大的市的人民政府制定的规章。

上述顺序只是针对发生冲突的特殊情况。在没有冲突的情况下，实践过程中一般是先适用特别法、下位法，理由是特别法、下位法相对来说更加具体、细致、明确，更便于操作。

三、同位阶法相互间的冲突解决路径

同位阶法相互间的冲突解决路径指的是法律与法律之间、行政规章与行政规章之间、行政规章与地方性法规之间、行政规章与政府规章之间发生冲突之际的解决方法。一般情况下，同一位阶的法律之间地位相同，平等适用。如《立法法》第82条规定："部门规章之间、部门规章与地方政府规章之间具有同等效力，在各自的权限范围内施行。"值得注意的是，在同位阶的旧法与新法之间的关系的多样性。有两种情况值得注意：一是修订的新法与其修订前的旧法之间的关系。二是在已有的单一的、零散的、杂乱的法律文本、解释文本甚至还有讨论与表述立法问题的法学著作要义的基础上进行编纂工作之后形成的全新法典与被其吸纳之前的各种文本之间的关系。在发生冲突的情况下，则遵循以下三个冲突解决规则：（1）特别法优于一般法；（2）新立法优于旧立法；（3）"新立法优于旧立法"规则优先于"特别法优于一般法"来适用，并以此解决可能存在的新的一般法与旧的特别法可能存在的冲突问题。

我国《立法法》第83条关于（1）、（2）有明确规定："同一机关制定的法律、行政法规、地方性法规、自治条例和单行条例、规章，特别规定与一般规定不一致的，适用特别规定；新的规定与旧的规定不一致的，适用新的规定。"但关于（3）却并不明确，

而只是一个授权性规定,即《立法法》第85条:"法律之间对同一事项的新的一般规定与旧的特别规定不一致,不能确定如何适用时,由全国人民代表大会常务委员会裁决。行政法规之间对同一事项的新的一般规定与旧的特别规定不一致,不能确定如何适用时,由国务院裁决。"《立法法》第86条还规定了:"地方性法规、规章之间不一致时,由有关机关依照下列规定的权限作出裁决:(1) 同一机关制定的新的一般规定与旧的特别规定不一致时,由制定机关裁决;(2) 地方性法规与部门规章之间对同一事项的规定不一致,不能确定如何适用时,由国务院提出意见,国务院认为应当适用地方性法规的,应当决定在该地方适用地方性法规的规定;认为应当适用部门规章的,应当提请全国人民代表大会常务委员会裁决;(3) 部门规章之间、部门规章与地方政府规章之间对同一事项的规定不一致时,由国务院裁决。根据授权制定的法规与法律规定不一致,不能确定如何适用时,由全国人民代表大会常务委员会裁决。"

四、国际法与国内法的冲突解决机制

国际法与国内法之间发生冲突时,一般情况下,国际法优先适用。但对于已经在参加或缔结时事先声明保留的,优先适用国内法。而对于涉及人权的,则国际人权法优先适用。

国际法的理念和规范对国内法具有相当的影响力,同时先进的国内法对国际法理念与规范也会产生直接或间接的影响。在通常意义上讲,国内法应当规定的事项而没有作出规定时,即应参照国际法办理。有时国内法还必须受国际法的限制:一方面,在国内立法涉及国际事项时应遵循国际法的一般性确认规则和概念的内涵与外延;另一方面,当国内法与国际法的规定发生抵触和冲突时,除参与国际公约时事先声明保留者外,应适用国际法,将国际法视为上位法加以遵守。质言之,当国际法与国内法之间发生抵触时,应就二者各自所规定的内容,分别从法理和事实上作出认定:国内法所

规定的事项，完全属于国家主权的行使，并不涉及国际性质时，或国际法的规定完全违背了国内法的主权所能承受的范围或带有侮辱与强制压迫的性质时，则国际法不具有约束力；反过来说，若国内法所规定的事项涉及国际性质或带有种族灭绝、种族歧视或其他严重违背正义与人道的情形时，即应当以国际法准则为准据，适用国际法。

第五章 法律关系论

第一节 法律关系的概念及特征

一、法律关系的概念

法律关系是法理学上的一个基本范畴。

法律对社会现实生活的介入、对社会主体行为的控制以及对社会关系的调整,乃是法律关系生成的动因和基础。而法律之所以能够介入社会现实生活、控制社会主体行为、调整社会关系走向,前提还是法律拟制、形成过程中,对社会现实生活作出了必要的回应,对社会关系及其主体的行为进行了妥当的抽象和描述,是来源于社会实际又反馈于社会现实。

在法律关系的形成机制中,社会关系的存在及其广泛化也是其现实基础;社会关系主体之间的利益互动、意志沟通和商谈共识是其定型的主体元素;立法活动理性而有效地进行以及法律的创制是其能动力量;包括法典类规范性法律文件和判例在内的法律文本的存在及法律规范的成立,是其具有法律约束力的形式前提,也是其映射下的社会关系被视为社会基本的、核心的、重要的生活领域的制度基因;而旨在对法律关系所涵摄的现实社会关系主体之间的利益关系施加积极的、有益的引导与规束乃是其内容被赋予权利义务之谓的目的根基。

因此,可以将法律体系描述为法律规范旨在对社会关系施加调整过程中所形成的主体之间的有法律意义的权利与义务关系。

由上观之,法律关系其实并非现实的具体社会关系,而是法律旨在调整具体的现实社会关系的产物和表现,或者说是一种抽象化、预设性地确立了主体间权利义务关系及其变动机制的具有法律意味的抽象社会关系。

二、法律关系的特征

法律关系的主要特征集中在以下几个方面：

法律关系首先是法对社会关系的确认、虚拟态，作为一定社会关系的特殊反映和表达，体现着国家意志和利益，反映了国家对现实和预期社会关系的态度。在实质意义上讲，毋宁是存在于特定社会主体之间的以权能的拥有与否及对其扩张范围的肯定与否所表征和展现的利益关系。法律关系最显著的特征集中在以下几个方面：

1. 法律关系是根据法律对社会关系的调整而产生的一种抽象社会关系，具有抽象性、虚拟性、合法性

这一特征说明：其一，法律的存在与确认是法律关系得以产生的前提。其二，法律关系不同于法律调整或保护的现实社会关系本身。其三，法律关系是法律实现其调整社会关系的宗旨的载体形式，是法律规范的内容（行为模式及其后果）实现对现实社会生活影响的具体路径和直接载体。

2. 法律关系是一种体现意志性的社会关系

法律关系作为一定社会关系的特殊形式，正在于它体现和承载着国家意志因素。这是因为，法律关系是根据法律自然地（如出生）或有目的、有意识地建立的，所以，法律关系也像法律一样，必然反映和体现着国家意志。而且，许多法律关系的产生和消灭，不仅要通过法律所反映和体现的国家意志，而且还要通过法律关系参加者的个人意思表示一致。一个法律关系的成立，至少需要双方以上的当事人，即法律确认的能够参加特定的法律关系并享有权利（或行使职权）和承担义务（或履行职责）的人根据其意思表示或法律规定才得以成立。

3. 法律关系是以权利与义务为内容的特定主体之间的权利与义务关系

权利与义务是法律关系的核心范畴。如果没有特定法律关系主

体之间的以权利与义务关系反映的利益分配内容，法也就不可能实现对利益关系的调整，也不可能有法律关系的真实存在。正因如此，权利和义务已经成为各个国家中的现代法的基本内容。

第二节　法律关系的分类

研究和确立法律关系的分类标准及根据，梳理法律关系的重要分类，具有重要意义。根据不同的标准，可以对法律关系进行多种分类。

一、调整性的法律关系、保护性的法律关系、构成性的法律关系

这是从法律关系的产生方式和条件的角度，对法律关系所作的分类。

调整性的法律关系是指社会主体根据法的事先规定所作出的与法的规定一致的行为而形成的法律关系，以实现法定行为模式的内容为宗旨，在法定行为模式下，社会主体相互之间仅靠自我认知、自我激励、自我约束行使权利、履行义务，即可完成设立法律关系之目的，如依法订立劳动合同的行为构建了其劳动法律关系，依法买卖商品形成了买卖合同法律关系等。

保护性的法律关系是指以保护社会秩序和社会关系的正常发展为目的，旨在恢复被破坏的社会秩序和社会关系，凸显法的保护功能的次生性法律关系。保护性的法律关系之所以出现，是由于出现了违法行为、脱离了法定的行为模式、破坏了既有的法定利益结构，因此需要启动特别力量介入，确保既定法律关系的内容得以实现。保护性的法律关系的成立本身就意味着法的实现的非常规形式，其典型特征是一方主体是拥有适用法律制裁权威的国家机关，而另一方主体是由于违法、犯罪行为而招致法律制裁的违法者，而且后者必须服从权威、接受处罚或审判，如行政处罚法律关系、刑

事审判法律关系等。

构成性的法律关系则是指完全建立在法律规定基础之上,在近代语境下,无法律规定即无现实关系存在的法律关系。"构成性"强调,这种法律关系是由法律所创设、构建,否则就不可能成立。如我国的人民代表大会与其常务委员会之间的关系,人民代表大会及其常务委员会与行政机关、司法机关之间的关系,行政机关的上下级之间的关系、司法机关的上下级之间的关系,等等。

二、纵向法律关系和横向法律关系

这是按照社会主体在法律关系中的地位是否平等为标准,对法律关系所作的分类。

纵向法律关系是指主体之间在权利与义务、权威与服从关系中处于不平等地位的法律关系。纵向法律关系多形成、出现在管理领域和统治领域,表现为管理领域大量的管理—被管理关系,统治领域大量的权力—服从关系等。

横向法律关系是指发生在平等主体之间的,以权利义务关系为核心的法律关系。横向法律关系多形成、出现在民商事领域,如婚姻、家庭、继承关系,货物买卖合同关系,借贷关系,等等。

三、单向法律关系和多向法律关系

这是按照法律关系主体的数量及其与权利、义务的对应情形,对法律关系所作的分类。

单向法律关系也称单边法律关系,是指在一个法律关系中,权利的享有者只是单纯地享有权利,而义务的承担者只是单纯地负有履行义务之责,两者之间不存在对待关系。比如,在父母对子女的抚养教育关系中,父母肩负着不可推卸的义务,而未成年子女则主要是享有接受抚养教育的权利;而在赡养关系中,成年子女则负有不可推卸的赡养义务,年老的父母则主要是享受被赡养的权利。

多向法律关系也称多边法律关系,是指在特定的法律关系中,有双方法律主体甚至多方法律主体,这些主体彼此之间存在两个或两个以上紧密相关的单向法律关系,其中一方主体的权利对应他方的义务,一方主体的义务对应他方的权利。如果法律关系中的主体只是对应的双方,就称之为双向法律关系。如果法律关系中的主体是多元交叉对应的三方或三方以上,权利与义务的对应关系复合、多向,就可称之为多向法律关系。在法律实践中,包含着这样两个相互联系的单向法律关系的买卖法律关系是较为典型的双向法律关系。行政法中的人事调动关系,至少包含三方面相互关联、互为条件、缺一不可的法律关系,即调出单位与调入单位之间的关系,调出单位与被调动者之间的关系,调入单位与被调动者之间的关系,则是较为典型的三向法律关系。

四、第一性法律关系和第二性法律关系

这是按照法律关系之间的逻辑关联和因果对应及其在法律关系中的地位的不同,对法律关系所作的分类。

第一性法律关系是指在社会主体之间依法成立的,不以其他法律关系的存在为前提而独立存在的法律关系。同时,由于这样的法律关系在多向法律关系中通常居于主导性的支配地位,故而又称其为主法律关系。

第二性法律关系是指基于第一性法律关系而产生的、以第一性法律关系的存在为存在前提的,居于依附的从属地位的法律关系。同时,由于这样的法律关系在多向法律关系中通常具有依附性、从属性,故而又称其为从法律关系。

一般来说,在一些密切关联的法律关系组群当中,总是会有主次之分,有的处于原生性、独立性、主导性地位,而有的处于派生性、依附性、从属性地位。例如,在合同法律关系中,常常会因为需要确保合同的履行而根据担保条款创设担保法律关系,其中的合同法律关系就是第一性法律关系,是独立存在的;而担保法律关系则是第二性法律关系,是从属性的。

第三节　法律关系的主体与客体

一、法律关系的主体及其类型

法律关系主体是指法律关系的参加者，亦即在法律关系中享有一定权利和承担一定义务的人。在法律的世界里，同一个社会主体，在不同的法律部门或领域中所担当的角色、所呈现的样态往往多有不同。而且，这种主体在人格上是独立、自由的。

对法律关系主体概念中的人应作广义理解，包括自然人（公民、外国人和无国籍人）、法人（企业法人、事业法人、社团法人、机关法人等）、其他组织、国家。

在我国，公民是我国各种法律关系的最广泛、最重要的参加者，可以成为民事的、行政的、刑事的、宪政的等多种法律关系的主体。而居住在我国境内的外国人和无国籍的人能够参加哪些法律关系，通常要根据我国的有关立法和我国与有关各国之间签订的国际条约来确定。法人是指依法成立，有必要的财产和经费，能够独立承担责任，有必要的组织章程并拥有自己的名称、组织机构和场所的组织。其他组织是指合法成立，有一定的组织机构和财产，但又不具备法人资格的组织。国家作为法律关系的主体，具有特殊性，主要表现在对外作为有关国际条约所规定的权利和义务的承担者；对内作为国有土地、矿藏、水流、森林、草原、铁路等关系到国计民生的重要自然资源和生产资料等国有财产的所有人，并代表全民利益来行使其所有权，与其他主体发生财产的占有（控制）、授权经营、收益和处分关系。

特定主体都必须具备法定的权利能力和行为能力，方得以成为相应类型的法律关系的参加者。

权利能力是指法律规定的法律关系主体参加特定法律关系享有其权利和承担其义务的资格。就公民而言，这种资格通常与其生命

第五章 法律关系论

历程相伴始终,始于出生,终于死亡,除依法剥夺政治权利的情形外,所有公民都拥有享有权利和承担义务的平等法律资格,包括参与民事活动的资格、参与政治活动的资格。

行为能力是指法律规定的法律关系主体能够依法以自己的行为实际地行使权利和承担义务的能力。公民的行为能力存在完全行为能力、限制行为能力和无行为能力之分。这种划分主要是基于这样一种共识:对自然人来说,当其达到一定年龄且神智正常,能够认识自己行为的性质、意义和后果,能够控制自己的行为并对自己的行为负责,那么,他就成为一个有行为能力的人。如果一个人根本无能力认识和判断其行为的意义与后果,也无力控制其行为,更无法独立地对自己的行为负责,这样的状态就是没有行为能力。在法律上,正是根据人的认知能力的有无和强弱,而将自然人分为完全行为能力人、限制行为能力人和无行为能力人,并分别规定了相应的年龄和智力状况。由于行为能力的性质(政治上的、民事上的、行政上的、刑事上的、劳动上的等)不同,各国法律对本国公民划分为完全行为能力人、限制行为能力人和无行为能力人的年龄和智力标准也有差异。

二、法律关系的客体及其种类

法律关系客体是指法律关系主体之间的权利与义务的互动关系或权威与服从的强制关系所指向的对象。法律关系主体之间的权利与义务关系或权威与服从关系所指向的对象利益是多元的,既可以是有形财产,也可以是无形财产,甚至可以是特定的行为。如果法律关系主体在它们之上设置了权能互动关系,它们就因转化而构成了法律关系的客体,而无论这种权能互动关系是权利与义务关系还是权威与服从关系。

有形财产是指能够被法律关系主体控制和支配、在生产和生活上需要的且能够给人们带来某种利益需求满足的物质实体,可以是动产,也可以是不动产;可以是天然物,也可以是生产物。但危害人类身心健康之物（如毒品等）、为人类所共享的不可分割之物（如空气等）、各国根据国情以法律禁止交易之物（如我国法律规定禁止交易的淫秽物品及枪支、弹药乃至人身）等，一般不得成为法律关系的客体。

无形财产是指人们通过思维活动形成、创造和发明的，借助于某种载体记录和传播的，能够为法律关系主体所控制和支配，并能够给其带来某种利益需求满足的与人身密切相关的非物质财富，包括与人身密不可分的人格利益以及知识、技术、商标、信息等知识产权，其形态如前文述及的人格权、著作权、商标权、专利权中的各种无形财富。

行为是指构成特定法律关系主体的权利赖以实现的条件的，以作为和不作为方式表现的实际行动，通常与对义务人履行义务的要求相联系。既有积极的作为，也有消极的不作为。在具体的法律关系中，权利主体选择作出或不作出某种行为，要求义务人作出或不作出某种行为，主要不是针对行为本身，而是因为通过作为或不作为，可以实现法律配置的利益关系，使权利人在身心健康、财产安全、机会获得等诸方面的利益需求得到满足，在这个过程中，义务人也通过了解、知悉依法律规定所要求的作为或不作为而获得了对自身权益的保障，也避免可能因行为不当、违法、犯罪所引致的制裁。

总体而言，无论是作为有形财产的物，还是作为无形财产的权利，乃至特定的行为，要成为法律关系的客体，必须具备三个显著的特征：（1）"有用处"，即是说，必须对特定法律关系主体而言有价值、可利用，方有可能转化为该法律关系的客体。（2）"能独立"，即是说，得以转化成为法律关系客体的，必须是那些依据自然的、生理的、伦理的、法律的要求，其自身能够与主体分离并独立于社会主体而存在。（3）"可支配"，即是说，无论物质的、非物质的，还是行为的，要转化成为法律关系客体，就必须是能够为主体所控制、所支配的。

第四节　法律关系的形成、变更与消灭

社会生活是不间断地向前发展的，社会关系也处于动态的变化过程中，法律关系也在这一过程中不断地变化着。决定社会生活和社会关系的发展、变化的，无疑是社会物质生活条件。而影响法律关系的形成、变更和消灭的，则是法律事实，包括法律事件和法律行为。

从理论上讲，导致法律关系的形成、变更和消灭的因素，通常都需要有法律的明确规定。这些由法律规定的，能够引起法律关系形成、变更和消灭的因素，在学理上被称为法律事实。按其是否取决于当事人的主观意志，可以分为两种情形：一是法律事件，即法律规定的能够引起法律关系的产生、变更和消灭，且不以当事人的主观意志为转移的客观情况，如自然人的生老病死，地震、海啸等自然事件，以及战争、革命、罢工等社会事件。二是法律行为，即法律规定的能够引起法律关系的产生、变更和消灭，且可以由当事人根据自己的意志加以控制的情况。按照不同的标准，法律行为可以分为许多不同的类别。比如：（1）依据行为主体实施行为时是否存在主观故意或过失，可以分为故意行为、过失行为和无过错行为；（2）依据行为主体实施行为时个人意志是否出于善意，可以分为善意行为和恶意行为；（3）依据行为主体所实施的行为是否与法律规定所要求的相一致，可以分为合法行为和非法行为，后者还可以依据其与法律规定要求不相一致的程度而划分为一般违法行为和严重违法行为（犯罪），或者依据对非法行为加以控制的法律的性质的不同而划分为民事违法行为、行政违法行为、刑事违法行为和违宪行为。

一、法律事件的构成

无论是自然事件还是社会事件，对于特定的法律关系主体来

说，都是不以其意志为转移的，也是不可避免的。但是，因为这些事件的出现，法律关系主体之间的权利与义务关系就有可能形成、变更或消灭。

无论是自然事件还是社会事件，要引起法律关系的形成、变更和消灭，就必须是一个真实发生的事件，同时必须有法律的明确规定，并且对法律关系的产生、变更和消灭产生了实质性影响。

二、法律行为的构成

行为是社会主体在一定目的、欲望、意志支配下所作出的可能对外部施加某种具有利害性影响的举动。❶ 这样的行为形态多样、情形复杂。有时，可能只是单独的一次性动作，有时则是组合性的连续动作，甚至可能是一个持续的活动过程。❷ 通常意义上讲，社会主体的行为在主要方面都是社会指向的，它们与社会利益发生各种各样的联系，或者与社会利益一致，或者与社会利益产生矛盾和冲突。由前所述可以知道：（1）任何法律行为都是具有社会意义的行为，即法律行为的发生，一定是对行为者本人以外的其他个人或集体、国家之利益和关系产生直接或间接的影响；（2）法律行为是具有法律意义的，即任何法律行为都是由法律规定、受法律调整、能够发生法律效力或产生法律效果的，是由法律所调整和规定的行为，同时还是能够发生法律效力或产生法律效果的行为；（3）任何法律行为都是特定主体所施行的能够为该特定主体的意志所控制的行为，反映了相关主体对一定的社会价值的认同、一定的利益和行为结果的追求以及一定的活动方式的选择，正是因为存在意志的控制，某一行为才获得了法律行为的性质。

一个行为得以构成法律行为，必须具备相应的主观和客观

---

❶ 张文显主编：《法理学》（第三版），高等教育出版社、北京大学出版社2007年版，第151页。

❷ 同上书，第152页。

条件。

法律行为构成的主观条件，是社会主体在实施某一具有法律意义的行为时的心理的、精神的及认知的因素的总和。可归为两个方面：一是意志因素，即行为者的主观意思生成及轨迹，也就是社会主体由于生理的、心理的、社会的需要，受动机所控制，为了达到目标而施行某一行为的主观心理状态。二是认知因素，即行为者对其将要施行的行为的法律意义和法律评价的主观认识与判断能力，这也是法律上将自然人分为完全行为能力人、限制行为能力人和无行为能力人的关键依据。

法律行为构成的客观条件，是社会主体实施某一具有法律意义的行为时外在地展现出来的行为举止、行为方式及其法定利害结果等客观因素的总和。例如，社会主体通过身体、言语或意思而表现于外在的举动，为达到预期目的所采取的各种行为方式和方法，以及产生的由法律评价的社会影响，等等。

第五节 权利与义务：法律关系的内容

权利和义务在法律关系的构成要素中属于内容要素。如前所述，任何法律关系都包含主体、客体和内容三大要素。其中，法律关系中的权利通常是指法律上依据其资格、地位、能力可以自己为之或要求他人为之的行为，与之相对应，法律关系中的义务则是指法律上必须作出或不作出之行为。

一、权利范畴及其限度

本书认为，权利乃利、力、理的统一体，是一个有着多重复合意蕴的范畴。就其中的利而言，权利指向的无疑是主体希冀获得或实现的好处、益处；就其中的力而言，权利表征的无疑是主体所希冀获得或实现的好处、益处，须经主体通过自己的力量或者借助于外界的支持力量才能够达致其应有状态；就其中的理而言，一项好处、益处之归属于特定主体且支持该主体最终获得和实现,需要合乎事理、情理、道理和法理,要从事实上站得住,从人情上过得去,从道理上讲得通,从逻辑上无冲突。

权利作为所有人类社会成员都应平等地享有的、自然的、固有的、不可任意剥夺和随意加以限制的资格,其内容具有一种随着社会的演进而不断扩大和增加的倾向。可以说,权利是一个历史的、发展着的范畴。如庞德所言,"权利乃是在时间和空间中获得发展的。由于它是人们在实践中予以实现的,所以它有一部历史。'它的本质乃是逐渐展现的,而其本质就是它在变化中保有自己的特性'"❶。正是在历史地、发展着的过程之中,权利得以不断地丰满和体系化。

权利的行使是具有时间性和空间性的,总是与特定时空之下的物质生活条件有关。虽说绝对权利为人终生享有,如姓名权具有不可被剥夺的特点;但大部分相对权利却只是一时的,若在法定时间内不行使,等时效一过,就可能导致再也无法实现。同样,虽说诸如人权等带有强烈价值色彩的权利保障属于全人类、全社会的共同使命,然而,无论哪一种权利,其真正得到实现,或者其实现的状况和保障力,却是因空间的不同而存在差异的。

二、义务范畴及其底线

义务的设定以相应权利的实现和保障为前提,并以有利于义务人权利的相应体现为参考,拒绝无端扩大人们的义务而限缩人们权利的范围和取得、实现方式。

义务范畴的底线及于勇于自主担当、不伤害无辜者和仁慈关怀之心三个向度。

勇于自主担当是个人行为自由的一种表达方式,即在个人自主

---

❶ [美]罗斯科·庞德:《法律史解释》,邓正来译,中国法制出版社2002年版,第33页注①。

第五章 法律关系论

决定的情形下，按照自己的意志确定符合自己选择计划的行为过程。这一过程包含着两个方面的因素：其一是思考行为计划的自主意志能力，人们必须有能力审查各种可能作出的选择，并在它们之间作出区分和取舍；其二是社会主体必须有能力将选择确定的计划付诸实践，这包括"一个人实现或完成所决定事项的能力……自主性命令我们选择自己希望成为的人，并对这种选择负起责任"❶。

不伤害无辜者强调的是我们有义务不伤害人。我们要避免伤害他人，尤其是身体上或精神上的伤害，以及对人们利益的损害。

如果说，不伤害是消极地关怀他人的话，那么，仁慈关怀作为一种人们彼此交往关系中确保互惠的体现道义方式，则是对他人的积极关怀。"仁慈责任主张当我们能够这样做，而对于自己没有风险时，我们有义务协助他人促进利益的实现。"也即是说，"仁慈责任主张，我们有积极的义务考虑他人的幸福，在他们试图实现自己的计划时帮助他们。""仁慈责任基于一种公平游戏意识。它从根本上强调，因为我们已经从他人那里获得利益，因为我们一直接受他人的帮助，我们有义务以同样的帮助回报他人。"❷ 当然，这样的仁慈责任是有限度的，这就是对自己的伤害之壁。即慈善责任以不对自己造成伤害为限度，否则，如果导致对自己或他人的伤害的话也就失去了慈善的本来意味。

法定义务意味着，不能要求公民在昨天就承担今天所设定的义务，或在今天就承担未来才可能设定的义务，公民不可能根据今天的法律去预见他昨天行为的合法性，因此也就没有理由让公民接受后来法律所规定的处罚，此亦即所谓"法不溯及既往原则"；法律所设定的义务必须具有法定性、合理性和明确性，不合理的、模糊的、任性的义务不得强加于人，排斥义务推定，此亦即所谓"责

---

❶ [美] 托马斯·A. 香农：《生命伦理学导论》，肖巍译，黑龙江人民出版社2005年版，第22页。

❷ 同上书，第24页。

任法定原则":作为一种否定性的法律后果,法律责任应当由法律规范预先规定;违法行为或违约行为发生后,应当按照事先规定的性质、范围、程度、期限、方式追究违法者、违约者或相关人的责任。是否确保公民实现权利和履行法定义务,实际上也是衡量一个国家和社会是否步入法治社会的标准之一。

三、法律上的权利与义务

在具体的法律关系中,权利的范畴转化成法律上的权利,义务的范畴转化成法律上的义务。法律上的义务与权利是相对应而言的。法律上的义务,同法律之外的义务如政党或社团为其成员所规定的义务、道德义务、宗教义务等有着质的不同。法律上的义务同法律上的权利一样具有法定性和国家强制性。法律规定的义务,公民必须履行,否则将受到有关国家机关的制裁。

权利与义务关系从根本上说是一种相互的激励与约束机制。这种相互激励与约束机制既可以是在个人之间理解一致性基础上建立的,也可能是建立在相互妥协与退让的背景下。权利与义务关系若得不到承认就不会有效力,就难以对人们的日常交往活动产生约束力。任何一种权利都是在与义务的对应中才具有了得以实现的可能性。一项权利,如果不承认它的有效性,那么它就不具备真正意义上的权利特性。权利的基本属性就在于拥有它的主体可以不受干预地安全而自主地享有它,对于实现这种权利的过程无可置疑地得到承认和尊重,他人在这种权利及其实现过程中只能规束和抑制自己的行为,对其作出让步和妥协。这种规束、抑制、妥协与让步就是权利所要求的,是义务的体现。就实质意义上讲,义务也是对权利有效性的承认,当我们说对某个个体负有义务的时候,其实就意味着我们承认了这个个体的权利;同样,也意味着这个个体同样地承认了我们的权利。在这个层面上,也可以说,权利是指在一个特定的利益分配体系之下与他人就有关构成每人份额的部分利益以及应互守义务的部分利益所达成的谅解。权利与权利之间也是存在边界的，只有在边际化和彼此的承认与尊重当中，不同个体的利益份额才得以转化成为真正意义上的权利。也就是说，个体的权利只有在与他人的权利相比较而言时，才具有实际意义。事实上，权利既是冲突的结果又是解决冲突的有效方式，因此，一方面，当至少有两个人谋求对某一特定财产的支配时，权利便与这一竞争状态密切相关；另一方面，它也与某种共存关系的创造紧密相连。从这一角度而言，正是由于法律确认了归属于个体的不可被剥夺的事物的范围，因而使得它们成为个体的权利并被强调必须得到尊重，并由此使社会主体得以建构起一个交往的网络平台，❶ 在法律的框架下按照可以预期的模式建立彼此的互利型交往关系。

法律上的权利可以按照不同的标准作不同的分类：

依据权利形成的根据及目的的不同，可以分为原权利和救济权利。前者是指依照法律要求而获得或形成的权利，如物权、债权，等等。后者则是指原权利受到侵害得到救济的权利，如请求停止侵害、排除妨碍、恢复原状、赔偿损失、赔礼道歉的权利，等等。

依据权利相对人的特定性状况和范围的不同，可分为绝对权利和相对权利。前者也称对世权，是指在义务人不特定的情形下，权利人无须依赖特定义务人的积极行为，只需不特定的任何人都消极不作为地行为即可得到实现的权利，如所有权、生命权、人格权等。后者也称对人权，是指存在与权利人相对待状态的具体的、特定的义务人，权利人通常必须依赖义务人积极作为的行为才能够得到实现的权利，如债权、遗赠抚养权等。

依据权利之间的相互依赖性强度的不同，可以分为主权利和从权利。前者是指不依赖于其他权利而独立存在的权利，如所有权、选举权、批评权、信访权等。后者是指无法独立存在而只有依存于他种权利才能存在的权利，如作为债权担保的留置权、质权等。

---

❶ ［法］让－马克·夸克：《合法性政治》，佟心平、王远飞译，中央编译出版社2002年版，第13～14页。

依据权利与权利主体之间有无结合以及结合强度的不同,可以分为专属权和非专属权。前者是指属于特定主体,不得也无法转移于他人的权利,如人格权、身份权等。后者是指可以自由地转移给其他主体或直接予以抛弃的权利,如债权、物权等。

法律上的义务按照不同的标准有不同的分类。

依据义务内容的不同可以分为积极义务和消极义务。前者是指义务人以积极的作为方式履行自己的义务,如抚养教育子女、赡养父母等;后者是指义务人以消极的不作为方式履行自己的义务,比如不做治安管理处罚法和刑法所禁止的行为等。

依据义务主体的不同可以分为普通公民的义务和国家机关及其公职人员的义务。前者是指普通公民应当依法履行的某种法律责任,如根据宪法,公民有遵守宪法和法律的义务,依法纳税的义务等。后者是指国家机关及其公职人员在依法履职时应当承担的职务上的义务,如检察官有代表国家提起公诉的权力,同时也应依法行事,尊重和保护人的尊严,维护人权。

依据承担义务主体的特定性状况的不同可以分为绝对义务和相对义务。前者也称对世义务,是指特定主体对不特定的人所承担的消极不作为义务,如不侵犯他人的生命健康权、人格权、财产权等。后者也称对人义务,是指特定主体对与其有请求权的特定的人所承担的义务,如成年子女对自己父母所承担的赡养义务,父母对自己未成年的子女的抚养教育义务,等等。

四、权利和义务的辩证关系

权利与义务是有着各自严格规定性的范畴,从内涵到外延,各不相同,因此二者首先是处于对立状态的。同时,权利与义务又是两个有着密切关联的范畴,在法律关系的内容要素中相互依存、互为条件,因此二者也是处于统一或互洽状态的。在绝大多数法律关系中,一方的权利必须有与之相对应的另一方义务的存在,另一方的义务又是为实现他方的权利而设定的。没有无义务的权利,也没有无权利的义务。在这样的法律关系中，权利人在享有其权利的同时，也要承担其相应的义务；反之，义务人在承担其义务时，也享有其相应的权利。

权利和义务之间的辩证关系，可以概括为以下几组对应关系：

1. 权利与义务在结构上的对应关系

权利和义务是相互对应、相互依存，在一定条件下相互转化的。即对应是指，任何一项权利都必然伴随着一个或几个保证其实现的义务，而不管这个义务是权利人自己的还是他人的。义务是权利的范围和界限，权利是义务的范围和界限。依存是指，权利以义务的存在为存在条件，义务以权利的存在为存在条件，法律上只要规定了权利就必须规定或意味着相应的义务，缺少任何一方，他方便不复存在。转化是指，权利人在一定条件下要承担义务，义务人在一定条件下要享受权利，法律关系中的同一人既是权利主体又是义务主体。从一个角度看该主体是权利人，从另一角度看，该主体是义务人，也可能其既是权利人又是义务人。

2. 权利与义务在数量上的等值关系

在一个社会中，权利总量与义务总量是相等的，即法律通过规定人们的权利和义务来分配利益，影响人们的动机和行为，进而影响社会关系。而这种法律上的权利和义务的规定是双向的，具体表现为：权利和义务是两个不同的事物，一个表征利益，另一个表征负担；一个是主动的，另一个是被动的，它们是两个互相排斥的对立面；如果把权利看成正数，那么义务便是负数。如果把权利作为数轴的正侧，把义务作为数轴的负侧，则权利每向前延展一个刻度，义务必向另一方向延展相同的刻度，权利的绝对值总是等同于义务的绝对值。

3. 权利和义务之间存在价值的一致性

即是说，无论是权利还是义务，都是主体所需要的，它们是主体所执左右两柄，共同构成了主体支配客体的手段。权利以其特有的利益导向和激励机制作用于人的行为，义务以其特有的约束机制和强制机制作用于人的行为，使人们从有利于自身利益出发来选择行为。

4. 权利与义务在功能上的互补关系

即法是以权利义务双重机制来指引发挥规范作用和社会作用的，并且是在权利义务的互动中运行的，即权利与义务对同一主体同时贡献着启动与抑制、激励与约束、主动与被动、受益与付出两种机制。就法律上的权利而言，它不是无限的，是有一定限度的，正如地界、地标一样。权利的地界就是国家法律所划定的范围。在法律规定的范围内行使权利，才能真正获得自由和利益。就法律上的义务而言，也不是无限的，也是有一定限度的，这个限度同样是由法律规定的，比如社会主体有纳税的义务，却无承担摊派的义务，因为前者有法律规定，后者无法律规定。法律上的权利的界限与法律上的义务的界限是相等的，法律上的权利有多大，法律上的义务就有多大，彼此相互玉成又相互牵制。

5. 权利与义务守恒定律

即是说，权利和义务之间的关系具有守恒特性。这具体表现为：在权利义务总量不变的前提下，私权利义务与公权利义务间成反比例关系；私权利主体间的权利义务成等比例关系；权利义务相对于一国经济、社会文化及民主的状况成正比例关系。

6. 权利与义务具有历史的离合关系

在原始社会时期，权利与义务曾经是混沌不分、合二为一的，其时，社会实在无所谓权利与义务的区分，即使有，也是权利被隐含和掩映在义务之中了。但自人类社会跨入文明大门之后，私有制出现，阶级形成，有了国家。由于人们之间在经济上、政治上、制度上处于不同地位，权利和义务也就随之分立并对立起来，尤其在政治生活中，一部分人只享受权利不尽义务，而另一部分人只尽义务而没有权利。直到近代文明，权利与义务的对立统一才作为一种辩证关系深入法律思维之中，形成思维的定式和当然的认识。可以看出，法律上的权利不是从来就有的，而是历史地产生的。有了国家和法律，才有法律上的权利，因此法律上的权利是以国家的法律规定为前提的，没有相应的法律规定，就没有相应的法律上的权利，法律上的权利是由国家来保障实现的，没有国家保障，法律上的权利就难以充分和彻底地实现。❶

总之，法是以权利和义务为机制调整人的行为和社会关系的。权利和义务贯穿于法律现象逻辑联系的各个环节、法律的一切部门和法律运行的全部过程。我们说，法是建立在现实的社会利益关系基础上，并以抽象的权利和义务关系的形式来表征社会关系主体的可享利益的。权利与义务范畴的意义所在和目的所归就在于：权利以其特有的利益导向和激励机制作用于人的行为，义务以其特有的约束机制和强制机制作用于人的行为，❷ 最终达到不同的社会主体基于对自身权利义务的理解与认识自觉控制其行为，全面履行义务和恰当行使其权利，使社会关系和社会秩序归于和谐与安定。这无疑集中体现了法的有益于个体利益的满足、有益于社会和国家公共利益的特征。从法的外在逻辑来看，在整个法的运行过程中，立法是运用权利和义务手段对利益的第一次分配，守法是主体对配置给自己的利益的享用和对配置给其他主体而未配置给自己的利益的尊重，执法是对这种利益分配状况的落实，司法是对建立在这种利益分配之上的权利与义务的实现状况的审查以及对破坏这种利益分配状况所导致的利益变动施加的强制性的再分配，法的监督是预防因滥用权利与不履行义务所导致的对法定利益关系的侵犯、破坏并在出现此类侵犯、破坏情形时使受损的利益关系得到及时的恢复或救济。这当然也是法的有益性的动态证明。

---

❶ 关于以上见解的详细阐述可参见张文显主编：《法理学》，高等教育出版社、北京大学出版社1999年版，第88~89页；2007年版，第146~148页。徐显明主编：《法理学》，中国政法大学出版社1999年版，第263~265页。刘星：《法理学导论》，法律出版社2005年版，第140~145页。

❷ 徐显明主编：《法理学》，中国政法大学出版社1999年版，第19页。

五、权利滥用的防范与控制

权利滥用是指权利人在权利行使过程中故意超越权利界限、背离权利的社会目的，以至于侵害国家的、社会的、集体的利益和其他公民的合法的自由和权利的情况。这个定义表明，权利滥用的构成有四方面要素：（1）权利滥用的主体是正在行使权利的权利人。权利滥用的第一阶段是权利行使阶段，属于合法阶段，只是行使行为超过了极限才进入违法阶段。（2）权利滥用的客体是国家的、社会的、集体的利益和其他公民的合法的自由与权利。（3）权利滥用的主观方面是权利人损人利己的故意。在权利滥用中不存在过失问题。（4）权利滥用的客观方面是有危害他人权利和利益后果发生的行为。

应当认真对待权利滥用问题，防范与控制权利滥用行为。权利滥用的防范与控制旨在强调，不受限制的权利是不存在的，权利在行使之前必须设想三方面利益：自己的利益；与自己对应的义务人的利益；权利人、义务人之外第三者的即社会的利益，只有这三种利益互不冲突、和谐一致，权利的行使才能得到法律的认可和保障，否则即为权利滥用，而权利滥用一经认定，或者被滥用的权利归于消灭，或者由于权利滥用而给社会或他人造成损害的将被依法追究法律责任。

在权利滥用的防范与控制方面，有两个指向特别明显。一是超越权利的限度或者在权利行使过程中运用了不当的手段、方法等。二是恣意地放弃本来应当追求和实现的权利。比如为了保护消费者的利益，现行法律体系赋予了消费者各种权利，包括《消费者权益保护法》规定的消费者法定的一般权利，以及消费者根据其他法律或与经营者签订的合同而享有的权利。一个对自己和社会负责的消费者，应当知道自己享有哪些权利，如果在自己的合法权益受到侵害时，依法维护自己的权利，与侵害消费者利益的行为进行斗争，这不仅是其权利，而且也是其对社会的责任。即当法律对消费者的权利进行界定后，对这种受法律保护的利益的侵害，便是违法行为。如果消费者对于自己的权利漠不关心，听任经营者侵害而不进行维护，则消费者不仅是对自己的失职，而且，也是对社会的不负责任；而消费者维护自己的权利，对受到侵害的具体权利寻求保护和救济，不但是履行对自己的义务，而且是履行对社会的义务。

第六章 法律责任论

第一节 法律责任的概念及性质

一、法律责任的概念

在现代汉语中,"责任"一词常常被用来指称特定主体基于其身份而产生的分内应做的事;特定主体对特定事项的发生、发展、变化及其结果的达到所肩负的积极的推进义务;因没有做好上述两个方面而应承担的不利后果或被重新分配的强制性义务。可见,责任与身份、伦理有关,对有着特定身份、伦理、职业的社会主体而言,责任是必须承担、不可推卸的。

法律责任是指社会主体由于自己的违法行为或基于法律规定而衍生的应当承担不利性法律后果的责任。之所以需要预设法律责任,建构责任机制,主要是法律关系的维系、法律责任自身的性质和社会生活本身的要求使然。

与一般社会责任相比较,法律责任是比较特殊的,它是基于法律规定的"令行禁止"类行为规范,或基于从法的价值取向与内在精神可以直接推导出来的契约规则而生的,有国家强制力保障实现的规范性责任。

二、法律责任的性质

法律责任的性质可以概括为以下几个方面:
1. 法律责任表明了法律对人类道义的严正姿态

一般来说,凡属心智正常的人,都具有控制自己行为的能力,具有自觉行为和行使自由选择的能力,这样的人们不仅会自觉守法,而且会具有对一切违法犯罪行为不能容忍的正义感;有时,也可能因一时冲动而违背理智，作出非理性的有违人类道义的行为。在自由意志支配下的行为，如果其内在方面有过错，其外在方面以作为或不作为的方式对其他个人和社会的正当利益造成了损害，那么，按照法律的逻辑，行为人应当对自己出于自由意志作出的行为承担责任，就必须对此承担不利后果。即对于违背道义的行为，应该受到谴责与制裁。

2. 法律责任是社会秩序化倾向的理性反应

社会公众都希望生活在可以为自己带来稳定预期的秩序之中。然而，社会秩序的建构涉及社会的方方面面。一旦有瓦解、破坏这种秩序化模式的因素介入，社会生存条件就会陷于无序、纷争和动荡之中，从而恶化了人类整体的生存环境，而每当出现或可能出现这种情形时，社会中的权威力量就会通过多种途径重振或重新整合和建构新型的社会秩序。一个人的行为一旦背离这种社会秩序化取向，就会成为一个无法在正常的社会秩序中得到肯定的人，当他有一些重大的越过法律系统所确定的秩序界限的行为时，他就会被视为违法者。而一个人一旦被确定为违法者，他的行为就必然为这个稳定的社会秩序所不容，并合乎逻辑地承受法律为维护这个社会秩序所课加给他的应当承担的责任。法律责任就是权力的拥有者以特别持有的合法性符号或以实行制裁或进行制裁的威胁来阻止一切可能发生的违反社会生存条件的行为，并在此种行为已经发生后提供充分的和必要的贬抑、控制或救济依据。通过确认法律责任来对付那些行为危害社会的群体并使法律规范免受一切非法行为的挑战与破坏，不过是社会秩序倾向的理性反应，如果不存在这样的快速反应机制，一个社会就难以保有其秩序，甚至不能很好地维持下去。

3. 法律责任是展现权力与权利互动机制的普适性责任

从法律责任与权力体系的关联角度考察，法律责任既明确了这种责任的认定、归结与实现离不开特定国家机关对权力的运作，同时也确立了权力主体行使权力的界限以及越权的后果。从法律责任与权利体系的关联角度考察，法律责任不仅规范着行使权利的界限，同时也为对义务主体强制履行义务或者追加新义务以确保被侵害权利获得救济、法定权利得以实现提供了依据。公民有守法的义务，可是公民的义务只是遵守法律的明文规定，对于法律并未明文禁止的事项，即使该事项违反道德，也并不能追究作出此事项之公民在法律上的责任。但是对国家机关来说却并非如此。比如，现代社会要求行政机关依法行政，对行政机关来说，依法行政意味着法无授权不能作，行政机关履行其职责，只能在法律规定的范围内作出行政行为，越权无效；对司法机关来说，更应严格依法司法，凡是法律未明确禁止的事项，司法机关也不可以做。否则，势必导致行政机关、司法机关的行为突破其权限、程序、手段、方式、时限的限制，所带来的必然是任性裁量、权力滥用。作为社会主体行为的一种必然的、应当的后果，法律责任的构成、认定、归责、科处直至实现，都有着特殊的、独到的机制。

4. 法律责任是社会利益互动的内在要求

在人类生活的现实社会中，由于社会生产力的有限性、人们道德意识的格差性和社会生存条件的多层性，决定了各种不同的社会主体对于政治、经济、文化、教育、科技、卫生等各个领域中多元利益的不断追求与渴望。可以说，"人们的一切行为动机的萌动与生变，一切情感的激发与抑制，一切理智的恒守与失调"❶，莫不与对个人利益的角逐与固守有关。公共利益和个人利益是法的利益分配体系的宏观视野下寻求公平与效率的中轴所必须予以全面关注、考察的。个人利益作为个人满足其生存和发展所需要的各种有益事物的总和，与个人谋求其生存和发展所处的社会公共环境之间、与体现和代表社会共通的生活条件的公共利益之间密切相关。一方面，公共利益本身就是无差异的个人利益的集合和统一体，就是说，公共利益本身内含了个人利益，是个人利益的公共化；另一方面，个人利益是社会整体利益的具体化和个别化，是有差异个性

---

❶ 赵奎礼：《利益学概论》，辽宁教育出版社1992年版，第1页。

第六章　法律责任论

化利益的宿主和表达。在特定的社会物质生活条件下，个人利益的需求及其满足常常有赖于公共利益的化身——国家利益的保障，对个人利益的保障应当成为公共利益独立存在的目的；个人利益的实现应以能够促进公共利益的扩张为取向，并且这种对个人利益的追求和满足应以不损害公共利益为界限；既不能以个人利益冲击公共利益、僭越公共利益，也不能以公共利益取代个人利益、抹杀个人利益，因为前者将使不同社会主体之间的交往和对话失去平台，后者将使不同社会主体之间的交往与对话失去激情。在一个健全的法律系统下，个人利益的充分实现是公共利益充分实现的前提，确保个人权利的充分实现是公共权力的存在理由。同时，从系统论的观点看，社会虽然是由个人组成的，但它并不能完全还原为一个个孤立的个人因素。社会作为一个有机的整体，它使一切个人因素都或多或少地具有了某种社会意义。因此，当事人之间的许多关系都不是纯粹的个人私事，任何违反法定义务、超越法定权利界限或滥用权利的违法行为，不论是直接针对自然人和法人，还是针对社会或其正式代表——国家的，都是对社会公共利益和法律确认、保护和发展的社会关系和社会秩序的侵犯，是不能容许的。所以，"一方面，法律需要向个人保证实现其自由意志的最大限度的自由。另一方面，个人无限制地实现自由意志也许会与他所属的那个团体的利益发生冲突。"❶ 法律责任机制的宗旨也就在于谋求协调个人利益和团体利益之间的冲突之道。

5. 法律责任恰似一个社会主体的品格说明书

法律作为最核心的社会规范，是体现着社会的价值观念、指引和评价人的行为的一般准则。对授权行为的放任、对积极履行义务的行为的肯定、对义务之外的有益行为的积极作为的赞许、对违反规范的行为的否定（不赞许）等，处处体现着其对主体行为的评

---

❶ ［澳］维拉曼特：《法律导引》，张智仁、周伟文译，上海人民出版社2003年版，第243页。

价机制。这一评价机制的目的在于消除或减少滥用权利和不履行义务的行为，根本目的则在于激励主体积极为有益行为，促进社会的和谐与文明。法律评价机制与文化心理密切相关，一种行为是否违法乃至犯罪往往要视其文化而定，许多行为在一种文化看来是冒犯公德、规范甚至违反法规刑律的越轨行为，而在另一种文化看来则可能是正常的和可以被接受的，因而可能不被认定为违法犯罪。从严格规则主义立场出发来考量人类的行为状态，法律成为特定社会要求其特定主体对其行为承担法律责任的唯一尺度，遵守法律者被视为善良的人，不违反法律者就是正常人，而违反法律的人则沦为违法乃至犯罪者。而某一个人一旦被确定为违法、犯罪者之后，就会受到来自国家的、社会的和其他人对他进行的各种否定性评价或各种各样的负面评判。

总之，从责任机制的逻辑关系中去理解，法律责任之性质，完全可以理解为是同类化的社会个体对自己的同类所肩负的契约的、社会的、伦理的道义责任的自然延伸。

第二节 法律责任的主要特征

法律责任是以体现着一定价值标准的法律体系的规范性评价为核心的。在进行规范性评价时，必须将影响和决定行为的主观认识、客观条件及社会环境氛围等结合起来考虑，对符合法的规范性要求的行为持肯定的、赞许的态度，对违反法的规范性要求的行为持否定的、不赞许的态度。一般来说，法律对于某一具体行为的态度无非是以下三种：放任、鼓励、制裁。在这里，放任是对于那些既不构成对法律秩序的破坏、从而不属于违法，但也不是明显有利于社会的道德高尚的行为实施之后法律所采取的态度；鼓励则是对于那些不仅不构成对法律秩序的破坏，反而显然有利于维护法律秩序与社会稳定的道德高尚的行为在实施之后，法律所采取的完全肯定的态度与评价手段；制裁则是对于那些不仅不维护社会稳定和法律秩序，反而导致法律秩序的破坏的违法行为在实施之后，法律所采取的完全否定的态度与评价手段。

法律责任是社会主体由于自己的违法行为或基于法律规定而衍生的应当承担不利性法律后果的责任。违法行为的存在或者没有做好法律规定的事项，就应承担相应的不利益的后果，无论是作为个体的人所实施的有违法定的类型化行为模式的行为，抑或是作为组织体的企业、机关，若其行为没有达到法定的类型化行为模式的要求，也要担负不利益的后果。就国家而言，若是没有做好该做的，即没有担当起国家的责任，则政府和执政者亦应当承担其政治责任。可以说，法律责任是一个复合性范畴，同时也是一个相对严谨的范畴，反映和体现其实质的各个方面的外部特征是非常鲜明的。具体而言，有以下几点：

1. 法律责任的内容是特定社会主体的不利益

法律责任机制是为了防范特定社会主体不履行法定义务或滥用权利。当特定社会主体的不法行为达到足够严重程度，以至于必须从法律层面予以否定性评价，而根据法定的评价机制命令其作出一定行为或禁止其作出一定行为，或者付出一定的金钱、财物，从而补救受到其不法行为侵害的合法权益，使受到其不法行为破坏的社会关系和社会秩序得以恢复，回到法律关系和法律秩序状态。这一过程的直接结果，就是粉碎特定社会主体企图借助不法行为谋求利益最大化或避免法定的利益付出的不法期待，迫使其履行应尽义务，甚至为此而课加比其不法期待更大的惩罚性利益负担，使其产生对不法行为的内疚感和实施不法行为的恐惧感。

2. 法律责任的功能是为社会提供一种正当的救济机制

当社会主体对自己应享有的可享利益的获取、处置等权利被阻却或限制时，法律责任机制就可凭借其惩戒性的制度设计确保权利人得以正当行使之或得以依法诉请救济。一方面，法律规定了权利冲突的解决机制，当权利人的权利遭受到侵犯时，得以请求相应的国家机关介入，通过其拥有的法定公共权力的运用，强制和制裁侵权行为，使权利得到恢复和救济。另一方面，为了使公民的权利免受国家机关违法行为的侵害，法律在注重公共权力运用过程的法律化的同时确定了行政救济和司法救济，使公民的合法权益在遭到公共权力不当行使而造成不法侵害后，能够得到有效的补偿。

3. 法律责任的构成是多重数元的复合因素的共同构成体

法律责任的构成非常复杂，需要考虑多重因素，而且必须全部因素俱备方得认定，包括符合担责条件的特定社会主体、违背类型化的法定行为模式的行为状态、基于该违法状态而对他人或社会造成了利益损害、该适格的特定社会主体对于自己的违法状态主观上的希望抑或放任的心理、所造成的利益损害与违法状态之间的因果关联情况，等等。

4. 法律责任的归责需要通过法定的正当程序以看得见的方式完成

当人们的利益关系发生冲突时，尤其当出现难以依法自力解决的情形，可以请求有权国家权威机关依法介入，行使其行政管理权或司法管辖权，处理案件，通过行政处罚或司法裁判，或者对特定社会关系进行修复，或者对特定社会主体之间的利益进行重新分配。比如，弥补因冲突给社会或利益主体带来的损失，保证受害的利益关系的平衡；强制违法、犯罪行为人及其他必须予以强制的行为人（如无过错责任行为人）承担法律责任等，以恢复、稳定和重建社会秩序。然而，伴随而来的是，有权国家权威机关在权力行使过程中的一举一动可能对社会产生重大影响。尤其在刑事领域，法律责任的归责事关刑事被告人的合法权益保护、刑事被害人的合法利益救济和不在场的潜在受害人的安全利益，因此，需要借助正当程序的约束力量，来展开归责的过程，达成归责的结果，其实这也是近代以来人权保障的基本原则。

5. 法律责任的落实清楚地折射、展示着法的国家强制性侧面，并有赖于专门国家权威机关的依法办事

权威含有权力、尊严、力量和信服的意思。法的生成和发挥作

用离不开权威,法在任何情况下都总是与权威联系在一起的。没有了权威,法将不法。法规范的权威来自于法本身的特征,同时也要依赖于或借助于权威机关的活动来体现和实现。这里所说的权威机关是指在现实社会生活中能较集中地代表它所属群体的整体需要和利益并能从所属群体的整体需要出发,以群体的整体利益为行动准则的最有权威、最有威望、国内或区域内的最高当局或司法机构。法的国家强制性意味着:作为由国家制定或认可的规范体系,法律具有国家意志的权威性和不可违抗的尊严性;这种权威和尊严在其发生效力的时限与地域内,对一切法律关系主体发生作用,具有普遍的约束力与恒久的持续性;这种约束力同社会关系与社会秩序的关系一般表现为指示与服从,指示包括了指引、预警、规则、程序、奖惩等内容;这种指示与服从关系是以国家强制力量为其后盾的,即对服从者予以肯定或褒奖,对违抗者不予认可、否定或惩处。国家强制力量的强制性是一种随时可以兑现的现实可能性,它并非时时直接表现为强制力,而是一种潜在、内含、隐藏着的国家强力。这种强力保护着合法行为和弱者的合法权益,抑制着违法行为和强者的以强凌弱。[1]从法律不予保护到认定违法直至实施法律制裁,有一个渐次强化的逻辑顺序。在法律制裁中,行政制裁、民事制裁和刑事制裁在制裁的方式与强度上也是各不相同的,这些制裁方式与违宪制裁在性质上也有所不同。

第三节 法律责任的种类

法律责任的分类是指按照一定的标准对法律责任的类型进行划分。对法律责任进行分类具有重要意义。首先,法律责任的分类有助于保障国家机关各司其职,卓有成效地处理社会纷争,制裁违法

---

[1] 尤俊意:"国家强制性、强制性规范与制裁——也论法的强制性问题",载《法学》1996年第3期。

犯罪，重整法律威严和社会秩序。其次，法律责任的分类有助于确保实施特定行为的社会主体承担与其行为性质和强度相适应的不利评价与法律后果。最后，法律责任的分类有助于一般社会各界对法的实施活动展开全面、系统、充分的法的监督，维护法的尊严。

依照不同的标准可以对法律责任进行不同的分类。

一、个人责任、法人责任和国家责任

这是按照承担法律责任的主体的不同，对法律责任所作的分类。

这种分类是公法领域尤其是宪法学和人权法学常常运用的。

个人责任是指作为个体的自然人依法对其行为所引起的后果所担负的法律责任，包括民事的、行政的、刑事的、违宪的各个领域，个人责任是主要责任类型。

法人责任常常既指企业、组织的责任，包括其因违法、违约行为依法所应当承担的法律责任，也指基于人道情结和服务宗旨而应当承担的慈善捐助义务等。但作为法律责任的一种类型，主要是指其因违法、违约行为依法所应当承担的责任，以及因没有履行其职责所承担的责任。

国际法上，国家责任是指依据国际道义和公正的一般原则，对由国家或以国家的名义实施的国际不法行为或侵害行为所承担的国际法律责任。在国内法上，国家责任则是指组织抵御外来侵略、保持对外的独立尊严，维护社会的稳定与安全秩序，促进经济活动的生机与活力，保障司法的独立与公正，确保普遍福利的改善与提升等。

二、过错责任、无过错责任和公平责任

这是根据主观过错在责任认定中的作用，对法律责任所作的分类。

这种分类在私法领域特别是民法学上常常运用。

过错责任是指因实施了违法行为而致人损害者,如果不能证明自己主观上没有过错,就被推定为有过错并承担相应的法律责任。过错的性质和程度,反映着行为人对自己行为的认识水平。法律要求每一位具有行为能力的主体能够理性地预见自己行为的后果,并对自己的行为后果负责。按过错责任归属何方主体的情况不同,可进一步细分出侵害人过错责任,受害人过错责任,侵害人、受害人双方过错责任三种具体类型。如果受害人本人对受损害也有过错的,则可减轻侵害人的责任。

无过错责任也称严格责任类型。只要行为人作出特定侵权行为或违约行为并造成损害结果,不论其主观上有无过错,都应当依法承担法律责任。这种责任类型适用于产品责任、某些特殊侵权责任和合同违约责任。

凡是当事人对发生的损害都没有过错,也没有作出违法行为,但受害人要求有关当事人承担民事责任的,可以根据实际情况,按照公平合理原则由当事人分担民事责任,此即公平责任。公平责任不适用于精神损害赔偿场合。公平责任之所以被视为一种独立的责任类型,主要是因为它所适用的情形具有特殊性,既不属于过错责任,也不同于严格责任,作为一种独立于过错责任和严格责任的补充性责任形式,有其独特的适用范围。

三、民事责任、行政责任、刑事责任、违宪责任、国家责任

这是根据法律责任的产生领域和责任性质的不同,对法律责任所作的分类。

这是一种综合性的、全局性的分类,是针对整个法律体系所作的一种宏观层面的分类。根据法学理论和法治实践,这种分类也是当前最通常采取的分类方法,被认为是通识性、权威性的分类。

民事法律责任是指公民或法人因违反法律规定,或违背契约义务,或因法律规定的其他情由而依法承担不利益后果的法律责任类型。民事法律责任从古至今,都是最为常见的法律责任类型。民事

法律责任的承担者主要是具有民事责任能力的自然人和法人。同时，在法律规定的某些特殊条件下，国家也可能成为民事法律责任的主体。民事法律责任主要是由违法行为或违约行为引起的，这种违法行为、违约行为既包括民事违法行为和违约行为，也包括部分刑事违法行为和行政违法行为。民事法律责任有以下特点：(1)民事法律责任主要是一种补偿性的财产责任，以支付一定额度的财产为核心。(2)民事法律责任的功能主要在于救济利益受害一方的当事人的权利，赔偿或补偿其损失是主要方式。同时也兼有一定的惩罚功能，比如关于支付违约金的规定就有惩罚的意味。(3)民事法律责任主要是作为平等主体的一方当事人对另一方当事人的责任，在多数情形下，可以由当事人之间自行协商解决。通常，还可根据民事法律责任的产生原因，将其进一步细分为：由不履行约定义务的违约行为而产生的违约责任，由民事侵权行为而产生的一般侵权责任，以及基于法律的强制性规定而产生的特殊侵权责任。

行政法律责任是指由于违反行政管理法规或基于行政法所规定的事由而承担的法定的不利益后果的法律责任类型。行政法律责任既包括行政机关及其工作人员、获得授权或委托的社会组织及其工作人员在行政管理过程中由于违法失职、滥用职权或行政不当等行为而产生的行政法律责任，也包括公民个人、其他组织等行政相对人因违反行政法律规定的行为而产生的行政法律责任。行政法律责任有以下特点：(1)承担行政法律责任的主体是拥有行政管理权限的行政主体和公民、法人、其他组织等行政管理的相对人。(2)行政法律责任的产生原因是社会主体的行为违反了行政法，或者基于行政法规定的特定情形。(3)行政法律责任的归究实行举证责任倒置和过错推定方式，在法律规定的一些特定的场合，实行严格责任原则。(4)行政法律责任的承担方式是多种多样的，既有行政处分，也有行政处罚。

刑事法律责任是指社会主体由于实施危害社会的行为、触犯刑

第六章　法律责任论

事法律、依法受到司法机关的刑事追究而承担法定的不利益后果的法律责任类型，这是法律责任体系中最为严厉的一种法律责任，也是最具有严格条件设定的法律责任类型。社会主体所实施的危害社会行为必须在犯罪的构成要件齐备的情形下才承担刑事法律责任，即社会主体实施了严重危害国家的、社会的利益和公民的利益的行为；严重侵害了法律所保护的社会关系和社会秩序；刑事法律责任的主体有能力担当刑事责任；刑事责任主体在实施危害行为之际对其危害行为的后果所持有的动机、目的和罪过等心理因素。刑事法律责任有以下特点：（1）刑事法律责任是由专门国家司法机关代表国家对实施构成犯罪行为的社会主体所课加的法律责任，与民事法律责任既可以由司法机关迫使违法者对被害人承担责任，也可以由受害人依法自力救济迫使违法者承担法律责任，有明显不同。（2）刑事法律责任是一种惩罚性责任，而且这种责任的有无、大小，都是基于法律的明确规定，不取决于刑事责任人、刑事被害人等的主观意志。（3）刑事法律责任主要是一种个人责任，只要是实施犯罪行为者就应承担刑事责任，而且，也只有实施犯罪行为者本人才能承担刑事责任；当然，一些企业、单位、组织实施犯罪行为时，则刑事法律责任的主体就不仅包括直接责任人，也包括这些企业、单位、组织，对此，我国多称之为"单位犯罪"的刑事责任。（4）刑事法律责任的设置目的在于合法、有效地课加给犯罪行为实施者一种负担和义务，使其认识到犯罪的成本是巨大的，代价是高昂的；救济被犯罪行为侵害者的权利，以国家的名义对其加以精神的抚慰和心理的平衡，震慑犯罪和预防犯罪的再发，以维护刑法所保护的社会关系和社会秩序的安定。（5）产生刑事法律责任的直接原因是社会主体所实施的行为具有依法应受刑罚惩罚的严重社会危害性；只有社会主体所实施的行为具有严重的社会危害性，触犯了刑法，应受刑罚惩罚之时，实施该行为的社会主体才转化为犯罪主体，才能被依法追究刑事责任。（6）刑事法律是追究刑事法律责任的唯一法律依据，在追究刑事法律责任时，要严格遵循刑法的原则。

违宪责任是指有关国家机关制定的某种法律、法规和规章,以及国家机关及其公职人员、社会组织及其工作人员、公民的行为违反宪法的规定而产生的法律责任类型。根据现代宪政的一般原理,宪法在一国的法律体系中具有最高的法律地位和法律效力,任何国家机关、政党、武装力量、社会团体和公民,都有遵守宪法的义务;任何国家机关制定的法律、法规和规章,以及国家机关及其公职人员、社会组织及其工作人员、公民的行为都不得与宪法相抵触,否则就归于无效。实施任何违宪行为的主体,都应当承担由于其违宪行为所招致的不利后果。虽然从广义上讲,一切违法行为都违反了宪法关于公民权利、社会关系和社会秩序的规定,也是违反宪法的。但是,构成违宪责任的违宪行为与一般违法行为还是有不同的。宪法有自己特定的调整对象,即国家机关之间的关系,政党与国家机关之间的关系,以及国家与公民之间的相互关系,对触犯宪法关于这些关系的规定的行为,仅仅依靠追究刑事法律责任、民事法律责任或行政法律责任是无法从根本上加以制止的,也是难以系统地加以预防的,因此需要有一种具有根本意义的责任类型,这就是违宪责任,并通过违宪责任的落实,形成制度化的违宪审查机制。在我国,全国人民代表大会常务委员会负责监督宪法实施,具有违宪审查权限,是违宪责任的法定的审查、确认和实践主体。确立和落实违宪责任,并监督违宪责任的实际落实,对于确保政治秩序稳定和避免社会动荡具有重大意义。

国家责任是指国家基于对外主权者、对内统治者和社会管理者的身份而产生的对社会、国民不可推卸的责任,主要体现在三个方面:维护国防安全、保障国计民生和抑制权力侵害。其中,维护国防安全主要是指通过组织国家武装力量和外交力量,宣示主权,捍卫国家疆域不受侵犯、不被分裂。保障国计民生是指有效组织实施政治革新、经济发展、文化振兴、道德提升等举措,促进社会全面进步,并同时健全社会保障与救济制度,改善民生质量,以使全体国民都得以在一个公平的环境里，享有一种健康向上的物质和文化生活。抑制权力侵害主要是建立权力制约机制和实施国家赔偿。关于前者，主要在于落实宪法、法律确立的国家机关的权力法定、正当行使、彼此独立、相互约束、相互配合等规定；关于后者，则主要强调国家机关及其工作人员在执行职务的过程中，发生损害公民权利的结果，除法律另有规定外，应由国家承担全部或部分赔偿或补偿的责任。

此外，根据法律责任的承担形式，可将法律责任分为补偿性法律责任、惩罚性法律责任和强制性法律责任。这种分类是公法领域尤其是行政法学常常运用的。按照法律责任承担的内容的不同，法律责任可以分为财产责任和人身责任。按照法律责任的承担限度或强度的不同，法律责任可以分为有限责任和无限责任。这种分类在私法领域尤其是公司法等商法学领域常常运用。按照引起责任的法律事实与责任人的关系的不同，法律责任可以分为直接责任、连带责任和替代责任。这种分类最初主要运用在私法领域中，但随着社会的开放化和责任的理性化，公法领域中是否可以如此分类也开始被提及和关注。

第四节　法律责任的构成及其要素

法律责任的构成是认定和归究法律责任时所必须考虑的前提性条件和基础性因素的总称。全面、审慎、合理地确定法律责任的构成，对保证当事人的基本人权、合法利益，实现法的使命，保持法律秩序，保障社会和谐等，具有重要意义。

法律责任的构成要素是指认定和归究法律责任时所必须考虑的前提性条件和基础性因素的具体所指，具体是指哪些条件和因素在认定和归究法律责任时起到关键作用，具有决定性地位。

认定和归究法律责任时，必须充分考虑以下几个方面：

一、责任能力

责任能力是指社会主体依其自然的、生理的、社会的成长经历所应当具有的必要的认知能力,这是法律责任构成的必备要素,社会主体是否具备责任能力是其承担特定法律责任的基础,也是认定法律责任的前提。如果让一个缺乏"必要的认知能力"的社会主体担负起承受社会惩罚的责任,是没有理由的。[1] 对自然人来说,当其达到一定年龄且神智正常,能够认识自己行为的性质、意义和后果,并能够控制自己的行为并对自己的行为负责,那他就成为一个有行为能力的人。如果一个人根本无能力认识和判断行为的意义与后果,也无力控制其行为,更无法独立地对自己的行为负责,这样的状态就是没有行为能力。在法律上,正是根据人的认知能力的有无和强弱,而将自然人分为有行为能力人、限制行为能力人和无行为能力人,并分别规定了相应的年龄和智力状况。

二、违法行为

社会主体违反法律规定的行为模式,实施了与法律要求相违背的行为,是其承担法律责任的事由。如果没有违法行为,是无所谓法律责任的。可以说,社会主体实施了违法行为,是追究公法上的责任的必要条件,也是绝大多数私法领域的司法场景中确定法律责任的法定依据。

三、损害事实

有法定的损害事实存在,是法律责任的重要前提。损害事实是多种多样的:从时间上来说,有已经发生的损害,有将要发生的损害;从范围上来说,有人身损害,有财产损害,也有精神损害;从受损害权益的性质上来说,有合法权益的损害,也有非法权益的损

---

[1] 刘星:《法理学导论》,法律出版社 2005 年版,第 197 页。

害；从与违法行为的关系上来说，有直接损害，也有间接损害；等等。无论哪种损害事实，其结果必须具有一定的确定性，损害后果只能是因违反法定的"令行禁止"义务以至于侵害了为法律所保护的合法权益而给权益人带来的不利益状态。

四、因果关系

因果关系是指违法行为与损害事实之间，损害事实与课加不利益后果或承受公平负担之间，存在直接的因果关系。这是法律责任的另一个不可忽略的因素。因果关系通常所讲的是存在于一种现象与另一现象之间的引起与被引起的具有存在的客观性、因果的顺序性、作用的单向性、内容的决定性的关系。作为法律责任的一个构成要素，因果关系具体所指，也可以归结为客观与主观两个方面：一是客观意义上，社会主体的行为与损害事实或危害后果之间的因果联系，也即社会主体的某一行为是否引起了特定的物质性或非物质性损害结果。二是在主客观相统一的意义上，社会主体的心理、思想、认知等主观因素与其实施的行为之间的因果联系，即导致损害事实或危害结果出现的违法行为是否出于行为人的自由意志。因此，不仅要考察引起损害结果或危害结果的行为是否属于违法行为或违约行为，而且还要考察这一违法行为或违约行为与其所引起的损害结果或危害结果之间是否具有内在的、直接的、逻辑的联系，同时还要考察上述两方面与最终归结的法律责任乃至法律责任承担方式之间所存在的内在关联。

五、主观过错

主观过错是指社会主体在实施与法律要求相悖的行为时所持的主观心理状态，包括故意和过失两种情形。其中，故意是指明知自己的行为会发生危害社会的结果，并且希望或者放任这种结果发生的心理状态，依据其希望抑或放任，又可以归纳为直接故意和间接故意。过失则是指应当预见到自己的行为会发生对他人或社会造成利益损害的后果，但由于疏忽大意而没有预见，或者已经预见，只是过于轻信可以避免，以至于最终发生实际损害后果的心理状态，依据其是由于疏忽大意抑或过于轻信，又可以归纳为疏忽大意的过失和过于轻信的过失。将主观过错作为法律责任构成要素来加以考察，这是近代法治文明的一大成就。主观心理状态对认定某一行为是否应当承担法律责任以及应当承担哪一种法律责任，意义重大。一则，只有对社会主体的存在主观过错的行为及情形，才能依法课加不利后果，这已成为社会各界的常识性共识。二则，依据行为主体实施行为时是否存在主观故意或过失，可以分为故意行为、过失行为和无过错行为；依据行为主体实施行为时个人意志是否为善意，还可以分为善意行为和恶意行为，这对确认法律责任有相当的影响力。三则，在民事责任方面，一般都要考虑主观过错，除极其特殊的情形外，通常采用过错责任原则；在刑事责任方面，主观过错是犯罪构成的主观要件，对于认定和衡量刑事责任，对于区分罪与非罪、此罪与彼罪、一罪与数罪、重罪与轻罪等具有特别重要的作用。

研究法律责任的构成，界定法律责任的构成要素，在实践中对于确认和落实各类法律责任来说，都有着重要的指导意义。

第五节 法律责任的归责及其原则

法律责任的归责是指国家机关依照法定职权与程序进行的认定和确认法律责任归属的专门活动和动态过程，即对于特定社会主体违反法律规定的行为模式，所实施的与法律要求相违背的行为，对其是否应当承担法律责任以及应当承担何种法律责任进行事实的判断与认定、责任的追究与归结以及当存在法定事由时决定是否对其本应承担的责任予以减缓、免除的专门活动。这是一个包括事实认定、证据呈现、举证责任分配、证据采信、法律适用、后果归结等一系列步骤和环节的过程。这一归责的过程，必须是合乎规律的、合理的、切实可行的,即国家机关既不可随意地扩张或缩小社会主体依法应当承担的法律责任,更不得恣意地创设或消灭特定的实施违法行为者依法应当承担的法律责任,无论在哪一个步骤和环节出现偏差或失误,都可能导致最终的归责错误,或有失公允,或放纵违法,或制造冤案,或侵犯人权。法律责任的归结必须坚持尊重事实、讲究证据,坚持合法性、合理性,坚持人权理念和法治精神,坚持以人为本和公平正义。

法律责任的归责原则是指在判断、认定和追究特定社会主体实施违法行为的法律责任的过程中所必须遵循的基本准则。根据长期的理论归纳和实践运用,法律责任的归责原则主要有如下内容:

一、责任法定原则

责任法定原则,是指法律责任的承担应当根据法律的预先规定,即特定行为发生后是否应承担法律责任、承担何种责任以及如何承担法律责任,应当按照事先的成文的法律形式明确地且合理地规定下来。该原则强调的核心是"法不溯及既往"、"法无明文规定不处罚",任何国家机关都不能超越权限追究责任主体的法律责任,更无权向责任主体追究法律明文规定以外的责任或非法施罚,任何责任主体都有权拒绝承担法律明文规定以外的责任,并有权在被非法责罚时要求国家赔偿。强调国家不能用今天的法律来要求人们昨天的行为,也不能用新法来制裁人们在新法颁行之前实施的根据旧法并不违法的行为,更不能以法有溯及既往的效力为由而扩大制裁面、加大制裁程度。该原则旨在否定和摒弃对行为人不利的溯及既往和责任擅断、非法责罚等有悖人类理性、没有法律依据的任性行为。

二、责罚相当原则

责罚相当原则旨在说明,法律只有转化为社会主体信赖的准则才能够发挥其调控社会关系的效能,而其赢得社会主体信赖和一体遵循的前提之一是关于责任的规定富有合理性、适宜性和妥当性。即法律责任的设置和分担应当体现公平与正义，同时也必须从特定的社会物质生活条件出发，考虑到责任主体担负相应责任的条件与可能，考虑到责任产生的具体环境和背景、场合，为便于和确保责任的落实还必须配套相应的程序运行机制，使适当的法律责任在正当的程序中得以确认和实现。

三、制裁自受原则

制裁自受原则，是指任何社会主体都必须对自己的违法行为付出代价，而且这种代价应由违法者自己来承受。法谚有云："自由意味着责任"，这也就是说任何法律责任的成立都是由于行为者的自由身份。之所以必须由行为人自己对其违法犯罪行为承担责任，主要也是基于对行为人所实施的违法犯罪行为有两个"常识性的"假设。第一个假设是：行为人违法犯罪肯定是在有意识的状态下完成的——即他知道他在做什么；第二个假设是：人们是按照自由意志行事的——即他可以不做他所做的事。这两个假设旨在说明：人要对他的行为负责并付出代价，而且可能还要说明这些行为的原因。

四、责任明晰原则

责任明晰原则，是指法律责任的设置与安排必须明确、清晰，具有可预知性和可操作性。明晰的法律责任安排有助于法的实施、运用和法律推理活动的正常与规范进行。一个司法裁判的效果一般要比即时反应所作出的决定的效果更复杂、更全面。它不仅可以阻却、限制、鼓励一个人的行为，也可以抑制、扩大、刺激一个人的情绪。因为在裁判中所涉及的当事人——受害人、违法者和第三方（其利益是因为他和直接受影响一方的某一方面有密切关系而在司法决定中规定的）的行为对诉讼的兴起的重要性有别，他们在诉讼中的地位、作用和利益也各不相同，裁判对他们的影响也各有千秋，所以，对最终的司法裁判也会各有不同的感受，情绪反应甚至可能差别很大。

五、有责必究原则

有责必究原则强调，对任何违法行为都必须通过法律责任的追究和落实来加以规范化制裁、抑制和防范。法律既可以通过提供规则系统反映有关事物的固有价值，扩大和保证人们的表现自由和行为自由；也可以为了维护有关事物的固有价值、保护人们的权利而去设定责任机制，使其在受到损害的情况下得以请求违法者进行损害赔偿（包括金钱赔偿或精神赔偿），如果侵权行为过于严重还得以请求限制其行为和直接通过有权机关予以制裁。确立责任归属的目的在于将法律预设的责任机制个别化，具体到行为人本身的行为状况之中，迫使其担当相应级别的强制后果，并向社会公众证明法律秩序的威严性和法律权威的不可挑战性。

第六节 法律责任的承担机制

法律责任的承担是与法律责任的归责相对应的范畴，是指基于责任的担当、承受者的立场，审视、度量法律责任的实现机制，将法律责任落实到位的具体措施、方法、途径、限度的总称。

设定法律责任的承担机制旨在向社会公众表明，为了实现法律秩序的约束力而按照一个确定的尺度进行处罚的正当性和必要性，即让社会公众看到所有可能的赔偿都完成了，看到作恶者不再重复那种行为，并使社会公众相信，这种行为更少可能在他人身上发生。而且这样的结果还应当通过能够获致它们的手段去寻求，必须以合乎正义为度量。❶ 法律责任是通过这种能够被准确理解的一般

---

❶ R. E. 霍巴特："不包含决定的自由意志是不可设想的"，谭安奎译，见徐向东编：《自由意志与道德责任》，江苏人民出版社2006年版，第88页。

预防机制所确立并经由此种一般预防机制所量定的。[1]

一、法律责任的承担内容

法律责任的承担内容是指以法律规定为基础，由特定的国家机关依法迫使责任主体承担责任的一系列制裁措施的统称，也称为法律制裁及其种类。即对责任主体的人身自由、财产权益等实施的一系列强制性惩罚措施，因此有时也称之为法律惩处或惩罚。近代以来，法律制裁主要是以国家专门机关依照法定职权和程序强制性地对法律责任主体的人身、财产和精神施加的导致不利益的法律后果为核心的。由专门国家机关依照法定职权和程序，运用法定的强制性制裁措施，对相应的责任主体的人身自由加以限制，对其精神施加压制，对其财产权利实施限制乃至剥夺，对其政治权利予以限制或剥夺，使法律责任主体处于受社会的非难之境并致唤醒其良知，从而报复违法犯罪行为、预防和矫正越轨行为，恢复社会关系和社会秩序的应有状态，使社会关系和社会秩序得以良性发展，最终达到和维持社会正义。

法律制裁是落实法律责任的重要一环，也是增加法律权威性和威慑力所必需的手段。依照违法性质的不同，可以将法律制裁划分为民事制裁、行政制裁、刑事制裁和违宪制裁。

民事制裁是指依照民事实体法的规定或当事人之间的约定对违反义务者施加的惩罚性制裁措施，依其责任主体行为的性质和情节，既可以由违约者一方直接承担不利益后果，也可以由司法机关对负有民事责任的违法主体依法实施强制性惩罚措施。民事制裁的内容根据具体情境的不同，通常有如下几种：停止侵害；排除妨碍；消除危险；返还财产；恢复原状；修理、重作、更换；赔偿损失；支付违约金；消除影响、恢复名誉；赔礼道歉；等等。

---

[1] [德] 德吕恩特·雅科布斯：《责任 行为 刑罚》，冯军译，中国政法大学出版社1997年版，第8页。

第六章 法律责任论

行政制裁是指国家行政机关依照法定的职权和程序对违反行政法律规范而负有行政法律责任的特定社会主体所施加的强制性惩罚性措施。包括行政处分和行政处罚两种情形。前者是指特定国家机关对其内部的工作人员或被授权、委托的执法人员出现违反法律规定的行为时依照法定程序所实施的强制性制裁措施,我国的行政处分措施主要有:警告、记过、记大过、降级、降职、撤职、留用察看、开除等。后者是指由专门的国家行政机关对违反行政法规定,犯有轻微违法行为而尚不够刑事处罚的责任主体依照法定的职权和程序所实施的强制性制裁措施。根据我国《行政处罚法》第 8 条的规定,行政处罚的种类有:警告;罚款;没收违法所得、没收非法财物;责令停产停业;暂扣或者吊销许可证、暂扣或者吊销执照;行政拘留;法律、行政法规规定的其他行政处罚。

刑事制裁亦即刑罚,是指司法机关依照法定的职权和程序对于犯罪主体根据其实施的犯罪行为的性质和情节所确立的刑事责任而实施的强制性制裁措施,分为主刑和附加刑两类。其中主刑包括管制、拘役、有期徒刑、无期徒刑、死刑;附加刑包括罚金、没收财产、剥夺政治权利,对外国人犯罪的,还可以附加驱逐出境。根据现代法理及刑罚理论,可分为自由刑、生命刑、资格刑和财产刑四类。其中,自由刑包括管制罚和监禁刑,但以监禁刑为主。生命刑即剥夺犯罪者生命的刑罚。资格刑则主要是依法剥夺那些反对现行法律制度安排和社会秩序架构的责任主体的参与某些领域社会活动的社会权利能力,如依法剥夺责任人的政治权利。财产刑则主要是指司法机关依法剥夺责任主体的已有合法财产,收归国有并用于社会的强制性制裁措施。

违宪制裁是指由监督宪法实施的专门国家机关对违宪行为实施者依其所应承担的违宪责任而施加的强行性惩罚措施。违宪事实包括违宪的行为和违宪规范或文件两类情形,根据宪法的有关规定,违宪的行为可概括为一切国家机关和武装力量、各政党和各社会团体、各企业事业组织和公民违反宪法规定和宪法所确立的基本原则，应当追究违宪责任的行为；违宪的规范或文件则是指违反宪法规定和宪法所确立的基本原则的规范性法律文件以及其他具有普遍约束力的规范性文件，应当确认为无效的规范或文件。世界各国的违宪审查机构，基本上可以分为三种类型：（1）由议会或权力机关审查，如英国、瑞士等；（2）由专门设置的机关审查，如德国、奥地利等国的宪法法院，法国的宪法委员会，意大利的宪法法庭；（3）由普通司法机关审查，如美国、日本等。依据宪法和有关组织法的规定，违宪制裁的主要措施包括：（1）撤销同宪法相抵触的法律和法规；（2）罢免违宪责任主体的领导职务。

二、法律责任的承担方式

法律责任的承担方式也称法律责任的实现方式，是指追究、落实与完成法律责任的评价后果的具体途径。法律责任的种类不同，法律责任的承担内容不同，法律责任的承担方式也会有所不同。根据国家强制力介入法律责任的程度不同，法律主体承担法律责任的方式主要可以分为：

1. 当事人自治

当事人自治，是指在社会主体之间出现一般性矛盾和冲突的时候，人们自觉地根据法律规定或社会习惯自行予以调节，重修法律关系的法律责任承担方式。在私法领域，奉行私法自治原则，私法主体自行设定、处分各自私法上的权利和义务，自行处理各自私法性质的纠纷和争议，是可以被社会接受的。

2. 国家权力干预

国家权力干预，是指由特定的国家机关依法对责任主体的人身自由、财产权益等实施强制性惩罚措施的法律责任承担方式。当社会主体之间出现难以依法自力解决的冲突与纷争的时候，得请求拥有纠纷处置权的国家公共机关干预，依法予以调适和平衡，恢复社会关系或对其予以救济。这包括两种情况：一是私法领域中，既允许公共权力机关依法介入、处理纷争，也允许法律关系主体依法自治,允许其自力救济,可以在公共权力机关依法处理纷争的各个阶段,随时达成法律许可下的和解;二是公法领域中,仅授权有关国家权力机关依法介入,行使其行政管理权或司法管辖权,处理案件,通过行政处罚或司法裁判,或者对特定社会关系进行修复,或者对特定社会主体之间的利益进行重新分配。

3. 国家直接强制

国家直接强制,是指负有法定义务的责任主体不依法履行其应尽的义务时,国家强力机关通过法律手段,直接强制义务人履行其义务的法律责任承担方式。一般而言,强制是指拥有权限的国家机关对负有特定义务却又不履行义务的相对人采取的必要强制措施。如税务机关对相对人作出限期缴纳税款的决定,相对人对此不提出异议,逾期不缴纳税款,税务机关对纳税义务人实行强制措施,如强制变卖义务人的财产、变价抵缴税款,使相对人履行其义务。

我国在立法中和行政实践中较为常见的强制方式主要有:强制教育、遣送出境、强制履行、强制许可、强制拆除、强制变卖、强制销毁等。在具体实践中,上述各种措施还可并用。

三、法律责任的承担限度

法律责任的承担限度,是指当一些法定的责任减免事由出现或如果严格落实法律责任可能导致出现与人道主义极不相符的情形时,依据法律或事实克减法律责任主体的责任强度,或直接依据法治和人道的原则,仅对特定社会主体课加有限的法律责任、施加有限的制裁,甚至免除处罚的情形。

一般来说,社会伦理关系主体的亲近、密切程度决定了在正态的法律关系中主体的积极义务的强度与限度。此外,在普通社会关系中,主体行为的恶的程度与限度直接决定和规制着责任的强度与限度。此外,责任主体的身心变化情况、悔过自新态度等,也是影响到对其课加的法律责任的强度与限度的一个直接考虑因素。

1. 执行不能的情形

执行不能的情形,是指虽然某一责任主体本来依法应当承担法律责任,但由于责任人死亡,或者完全丧失了履行责任的能力,从而导致本已确定的法律责任已经无法执行的特殊情形。比如,在刑事诉讼中,正在被追诉的犯罪嫌疑人、被告人死亡的情形。这种情形出现时,一般应终止诉讼。

2. 人道主义的关照

人道主义的关照,是指在责任人对其本应承担的责任出现部分履行不能或者完全履行不能的情况下,国家机关或权利主体基于人道主义精神而部分或者全部免除相关责任人的法律责任的情形。例如在损害赔偿的民事案件中,被害人一方在提出损害赔偿请求和人民法院确定赔偿责任的范围和数额时,应考虑到责任人的财产状况、收入能力、借贷能力等,如果责任人及其家庭因赔偿损失而存在陷于无家可归、不能生计的状态之虞,则可考虑适当减轻或者豁免其责任。而且,在责任人无履行能力的情况下,即使有关国家权力机关把法律责任归结于他并试图强制执行,也会因其不能履行而无法兑现。

3. 法定减免的事由

法定减免,是指当出现法定事由时,对本应承担的法律责任予以减轻或免除,降低或取消行为人本应承受的法律制裁的情形。在违约责任中,法定的免责条件仅限于不可抗力,但当事人可以事先约定免责条款和不可抗力的具体范围。在侵权责任中,当事人虽然难以事先约定免责条款和不可抗力的具体范围,但法定的免责条件不限于不可抗力,还包括意外事故、第三人的行为、正当防卫、紧急避险、未被告诉、时效终止等。

第七章 法律程序论

第一节 法律程序的含义及特点

一、法律程序的含义

程序通常是指事务推进的过程、阶段、步骤、顺序、措施、方法的统一体。从法学的角度分析,程序是从事法律行为的主体作出某种决定的过程、方式和关系,是这样的时空三要素构成的一个统一体。由此推演,法律程序则是指确保法律的合法成立、良性运行以及法的功能得以全面、准确地展示和呈现所必须经历的过程、步骤和顺序的统一体。正当的法律程序是法律的良性运行、顺利推进、有效实现的基本保障。在本体意义上,法律程序主要是指称和强调人们遵循法定的时限和时序并按照法定的方式和关系来进行和展开法律行为。

二、法律程序的主要特点

在现代法治化语境下来审视,可以发现法律程序的一些鲜明特点,主要集中在以下几点:

1. 法律程序是针对特定的外在行为而作出规范化控制与约束的

在人类追求规范化的法律生活的努力中,对普遍关切的社会行为的法律调整是社会的共同愿望和要求,尤其对于那些在社会主体之间具有切实利害影响或可能产生利益冲突的外在行为,亟须模式化、法定化、制度化,无论是创设法律的立法行为,还是推行法律的行政行为,抑或是司职纷争裁决的审判行为以及仲裁与调解行为,其本身也都需要作为一种明确化的、可接近的、规范化的活动而展开。为此，在人类的法律实践中便生成了对这些行为的规范化控制与约束的需求，导致了相关的程序法的出现和定型。最先成熟起来的，经由程序法律明晰和规范的最主要的法律程序就包括了立法程序、行政程序、审判程序以及调解与仲裁程序在内，等等。在我国，《立法法》、《刑事诉讼法》、《民事诉讼法》、《行政诉讼法》、《仲裁法》、《人民调解法》等，在短短二十余年间逐渐出台和完善起来，也恰好说明了通过相应的法定程序对有关的特定行为作出规范化控制与约束的必要性与紧迫性。

由于法律程序旨在规范化控制与约束的外在行为的不同，尤其是确立各该法律程序的法律规范的内容及性质的不同，法律程序可以大致划分为立法程序、执法程序、司法程序、仲裁程序与调解程序。其中，立法程序是指进行立法活动时所必须遵循的由事先的相关法律确立的步骤、方式、方法等；执法程序是指政府行政过程中，各司职相应行政职能的机关及其公职人员开展执法行为时所必须信守的由事先的相关法律确立的步骤、方式、方法；司法程序是特指司法机关在开展司法活动时必须遵从的由事先的程序法所确立的步骤、方式、方法等；仲裁程序和调解程序尽管相比较而言更灵活一些，但从受理开始到裁决书、调解书的送达、生效而结束，也需要遵循相应的步骤、方式和方法。

2. 法律程序是由特定的时空要素定位和型构的

法律确立的特定的时间序列和空间方式是法律程序的基本要素。其中，（1）法定时间序列包括时序和时限两个方面：时序是指法律程序运行的先后次序，如起诉→立案→庭审→合议→宣判→送达→执行，一审→不服一审判决或裁定上诉→二审→送达→执行，这是不可逆的顺序，不得先有结论后走过场。时限是指行为的截止有效期限，主要是基于诉讼效率的考量与司法成本的计算而依法创设的合理时间隔，逾此时间隔，则丧失法定的程序权利，对权力机关而言，逾此时间隔则意味着权力运行的无效率、怠于行使权力甚至被质疑为渎职行为。（2）法定空间方式包括空间关系和行

第七章 法律程序论

为方式两个方面。法定空间关系是说,在程序中展开的活动都应该在其法定的空间位置内进行,进入程序的所有主体之间的关系是恒定的。比如在司法程序中,庭审只能在法庭进行,即使现在一些地方的巡回办案,也要设置临时法庭;法官、当事人、书记员、证人或鉴定人、代理人或辩护人、旁听者,都应各安其位,端坐(立)于基于自己特定的程序身份角色所被分配、安置的位置上。法定的行为方式是说,在依程序所开展的活动中,各种主体依据其身份角色,做其分内该做的事情,说与其角色相符的话,表达与其角色相称的意见,发表与其地位相当的主张。如在司法程序中,法官、律师、检察官不仅要仪态端庄、温文儒雅,而且要法言法语、表述得体;所有走进法庭的人,尊重审判权威,服从法庭纪律,遵守审判秩序。凡此种种。

3. 法律程序具有形式性、仪式性和象征性

法律程序是为达到一定实质目的的形式。法律程序应体现平等,这是法律程序的最基本的要求。作为一种伴随着时间而经过的活动过程和活动方式,法律程序又不是简单的工具或形式,还有其自身的相对独立意义。

如前所述,一般意义上的程序是过程、阶段、步骤、顺序、措施、方法的统一体,其实就是一套对一般人而言相当富有混元复杂感觉、充满神秘色彩的仪式,对这套仪式的遵循往往需要进入者的无所怀疑,亦即借助于主体崇奉乃至信仰的心理能量与实践动力。

同时,在一个良好的法律传统中,程序并不仅仅是程序,而是必须照章办事的神圣规矩。❶

其实,在当下之中国,法律程序也是通过一系列仪式而展开的。不仅进入程序的角色在着装方面要与其身份相称、相衬,比如法官袍、律师服、公诉人装等,而且从程序的标志性开始动作,如

---

❶ Harry Ekstein, Division and Cohesion in Democracy: Study of Norway (Princeton: Princeton University Press, 1966), p. 265.

摇铃声、闹钟声、宣告声等，暂停的标志性动作，一直到程序结束的宣告等，都充满了仪式的庄重感。在司法程序中，各种角色进入法庭面向审判席点头致意，离场之际面向审判席致礼等行为，都会增加司法活动的庄严感和权威性，使各种进入司法程序的角色在一种肃穆庄重的氛围中，体验到司法审判所带来的实实在在的公平与正义。

相对于实体利益的实在、真实，程序的步骤显得繁杂，甚至有时会令人感到劳而无功、效率不彰，其方式、方法充满技术色彩，令人费解，有时非法律职业或专业人士无法通透知会，其期间、期日、管辖等固化、刻板，常常给人一种压迫、紧张之感。虽然如此，由于程序乃是通往公平与正义的必由之路，所以，人们还是乐于在一个充满理性的公开、透明的程序中谋求实体利益的最优取得之道。只是，相较于实体利益的计较，需要进入程序的各种主体一体遵守的法律程序更多地展现出一种象征性意义——在法律程序中获得公平的对待会使当事人提升人格的尊严感以及对最终结果的承受力。

第二节　法律程序的作用

法的程序具有相对于实体法的独立价值。从积极方面讲，正当的法律程序的良性运行，可以确保法实体内容的实现；从消极方面讲，如果缺失正当法律程序或者法律程序不能良性运行，则会导致实体法规定的扭曲。虽然新中国成立之初，一直没有在基本法方面有很大的建树，但作为国家根本大法的《中华人民共和国宪法》于1954年出台，它基本准确地反映了当时我国各方面根本的社会关系状况，并成为治国安邦的主要依据。然而，由于缺乏程序法的保障，在某种程度上该法也未能得到很好的贯彻。

第七章 法律程序论

一、法律程序对法律关系的作用指向

法是以调整社会利益关系为目的，以维护法律关系为指向的。现代社会中，从宪法、法律以至规章，从民商法到行政法、刑法，其主旨都是对各种利益关系的调节，规定利益的界限以及社会主体谋求实现其利益最大化的最终界限，旨在确保各社会主体的自由和维持良好的社会生活秩序。法律确认的调节各种利益关系的方式也是多种多样的，既包括对有关利益加以确认、鼓励或保护，对实现利益提供机会或条件，协调不同利益间的矛盾，预防利益矛盾的产生和激化；也包括对有关利益的限制、禁止，对利益纠纷加以裁决，对受损害一方提供补救，对损害他人利益一方实施制裁，等等。❶ 说到底，法律能否为社会主体所普遍遵守，能否真正发挥其应有的作用以及这种作用的具体状况和程度，归根结底取决于法律本身是否真正代表、体现、反映和保障这些社会主体的利益。

虽然说法律以对社会利益关系的调整为己任，并以可以操作与适用为完成己任之手段，❷ 但其对社会利益关系的调整以及为调整而进行操作、适用，都必须在公开运作的程序中实现，这也是近代

---

❶ 美国法学家庞德对此曾提出了以下三种限制："在决定法律秩序可以保障什么利益以及如何保障这些利益时，我们必须记住，法律作为一种社会控制工具存在着三种重要的限制。这些限制是从以下三个方面衍生出来的：（1）从实际上说，法律所能处理的只是行为，只是人与事物的外部，而不能及于其内部；（2）法律制裁所固有的限制——即以强力对人类意志施加强制的限制；以及（3）法律必须依靠某种外部手段来使其机器运转，因为法律规则是不会自动执行的。"参见［美］庞德：《通过法律的社会控制——法律的任务》，商务印书馆1984年版，第118页。一般来说，公法类法律，特别是行政法、刑法等，主要涉及公共利益，强行性规则较多。相比之下，在民商法，即私法类法律中，主要涉及私人利益，任意性规则较多。

❷ 法的可操作性意味着反对粗糙、模糊；意味着反对过度解释；意味着反对溯及既往。"法不仅应该具有明确性和普遍性，而且应该具有可操作性。可以操作，是指人们有能力有条件符合行为运作的要求。面对不可操作的行为规则，人们当然无所适从。可操作性是明确性和普遍性的内在要求。"刘星：《语境中的法学与法律——民主的一个叙事立场》，法律出版社2001年版，第35页。

以来的一个学理共识。当遇到属于法的调整范围内的一定事件发生时，就应当予以适用法律规范去调整，且应一体平等地、公允地适用。进入或将会进入程序之中的各社会主体必须事先了解程序规则才可能懂得如何维护自己的权益和获得公正处置，因为法律程序的启动和运作是需要成本的，有些成本往往会直接落到利害关系人身上，由其承担部分或全部的运行成本。除非不得已，利害关系人出于利益的考虑、成本的计较等，会较为理性地选择行为方式。虽然说，程序是中性的，选择在法律程序中解决纷争是正道，但由于成本代价的存在，也会提醒和引导相当一部分法律关系主体控制自己的不法可能，约束自己的违法倾向，抑制自己的侵权行为，从而免于招致进入法律程序所必然带来的非所期待的不利益；即使法律关系主体之间发生了利益冲突，也尽可能不使冲突严重到非走法律程序不可的地步，这样一来便可以彼此平静心态、冷静应对、商谈解决。这样也就达到了法律的本来目的，法律秩序得以维护，社会秩序得以稳定。

如此，法律程序借助于对法律关系主体行为的影响和引领，就使得它对于建构法律秩序乃至社会秩序具有特殊重要的意义，甚至说法律程序本身就是法律秩序的一个有机组成部分。然而，法律程序的这个方面的意义在以往却常常为人们所轻视或忽视。今后还应当进一步优化法律程序的设计和运作，以使法律秩序乃至整个社会秩序获得一层更加坚固的屏障。

二、法律程序对法律行为的调整方式

法是利益冲突的调整工具和判断标准，法律程序则要根据法律规定的标准和解决利益冲突的步骤、程式与方法调整性地、和平地解决利益对立和意见分歧。❶ 借助于法律程序的展开及运作，通过

---

❶ ［德］伯恩·魏德士：《法理学》，丁小春、吴越译，法律出版社2003年版，第44、45页。

对法律关系主体的行为的考察和分析，特别是经由实体的利益关系主体对其诉愿的表达、强调、证明、论理的行为过程，可能直接影响到对人们的实体权利和义务的重新分配，比如，有关国家权力机关依照法定职权和程序的介入，通过行使其行政管理权或司法管辖权处理案件，作出行政处罚或司法裁判，或者对特定社会关系进行修复，或者对特定社会主体之间的利益进行重新分配，弥补因冲突给社会或利益主体带来的损失，保证受损害的利益关系恢复平衡等，影响到社会主体对其权利与义务的实际享有状况和实际承担比重。

法律程序对法律行为的调整方式有以下几个方面：

1. 防范、抑制和排斥任性与恣意

这主要是强调遵循规矩、熟虑慎行，反对任性、恣意。进入法律程序的利害关系主体要懂得，"通过达成共识或谈判分配利益，而不是通过分歧分配利益"❶。在参与者的彼此互动中，每一方都希望自己遭受较小的损失而赢得更大的利益，但是，在信息沟通展开的过程中，各方对于自身的利益的可能状况会有一个初始的、基本的判断，为了能够取得共赢或使自己的利益损失风险降低到可预期的最低限度而不情愿地作出一些让步，并最终达成各方共识，虽然在这其中可能会有一些保留甚或是不情愿。进入法律程序的利害关系主体还要明白，在程序中可以伸张自己的应有的、合法的权益，但绝不会承认和支持非法的、无由的利益，尤其不会支持给对方当事人或者国家、社会、不在场的第三人带来危害的利益诉求。

法律程序正是借助于程序运行的时间性要素和空间性要素，对程序参与者的可能的任性、恣意行为予以防范、抑制和排斥，达到维护当事人的合法权益和捍卫司法公正的目的。

---

❶ ［美］罗伯特·诺齐克：《苏格拉底的困惑》，郭建玲、程郁华译，新星出版社2006年版，第104页。

2. 引领、疏导和控制法律行为的理性选择走向

这主要是强调，社会主体的日常行为是纷杂多变的，讼争行为往往是激烈的，无引领可能不知如何解决以及何者为最好的解决之道，无疏导则锱铢必较、难以化解，无控制则可能导致更大的纷争。而法律程序的作用就在于，特定社会主体一旦进入法律程序，就意味着必须服从程序的推演进程和程序运作空间的秩序与规则，将自己的行为控制在程序安排的妥当范围内和恰当强度下；意味着通过程序主持者的循循善诱、因势利导，得以将处于情绪激动、言辞冲动、行为躁动中的当事人，引导进平心静气、言辞得体、行为有范的状态，引导和控制着各主体的法律行为沿着程序的应有推演顺序和方向，一步步通往案件解决的路径。

法律程序正是借助于程序运作的时间序列和空间要求，引导进入程序之中的社会主体在恰当的时间和适宜的空间里，依照程序的步骤、阶段和方式、方法的需要，作出妥当的足以为程序许可、支持的法律行为，以使得其后续的伸张权利、维护利益的活动得以继续下去，并获得社会的、法庭的、民意的支持，使得自己的维权之路越走越光明，使自己的维权行为获得支持的概率愈来愈大。

3. 缓解冲突紧张氛围

通常，对一般社会主体而言，一旦遭遇不幸、遇到侵权或受到不公对待，就会焦虑、郁闷或激动、亢奋，容易作出极端的行为，甚至贸然选择一些于事无补、于己不利的行为方式。而通过法律程序的启动，则可以缓和、消解因其中的对抗与冲突而引起的紧张，在程序的平等对待、依法说事、以理服人的氛围中，逐步通向纷争的圆满解决。

法律程序正是借助其特有的时空元素来缓解进入程序的社会主体此前的行为与心理冲突，化解紧张、对抗、反感情绪，平静矛盾、冲突与敌视的心态，消弭肢体的、言辞的相互攻击行为，为纷争的有效解决提供期间明确、期日清楚而又不乏适度弹性的时间安排和舒缓的空间氛围。

4. 角色定位准确且分工合理

法律程序是一个有多种主体参与的理性的活动过程，也是一个内部开放的竞技场域。在法律程序中，各种主体的角色定位及分工已经由各种与程序安排相关的法律时限明确加以规范化、制度化了。因为先有程序法明确地规定了参与程序的各种主体及其权利义务或职权职责，因此，一旦一个法律程序实际展开，主要也就是按照程序法的角色分配、定位及分工，依其各自的程序角色展示自己的观点、意见和主张，并与其他主体的观点、意见和主张形成互动、映衬，或相互对抗，或彼此响应。比如，在刑事诉讼过程中，法官、律师、检察官分别担负着审判者、辩护者、公诉者的使命，其中，审判者负责程序的推进和对案件的判断及裁决，辩护者负责维护被告人的合法权益、争取公正裁判结果，公诉者代表国家提起公诉、提请法庭依法制裁犯罪行为；其他参与人如被告人、被害人、证人、鉴定人等，在诉讼程序中的权利义务也都在相关的诉讼法中事先规定了，他们各自依法做自己该做与可做的就可以了，能够获得法庭最后承认和采信的，也只能是他们合法的观点和见解。

法律程序正是通过其特有的时空规定性，实现对参与程序的各类主体的角色分配和合理分工，并规制着各主体依法而为，完成自己在程序中的角色分工和参与其中的使命或义务。

5. 对行为的感染、启发与教育

不仅法律本身具有普遍性地对一般社会公众的教育功能，而且通过良好的程序运作也会感染、启发和教育以进入程序中的主体为核心的各类主体缘法而行、依法做事、不得实施违法和犯罪行为，使徘徊在违法犯罪边缘的人们懂得法不可违、罪不可犯，使触犯了法律禁区的人们幡然悔悟、悔过自新；而法律程序的开放性、正当性展开，还可以启示、教育那些可能走上违法犯罪之途者逐渐养成守法的习惯，教育人们自觉学法、知法、守法，使他们懂得法律保护什么、反对什么以及依法具有的权利与义务，提高人们维护法律尊严的自觉性和积极性，并促使人们懂得如何运用法律来保护国家的、公共的和自己的合法权益不受侵犯。

三、法律程序对实体法不确定性的救济

在实体意义上讲，法的不确定性是个不争的事实。能够对实体法的不确定性施加有效救济并以看得见的方式运行，并因此而具有可接受性的，就是法律程序。而且要让实体法得以动作起来，程序被要求能够不偏不倚。为此，程序被赋予了非个人性、间隔性、直观性、真切性等性征。而从社会正义立场观察，程序本身具有独立于实体法的或然价值，或能够纠正实体法之误，或可以使实体法的自由裁量规范更加明晰化。

四、法律程序对最大限度地接近公正的助益

按照现代法理的共识性见解，人类对公正这一目标的追求，就像对科学和真理的认识一样，不能最终"穷尽"，而只能是一个无限的"接近"的过程，这使得这一过程带有一种天然的悲壮色彩。从宏观意义上讲，法律程序的设立，就意味着为社会主体实现获得公正的期望奠定了技术的基础，指出了一条获得公正的途径。而从微观层面上讲，个案对待的公正正是基于法律程序的存在及其正常运行，对于每一个案件而言，法律程序虽然只是形式的、表面的，但却是通往实质的、内在的利益确认、权利救济的最佳场域，正是借助于法律程序的良性运转，才使得无限地接近公正成为值得期冀的美好追求。

第三节 正当法律程序的原则

正当法律程序原则是近代以来谋求宪政和法治文明的国家为公民权利设定的一个最低限度的保障标准。现在，正当法律程序原则已经成为法治的一项核心内容，并且是承载着各种社会力量通往法治的铺路石。为了达致为法治保驾护航的目标，正当法律程序必须

切实恪守和贯彻以下几项原则。

一、权力控制原则

一个追求法治的社会，国家权力应当受到严格的控制和约束，而正当法律程序恰好就是其中不可或缺的一种控制、约束机制。借助于正当程序的规范化控制和约束，促使权力的依法运行和正当行使，在保证权力对各种利益进行配置、调节与整合的同时，防止公共权力的专横、滥用和腐化。正当法律程序通过控制国家权力以保障和实现人权，这也是现代法治的一大特征。

一个正当程序必然具有社会公众的参与性、运行过程的公开性、对立意见的交涉性等特殊机制，使社会各界有条件、机会和途径与公共权力的拥有者、支配者开展对话、协商、交锋与抗辩等交涉行为，以防止公共权力被滥用，更主要的是防范和抑制其践踏公民权利的恣意。正当程序要具有"控权"功能，就必须构建完备的分权制衡机制、权力监督机制、权利制约权力机制，既确保权力为正当目的有效运行，又避免权力的失控乃至滥用。例如，诉讼程序设立两审终审之类的审级制，设立对刑事被告的辩护制，要求发回重审的案件另行组成合议庭，等等，其目的都蕴含着防范与克服司法活动的恣意性以及法官对审判权的滥用的意味。

二、平等对待原则

法律面前人人平等，既是司法活动的一般要求，也是现代法治的题中应有之义。要落实法律面前人人平等，首先就必须坚持程序中的平等对待原则，应当以"同样的案件给予同样的对待"，"同类的主体受到一样的对待"，"以相同的方法处理相同的案件"为基本尺度，即在法律程序的运作过程中，保障当事人享有平等的程序性权利，平等地承担程序性义务。例如，在诉讼活动中，保障双方当事人有对等的陈述自己的意见、发表自己的观点、阐明自己的立场的时机、时间和条件，法官则公平地听取双方当事人的意见、公允地反对程序运作中各方当事人的不当言行,并基于理性超越双方立场来进行独立判断;等等。而且,法律程序的平等对待原则并不仅仅限于要求给予双方当事人以平等的程序权利和义务,还要求在各方当事人平等地行使其程序权利和履行其程序义务方面,予以平等对待:若当事人不履行程序义务,则自己承担由此引起的不利后果,甚至实体上的不利益;若当事人的正当程序权利受到侵犯无法自己救济时,则由程序主持者为其提供必要的救济手段,以确保其权利的实现。平等对待原则所要求的是给进入程序的各社会主体起码的和基本的、不偏不倚的公平对待和正当审理、妥切裁判。为防止因法官的情绪或态度表现出对当事人的偏向,或者因法官与审判结果之间存在利害关系,而导致对程序公正的扭曲之虞,法律应当确立严密的程序进入规则和程序推进规则,对裁判者、控诉者和被告人的必具条件作出恰当的规定。例如,我国现行法律制度设计中,有关于回避制度的规定、关于司法援助制度的规定等。程序面前人人平等,意味着若某人因他人过失遭受身体伤害,他应该得到适当的赔偿;所有的人只要有一定理由请求赔偿,都有平等的诉诸法律的机会。❶ 这样的平等,意味着法庭应对所有的人同等对待。

三、公开推进原则

公开推进原则是正当程序的内在要求,也是正当程序的一项技术安排。这项原则带有普遍性,不仅最基本的立法程序、行政程序、司法程序、监督程序等,要依法公开推进,而且选举程序、议事程序、听证程序等,也要公开推进。借助于程序的公开推进,不仅得以最终实现正义,而且会给社会主体以积极印象:最终的正义

---

❶ 这看起来似乎是不言自明的,但在实践中也许会产生问题,主要原因在于,起诉涉及一定的费用。对此费用,富人能够付得起,而穷人对起诉就可能犹豫,万一败诉,他不仅得不到赔偿,而且还得交纳高额诉讼费用。为克服这个缺点,于是建立了法律援助体系。

是以人们看得见的方式实现的。这样，优势意见、观点和主张赢得堂堂正正，劣势意见、观点和主张输得心服口服。当然，法律程序的公开推进原则也是一般性原则，对于实践中的特殊事项和情形，也可在法律的明确规定下作为特例运作。例如，审判活动原则上要坚持审判公开，但为保护国家秘密、商业机密或当事人的个人隐私，对涉及这些特殊情形的个案，其审判活动通常是不公开进行的。

四、最佳效益原则

正当程序的运作是一个富有效率的过程，不仅能够推动待决事务朝着合理预期的方向发展，而且还有助于以最低限度的人力、物力、财力以及时间的投入取得最为圆满的结果，并有助于提升社会主体对法律的信任和法治的追求。因此，在法律程序的制度设计上，切不可过于烦琐，更不得制造冲突与摩擦。比如，诉讼程序的设计，既要考虑到便于纷争的解决，迫使义务人担当其责，也要考虑纷争解决所可能投入的成本，包括人力的、财力的和精神的付出，还要有效地引导当事人选择更为理性的纷争解决之道，以便及时地化解彼此间的纠纷，处理好相互间的矛盾。当然，强调制度设计的效率是为了实现更大程度和更高层次的公正之目的，而且只能出于获致实体的、实质意义的结果公正的出发点。

在法律程序的制度设计和实践运作中，既不能简单化敷衍了事，单方面地盲目追求效率而忽略公正，也不得为效率而省却必要的步骤、环节，因为任何必要步骤、环节的省略，都相当于在通往公正之路上挖掉一块块铺路石，会导致道路塌方和方向晦涩。

五、严谨合理原则

严谨合理原则旨在强调，正当程序应是一个富有技术与目的双重内核的，符合法律行为的一般规律并有利于进入程序的社会主体作出理性选择的系统。在历史上的不同时代，法律程序的有无与否以及是否严谨合理差别很大。有的时代并无程序可言，也就无所谓严谨合理问题；有的时代也有法律程序，但极不重视或非常荒诞，虽有似无，比如，古代社会的神明裁判；近代以来的法治化国家，大都比较重视程序正义问题，因此，严谨合理的正当程序逐渐被重视，近代西方最先发展和定型的法官自由心证方法比较合乎理性，而现代各国逐渐成熟起来的物证技术方法，则比较符合科学规律，更有利于识别证据、查明案情和还原真相，从而也就更有助于体现程序的正当运行和案件的公正解决。

六、中庸人道原则

中国传统文化倡行"中庸之道"，所谓"中者，天下之正道；庸者，天下之定理"。在法律生活中，就是不搞片面，不走极端，不要不及，不要过头；既不脱离规则，又不墨守成规，而是在两者或多者间达成一种平衡。在法律运行过程中，对于法律已然存在的相对确定的公正、效率、自由、人权标准，则力求达到和实现，若没有达到这个标准就属于不及，但如果严厉呆板地一味渴求，甚至各项指标超过标准及可能，也会导致滑向本来目的的反面。因此，在立法、执法、司法和法的监督等各个法律运作领域，就要尽可能避免立法的过分超前、滞后，执法的过于偏松、偏严，处罚的失于太宽、惑于太严的情形，谋求中道妥切、恰到好处。中庸人道原则旨在突出强调任何法律程序的运作与践行都应合乎社会共识，符合各该时代社会的主流价值观念和道德情结，并与人类文明的进步方向和频率保持一致。

总之，无正当法律程序，则无法治。没有法律程序，或者虽有法律程序却非属正当法律程序，或者虽有正当法律程序却毫不依循，是断难走向法治的。所以，不仅需要在健全法律体系过程中整备程序法，而且在设计法律程序时，必须力求达到法律程序的正当性。而衡量一个法律程序是否富有正当性，或者说要考察它是否属于一个正当法律程序，就必须分析其中是否尊重或者富含了上述原则。

第四节　正当法律程序的特征

近代以来的法律实践证明，一个称得上正当的法律程序，至少应同时具备以下几个特征：

一、程序角色分工明确、恒定

即程序参与者在角色就位后根据程序法的规定各司其职、互相配合、互相牵制。法官、原告、被告、公诉人、辩护人、代理人、陪审员、证人等，都参与决定的过程，而不是由法官或其他任何一人（方）决定。在正当法律程序中，角色的法律身份与分工基本上是不易的：原告提出主张和证据，追求自己利益的复归和权利的救济；被告有针对性地驳斥原告的主张及其证据，甚至可以反诉与反证，谋求自身利益的最大化和损失的最小化；公诉人代表国家，以国家的名义，宣张个案的正义愿景，在捍卫法律尊严的同时，助益受害人在精神上获得慰藉；辩护人以及代理人，作为参与程序的主体的影子代表，以在法律许可范围内谋求委托人的正向利益最大化和负向利益最小化为己任，依据事实，运用法律、逻辑甚至修辞，在实现委托人诉愿的同时，也完成一次次自我价值的呈现和展示；证人则各以其良心与智能，依照法律的规定，根据程序的进展，叙述自己所了解、所知悉的案件情况，助益程序参与者对案件事实的分析和判断，并利于最终的实体结论最大程度地接近客观公正，也由此体现出自己的存在意义；而程序的主持人在依法开启程序之后，非因法定的情由出现，则一直持续地一步一步地将程序进行到底，直至达成阶段的或最后的结论，在这一过程中，在清晰地倾听、系统地思考、理性地判断、逻辑地推理、中道地权衡的基础上，依其法定职责及时地总结和归纳出合法、公允的结论。

二、程序运行轨迹的一维、封闭

程序有着超越个人意志和偏好的特性,一旦启动,便沿着其内在的时序推演前行,直至达到实体的结论。正当程序首先关注和考虑的是法律问题,虽然时常关注道德、政策等因素,但那都是限定在程序的张力之内的,排斥具有决定权的法庭主持者过多地考虑法律之外的因素,尤其反对其从自身道德和功利角度去考量、斟酌以及过早地表明未来可能通向的结论性意见。这样一来,基于对各自利害的关心,对预期结果的未知,可以激起人们的极大兴趣,尤其是程序参与者角色活动可以被充分调动起来,形成一个对于未知结论的无限的想象和期待。

三、达致公正的透彻、可视

公正必须是清晰可见的,它必须借助看得见的过程和方式展示出来。程序中的每一个步骤和环节,都由程序法律明确规定和以最有影响力的渠道公布,使所有的社会主体有可能知悉。通过各种传播媒介广泛介绍,可以增强程序法规范的透明度和公开化,使其迅速贯彻执行。通常而言,程序是透明、可视的,严格地按照这样的程序运作下去,可以排拒各种非理性因素的干扰,达致接近的正义之境界。

四、不同主张的证据交换、质证

程序是在各种参与主体的互动行为中完成的。在互动过程中,各种证据的提出、交换和质证是其核心。在人类长期的法律实践中,在这个方面积累了相当丰富的经验和智慧。比如在我国刑事诉讼领域,公诉人、当事人或者辩护人、诉讼代理人对证人证言有异议,且该证人证言对案件定罪量刑有重大影响,人民法院认为证人有必要出庭作证的,证人应当出庭作证。公诉人、当事人或者辩护人、诉讼代理人对鉴定意见有异议,人民法院认为鉴定人有必要出庭的，鉴定人应当出庭作证。经人民法院通知，鉴定人拒不出庭作证的，鉴定意见不得作为定案的根据。法庭审理过程中，对与定罪、量刑有关的事实、证据都应当进行调查、辩论。经审判长许可，公诉人、当事人和辩护人、诉讼代理人可以对证据和案件情况发表意见并且可以互相辩论。这样的诉讼制度设计，凸显了我国刑事程序对于支持不同甚至相左的意见的证据，所采取的在法庭上彼此交流、相互质证的积极姿态，并对于那些无法依照正当程序要求圆满完成的证据呈现、强势压迫、刑讯逼供行为，采取了严明、断然的否定态度。"采用刑讯逼供等非法方法收集的犯罪嫌疑人、被告人供述和采用暴力、威胁等非法方法收集的证人证言、被害人陈述，应当予以排除。收集物证、书证不符合法定程序，可能严重影响司法公正的，应当予以补正或者作出合理解释；不能补正或者作出合理解释的，对该证据应当予以排除。"❶ 这也从另一个方面说明了支持不同主张的证据的搜集、出示、交换和质证的极端重要性。

五、冲突利益主体的商谈、妥协

虽然法律是带有强制性的规范体系，司法是被赋予强行色彩的纷争解决渠道，但通过各利益攸关方的互动、交涉、退让而达成合意的情形也是法与司法的目标之一。正是由于当事人之间存在利益冲突，才使得协商、谈判、沟通与妥协成为可能。"正当程序营造了一种特定的时空和气氛，用来保证程序参加者根据证据资料和预定规则进行直接、充分、平等的对话。这样做的好处在于使各种不同利益、观点和方案均得到充分比较和推敲，都能得到充分考虑和

---

❶ 根据全国人民代表大会《关于修改〈中华人民共和国刑事诉讼法〉的决定》（2012年3月14日第十一届全国人民代表大会第五次会议通过）新修订的《刑事诉讼法》于2013年1月1日起实施。见第54条。

推敲,从而实现优化选择,使决定最公正合理"❶。

总之,正当程序有助于限制程序参与者的恣意妄为、决定程序参与者的角色分工、规划程序参与者的交涉机制、维护程序主持者的职业自治、确保程序运作结果属于理性选择。

正当程序意味着程序的公正、合理、妥当、效率。公正、合理、妥当、效率的程序设计与运作无疑会大大增强社会主体对法律的信任、遵守和崇奉,强化法律的威严和效力。公正、合理、妥当、效率的程序能够极大地满足进入程序的社会主体对于平等对待的需求和期待,使参与程序之中的各社会主体得以在一种尊严、自由、充分的对话与交流氛围中完全表达自己的观点、主张和证据,并使程序运行过程具有交互性,使其结果具有可接受性。因此,在谋求法治化的现代社会,程序实际上业已成为法律运行的核心,甚至被誉为西方各种法学理论的最大公约数和寻求共识的最突出的收敛区。❷ 同时,正当程序本身强调完备、公道的意义,强调程序本身对于确立法律权威的重要性。此外,在各个领域,无论立法、行政和司法,都要求建立和完善重大问题事项的集体决策制度、专家咨询制度、社会公示和听证制度、决策责任制度,提高决策的透明度和公众参与度,等等。

第五节　正当法律程序的意义

如上所述,正当法律程序是现代法的特征,也是法治的内在要素和要求。在英美法中普遍认为,符合正当程序要求的程序才能实现程序正义,或者说,只有能够实现程序正义的程序才是正当程序。在近代法治语境中,正当程序原则意味着:权力必须公正、恰

---

❶ 张文显主编:《法理学》,高等教育出版社、北京大学出版社 2007 年版,第 187 页。

❷ 季卫东:"程序比较论",载《比较法研究》1993 年第 1 期。

第七章 法律程序论

当地行使,尤其当权力机关在作出对当事人不利的决定时,必须听取当事人的意见;公共权力也不得凭借立法的实施干预公民的自由生活,与此相应,代议机关的立法本身也必须符合公平与正义。

在现代社会生活中,正当法律程序的意义主要表现在实现权利平等、确保权力制衡、有效解决纠纷、推进权利实现、维护法律权威等方面,可以说,正当法律程序是实现权利平等的前提,确保权力制衡的机制,有效解决纠纷的保证,推进权利实现的手段,维护法律权威的保障。❶ 达到上述这些指标,对正当法律程序而言是责无旁贷的,其实这也正是程序的正义所冀望的。

---

❶ 详情参见徐显明主编:《法理学》,中国政法大学出版社2007年版,第169～170页;或张文显主编:《法理学》,高等教育出版社、北京大学出版社2007年版,第187～188页。

第八章 立法活动论

第一节 立法的概念及特征

一、立法的概念

关于立法的界说,有时指立法的过程及其结果,认为立法既指制定或改变法的过程;又指立法过程中产生的结果,即所制定的法律及其他规范性法律文件。有时强调立法活动的性质和活动结果,认为立法是认可、修改和废止法,因而有别于执法和司法活动。认可、修改和废止法的结果所引起的是法律规范的存废,这与执法形成和撤销决定或司法撤销或更改裁判是不同的。有时从广义上解释立法,认为立法是指从中央到地方一切国家机关制定和变动各种不同规范性文件的活动。有的时候又从狭义上解释立法,认为立法是指最高国家权力机关及其常设机关制定、认可、修改和废止法律这种特定规范性文件的活动。

本书认为,立法就是指法定的国家机关,依照法定的职权和程序,制定、认可、修改和废止法这种特定社会规范的活动。若仅从权力意义上言之,立法不过是立法权的运行过程及其产出的结果。在形式意义上说,所谓制定法也就是由合宪的国家机关以合宪的方式所制定及公布的法律规范系统,而这一制定及公布的活动,即为立法。"在民主制度下,惟有国民(复决),大多是由其代表者,亦即国会或者立法机关,而不是由行政机关来公布。"❶ 这也就是法理学说中常说的"狭义的立法"。这种狭义上的立法,即形式意义上的制定法的制定和公布,与行政法规、自治规章等具有法律意

---

❶ [德] 考夫曼:《法律哲学》,刘幸义译,法律出版社2004年版,第156页。

第八章 立法活动论

味的规范性文件的制定和公布一起,则构成了广义的立法。

法律是在社会的需要、期望和压力下形成的,正是社会的需要、期望和压力导致了法的生成。通常在法律通过之前就出现了包括道德伦理、风俗习惯等在内的社会规范力量,立法活动及其过程只是对社会的需要、期望和压力的反应性行为。法的生成范畴的提出和研究,目的在于揭示国家实证法与民间的自然法、国家的法律秩序与社会"自然秩序"、法的创制与法的发展的内在关系。法的生成的主旨在于表明:法并非是纯粹主观意志的产物,而是有其客观基础的,或者说,法是主观反映客观、主观与客观相统一的产物,同时还要强调法是在何种环境与条件下形成并发挥作用的。从生成的视角看待法律,传统法学所讲的立法,就既不是一项与以往秩序无关的活动,也不是一项一劳永逸的活动。虽然我们充分关注到,国家立法活动塑造了"正式意义上的法"或"纸面上的法",提供了"正式意义上的法的渊源",这是大陆法系国家的共同之处。但是我们也必须认识到,并不是所有的秩序都是由法律创建的,尤其是在社会的民事生活领域,法律最多能够提供数千个基本规则,人们的行为更多是依靠习惯、道德、政策、宗教等;由法律建构的秩序,有的是对原有秩序的认可,有的会随着社会生活条件的变迁而演进。因此,对于隐含于习惯、道德、政策、宗教等社会规范和社会现实中的"民间规则"的承认和尊重问题,也就不可避免地会出现在整个法的运行过程中。

从根本上讲,法是对现实的各种社会关系的总结、概括和描述,以及可预期的社会关系演进规律的揭示与展望的产物,它在人的主观能动的介入下,将一般社会关系明晰为权利义务关系,并在政治、经济、财产、家庭、契约等各个方面,揭示出每一类关系的共通特征,并确定其中所属的各主体行为的属性及其模式,制定成行为准则,形成了构成它的总体的各个部分——部门法,使社会得以按照理性的价值目标运转和发展,从而使得人类社会成员得以生活于法的环境之中。而且,法的发展,也是以现实社会事实上存在的社会关系及其主体的利益划分与配置格局的变化为基础，紧紧围绕着对现实社会关系的主体行为与利益变迁过程而展开的。立法可以说是对现实社会中客观地形成和发展起来的第一次利益分配状况的确认。因此，一方面，在整个立法中必须注意充分反映世情民意。这种世情民意需要通过良好通畅的渠道和途径定型化，才可能反哺为社会主体的自觉行为指南。立法活动作为权力运行的理性起点，若不能遵循世情民意，所立之法必会沦落为沙丘上的楼阁一般。在近代意义上，立法机关实际上不是在制造法律，而只是在记录或抄录人民向他们提出的法律而已。在记录或抄录法律的活动中，立法者甚至还必须倾听和考量与这些法律有关的、持有各种态度的人们的反应。此外，立法是特定国家为了对社会关系进行规范调整而通过特定的立法机关依照一定的立法权限和立法程序制定、认可、修改、废止规范性法律文件的专门活动。这种活动的实质，是将主权者的利益、愿望和要求转化为国家意志，并具体化、明细化为全体社会成员一体遵行的行为准则。在表面上、现象上看是创制的，但实质上却是生成的。法的创制虽然是人们自觉运用法律来规范社会行为的标志和起点，是法的运行的第一个环节，但其内容却并不是与以往历史无关的；同时，法的运行虽是法的创制的后果，但又是法的创制的继续，法在其运行过程中不断被丰富和发展。

　　从法理上讲，任何不是奠基于法定立法权限基础上的立法都是无效的立法；任何超越权限的立法，都是对立法权的滥用，同样也是无效的立法。为了防止和杜绝各种情形的无效立法的出台，同时确保正确立法得以实现，必须建立良好的立法监督体系，健全立法的反馈控制系统。尤其在社会关系日益复杂化的现代社会中，所谓立法，绝非仅为表达统治意志的工具，更主要的应是对社会利益配置结构状况的确认和对一般法理的认知。

二、立法的特征

立法的特征是指立法的本质的外化征象，或者立法的本质的次生属性。立法是一个有若干基本构成元素介入、渗透的过程及其产物。法定、机关、职权、程序、活动、结果等关键词表明，立法是一项复杂的系统性工作，至少涵摄了上述核心构成要素。

立法的特征主要包括如下几方面：

1. 立法的主体是法定的国家机关，即根据法律规定享有立法权限的国家机关

立法是最重要的国家活动之一。立法是以国家的名义进行的，但不是所有国家机关都有权立法，只有法定国家机关即有权立法的主体才能进行立法。特定时期国家的立法权究竟归哪个或哪些机关享有，主要取决于该国家的国体、国家管理形式、国家结构形式以及其他国情因素。

2. 立法是依据法定职权进行的活动

即享有立法权的国家机关还必须依照法律规定在法定的职权范围内或者在法律授权的范围内进行立法。享有立法权的主体也不能随便立法，而要按照自己享有的立法权限的级别、种类、有权采取的法的形式，对所能调整和应调整的事项立法。如地方立法主体不能行使国家立法权，只能制定行政法规的主体不能制定法律，只能行使提案权的主体不能行使审议权、表决权。立法主体不依自己的立法职权立法，就可能超越、滥用职权，也可能消极立法或怠于立法。

3. 立法是依据法定程序进行的活动

即立法活动是按照在先订立的程序并在特定的场域中最终完成的。立法绝不是随意地设定规范，而是享有立法权的政权机关依照确定的程序进行的揭示和确立法律规范并将其成文化的一系列活动。这种活动的开展过程具有特殊的规定性，它是分阶段、逐步地进行的。在立法过程中，既不得忽略其中的步骤，也不可超越其特

定的阶段。否则，将会导致立法结果的非法化。因此可以说，所谓立法程序就是指享有立法权的政权机关，在创制、改订和废止法律规范或法律文本过程中所依循的法定的阶段、步骤和范式。现代立法一般经过立法预备、由法案到法和立法完善诸阶段。其中由法案到法的阶段，一般都经过法案提出、审议、表决和法的公布诸程序。立法只有依程序进行，才能保证立法具有稳定性、严肃性、权威性和实效性。

4. 立法是运用特定立法技术进行的活动

立法技术是指在整个立法过程中产生和利用的经验、知识和操作技巧，包括立法体制确立和运行技术、立法程序形成和进行技术、立法预测技术、立法调查与规划技术、立法协调与决策技术、立法表达技术以及立法监督技术等。立法技术直接影响到立法的质量，以立法表达技术为例，任何规范性法律文件，除了习惯法外的绝大多数的法律规范都要求用一定的形式表达出来，而为了使立法表达得准确无误，符合立法的原意，就必须研究和熟悉立法技术。

5. 立法是制定、认可、修改和废止法律的综合性活动

立法的外延及于制定、认可、修改和废止四个方面。法的"制定"，是指现实生活中原本不存在某社会规范，而通过人们的立法活动直接形成新的具有法律效力的社会规范。法的"认可"，是指现实生活中原本就已经存在某社会规范，如习惯、判例、法理、条约或其他社会规范，有权的国家机关依其职权和程序承认其具有法律效力。法的"修改"，是指对于制定和认可的法律规范，由于政治、经济、文化等发生变化或立法者的认识水平提高，发现了原来制定或认可的法律规范的不当性或不完善性，而对它们作些改变，包括补充和删除某法律规范。法的"废除"，是指终止某法律规范的法律效力的活动。

6. 立法活动是或应当是公开进行的

其一，"法律是公开的"这一思想隐含在法的概念当中，本身

第八章 立法活动论

就是近代法律传统的精华之一。近代以来人们清醒地认识到，法律若非所有的人都能够极其便宜地获得和知悉，便无法发挥法律的约束力，彰显其规范意义。❶ 而且在宪政意义上讲，立法活动应当公开进行，应当是一项"阳光下的事业"。其二，立法场景中既有公开透彻的讨论、商谈，也有秘密的博弈、投票。现代立法基本上已经可以达到多数表决制所要求的尊重多数人理性的目的，然而却难以真正实现对少数人意志的尊重这一层含义。"尊重少数"意味着讨论时少数派应有自由表达意见的权利，其言论、观点应受到重视并记录在卷，以供参考和选择；意味着少数派所享有的宪法和法律所保障的公民权利，不能被多数派所剥夺。其三，立法活动的开展过程必须是开放而富有权威的。肩负立法权力的国家机关只有拥有强大、周密、有效的法定权威，其展开的活动才能够独立自主地进行下去，其立法活动及其成品——法律才能够周详、细密，法律才能够在现实生活中得到切实的贯彻、落实，才能够拥有效力。

7. 立法活动是一项持续、动态、系统的立体工程

稳定、有效、持久、具体、能动、常态是立法必须坚持的。说到底，立法是以公开的方式确认、保障那些有利于主权者的社会关系和社会秩序、协调社会纷争和解决社会矛盾、对未来社会情势的变动和社会关系发展作出预测为目的的活动。

在立法方面要坚持从实际出发与注重理论指导相结合，客观条件与主观条件相结合，原则性与灵活性相结合，稳定性、连续性与适时变动性相结合，总结借鉴与科学预见相结合，中国特色与国际大势相结合；需要正确处理立法的超前、滞后与同步的关系，并分清轻重缓急，合理安排立法规划，确立立法的先后顺序；在进行法的制定、认可、修改和废止等活动之际，需要充分顾及各种法之间的纵向、横向关系以及法的内部结构的协调一致问题，要特别注意

---

❶ ［德］N. 霍恩：《法律科学与法哲学导论》，罗莉译，法律出版社 2005 年版，第 83 页。

避免法律规范之间以及不同的规范性法律文件之间的冲突。

第二节 立法的体制

一、立法体制的含义

立法体制亦即立法权限划分，是指国家在立法领域中确定有关国家机关可否分享立法权限以及如何分享的制度性安排，既包括立法、行政、司法诸机关之间的横向立法权限的划分，也包括中央和地方国家机关之间纵向立法权限的划分，有时也包括具有创制规则意味的解释权限的划分与配置。

由于立法是法治的基础环节，立法体制的状况又会直接影响到立法的水平和质量，所以，建立和健全一套完备、高效的立法体制至为重要。为此，在建构和确立立法体制时，必须要依据宪法建构，这是维护法制统一，保障立法活动合宪性的重要原则。如前所述，宪法在一个国家的法律体系中占有主导地位，起核心作用，是一个国家法制的基础，它规定了国家机关组织和活动的基本原则，是其他一切法律、法规存在的基础和依据。一个国家的立法体制只有建立在严格遵守和坚决维护宪法的基础上和前提下，才能创制和形成各不同层级的法律规范之间以及规范性法律文件之间和谐有序、相互协调的统一的法律体系，才能避免和防止地方保护主义、部门保护主义以及其他各种利益集团出于谋取不当利益之考虑而对法治的干扰和破坏。

同时，在一个现代国家中，建构立法体制也应当坚持和遵循从国情出发、有利于法治原则。现代社会更为显著的标志，就在于要求建设法治国家，实现国家生活的法治化和法治生活的现代化。立法体制的确立是国家和社会开展立法和走向法治状态的前提和基础，也有利于推进法治化进程，而且它本身也需要坚持法治原则。

二、立法体制的影响因素

影响一个国家立法权限划分的因素很多，诸如一国的国体、国家政权组织形式、国家结构形式、历史传统以及民族状况等，但其中最直接的影响因素是国家政权组织形式与国家结构形式。考诸各国立法史，可以发现，立法权限的划分与一国的国体、政体、文化传统、地理环境、民族状况、宗教影响等因素密切相关，但总的来说，无论何种体制的国家，都存在中央政权与地方政权之间的立法权划分与配置问题，而且在组成同一级别的政权的各个不同的机构之间，特别是在中央一级司职立法、司法、行政的各个机构之间，也存在对法的发现与确认权的划分与配置问题。一般而言，在一个完善的立法体制下，作为整体的立法权具有统一性、权威性、结构性和综合性等特点。

我国是一个集中的、统一的、单一制的多民族的社会主义国家，国家的"一切权力属于人民"，人民当家作主的国家性质要求国家的立法活动首先应由体现人民意志的最高国家权力机关——全国人大及其常委会行使国家立法权。同时，我国也是幅员广阔，人口众多，各地区、各民族经济、文化发展很不平衡的发展中国家，而且践行"一国两制"基本国策，这些国情因素的综合作用决定了不可能单靠统一的国家立法解决各地复杂的问题，这就从根本上决定着我国在立法方面需要有一定程度的分权，确立中央和地方两级多层次的立法体制，让有关机关分别制定行政法规、地方性法规、自治法规和特区规范性法文件等。

当代中国的立法体制，既不同于联邦制国家，也不同于一般的单一制国家，对立法权限的划分，实行的是中央统一领导、中央和地方两级并存、多层次多类别结合的立法体制。

我国目前在立法权限划分与配置方面大致形成了"两级多重"的立法体制。所谓"两级"，是说我国虽然是集中制国家，但在现行的立法权划分与配置方面却形成了中央政权立法和地方政权立法并存的格局。所谓"多重",是说中央政权和地方政权的立法及于多个层面:在中央,包括全国人民代表大会确立基本法律、全国人民代表大会常务委员会确立其他普通法律、国务院和中央军委根据宪法和全国人大常委会授权创制行政法规、国务院各部委署办制定行政规章;在地方,又分三种情形,即特别行政区立法、民族区域自治地方的区域自治立法、各省和直辖市以及国务院批准的较大的市的人大及其常委会创制地方性法规和相应级别的人民政府制定政府规章。

第三节 立法的原则

立法原则是指立法者在立法过程中必须遵循的准则,实质上是立法所应遵循和追求的目的、价值、理念和精神。不同类型的社会,不同时期的国家,其立法活动所倡导和遵循的原则是不同的。

在立法中坚持一定的原则,是保证立法的合法性、民主性、科学性,保证所制定的法律是良法的基本保证。

我国当前应当遵循的立法原则是在吸收以前各国立法经验基础上的集大成。总体上说,立法活动必须坚持以下原则。

一、适时原则,即立法要坚持放任性与控制性相结合

适时原则强调的是适时、适事立法,即该立法时则立法,该立法的事项才立法。

由于法的目标之一是解决社会问题,因此它不是针对一些人的特殊的个别规定,而应该成为对人类的生活实际的自觉抽象和反映。真正的法或者善法应该反映它所调整的对象的客观运行规律及运行过程中的各种要素。要做到这一点,法对社会关系的抽象和概括就应建立在立法主体对客观规律认识和把握的基础上,应符合客观规律,具有真实性与可行性,并应与社

会政治、经济、文化生活的历程一起进步。[1] 这就要求立法者认识到法的必然性，自觉地通过相应的法律活动满足人们的法律需要，否则人们的法律调整活动就是盲目的。只有当人们的法律活动符合法的发展的规律性，并自觉地利用对法律的规律性的认识时，才能提高法律调整的效果，从而达到目的。有的法律没有反映事物发展的必然性，那么它缺乏法的内容，不是法的构成部分，这些法律就没有达到目的与规律、主观与客观的统一。不反映事物发展规律的法律实际上只是一种任性，它将难以在现实生活中实现。

二、民主原则，即立法要坚持职能性与民主性相结合

该项原则有时也被表述为"专门机关工作与坚持群众路线相结合"。

立法的职能性，是指立法是立法机关的一项法定的庄严权力，它必须由立法机关在法定职权范围内并依照法定的立法程序来实施，方能形成社会普遍信守的承载着权威性的关于令行禁止以及放任行为的规范化法律文本。而且，作为法律规范的发现、创造和确立者，立法机关必须恰切、充分地完成该项职能。

立法的民主性，是指在立法活动中，坚持立法的民主机制和民治取向，使社会公众参与到立法过程的各个阶段和环节之中，充分反映民意、广泛集中民智，推进立法工作的民主化程度和水平，真正让立法活动成为表达公民意愿、反映百姓呼声、凝聚全民志向的

---

[1] 法律的发展，无疑是受到政治、经济、文化等诸多社会因素的影响与制约的。但法是社会发展与进步的催化剂，也是在谋求社会稳定与秩序方面最有效率、最有保障实现的强大工具。法应随着社会的进步和时代的变迁而作适当的变革，与社会一起进步，此乃一个不争的历史经验。法应当是稳定的，但是它也不应该踏步不前。现代社会是在构成它的全体社会主体的互动以及法律与社会自身的互动中发展与进步的，发展与进步是社会变迁的一种形式。法通过对特定类型社会关系的确认的方式规定和规范着其主体的预期行为，并以此控制和制约着社会变迁的进程。

活动与过程，真正造就切实保护民众人身权利、财产权利、文化权利和政治权利的良法。在我国当前，也应"充分发挥人大代表在立法中的作用，不断扩大公民对立法的有序参与；切实做到集思广益、凝聚共识，使我们制定的法律法规充分体现人民群众的共同意愿"。以全文公布草案的方式向社会征求意见，成为立法的一项常态机制和民主性的重要体现。

实践证明，充分吸纳民意的立法可以为法律的顺利实施消除某些潜在的障碍，可以在相当程度上提升公众对法治的期望和信心。❶ 现实中的立法听证作为一种民主立法制度，它的推行，可以为相当广泛的社会主体提供具有制度保障的经常化的民主训练的空间范围。这不仅为立法者开通了一条广泛有效的收集信息的渠道，使其得以依据客观的信息和事实作出正确的立法决策，而且对立法获得广泛和比较深入的社会基础也是大有益处的。

三、科学原则，即立法要坚持生活性与科学性的沟通

立法的生活性强调两个方面：其一，立法必须反映社会生活的真实场景和实际情形，立法的内容虽可能或者有必要保持适度的超前性，但不能借此而扭曲社会生活的客观要求和社会公众的规范需求。其二，"通过立法制定的法律规则是通过语言文字的形式表现出来的"❷。立法活动要通过并借助社会公众知悉和懂得的语言来表达。通过立法者的立法所建构的制度应当"是建立在可以看得见的、因此也是建立在可以批判性评价的适当性的基础之上的"❸。它也必须是一种生活化语言，"否则，它将无法有一个向日常语

---

❶ 高志明："制度公正与博弈均衡——一种关于法律制度的博弈论分析"，载http://www.blogchina.com/new/display/16738.html。

❷ [美] 布莱恩·比克斯：《法律、语言与法律的确定性》，邱昭继译，法律出版社2007年版，导读（代译序），第5页。

❸ [德] 科殷：《法哲学》，林荣远译，华夏出版社2002年版，第133页。

言、市民的语言的延续线"。像所有的其他专业语言一样,"法律语言不能与日常语言任意地远离"❶。

立法的科学性强调,立法活动应当坚持从实际出发,科学合理地规定公民、法人和其他社会组织的权利与义务、国家机关的权力与责任。具体来说,就是在方法上做到坚持从实际出发,走群众路线,原则性与灵活性相结合,稳定性与发展性相结合,总结经验与借鉴吸收相结合;在技术上做到各种法律之间的相互一致和相互协调,做到法律规范逻辑结构的完整性、法律文本各组成部分的有机搭配及有序排列,立法语言的明确性以及所立之法的可行性等。

四、连续原则,即立法要坚持安定性与发展性相结合

连续原则强调,立法应当连续、稳定。立法形成法律文本或权威判例,就应保持其相对的稳定效力,不可朝令夕改,否则,受其调整的社会主体就会不知该如何行为,社会关系将不再稳定与和谐,法的作为社会主体行为模式的规范功能就会降低乃至于丧失。保持法的整体上的相对稳定对任何一个现代文明的法治社会来说都是极为重要的。

虽然"一般安全中的社会利益促使人们去探寻某种据以彻底规制人之行动的确定基础,进而使一种坚实而稳定的社会秩序得到保障。但是,社会生活情势的不断变化却要求法律根据其他社会利益的压力和种种危及安全的新形式不断作出新的调整。因此法律秩序就必须既稳定又灵活。人们必须根据法律应予调整的实际生活的各种变化,不断地对法律进行检查和修正。如果我们探寻原则,那么我们就必须既探索稳定的原则,又探寻变化的原则"❷。"社会在

---

❶ [德]考夫曼:《法律哲学》,刘幸义译,法律出版社2004年版,第187页。
❷ [美]罗斯科·庞德:《法律史解释》,邓正来译,中国法制出版社2002年版,第2页。

不断变化,随着新环境的出现,观念和道德标准也随之发生变化。如果一种法律制度处于冻结和不可改变的状态,那么在这一制度与社会需要之间迟早会出现一道鸿沟。"❶ 反之,假如仅仅看到及时的立法在呼应社会进步和推动社会发展方面的积极建树,而无视立法的实际实现基础条件的话,也会走向另一极端。因此,立法活动应当与社会的发展与进步保持同态频率,适应社会的发展与进步,呼应着新的规范需求或社会对规范的新需求,适时、适度地进行新的法律创造、续造,或者及时、切实地进行法规清理、废止、修改、完善规范性法律文件及有关法律规范。

五、人性原则,即立法应坚持以人为本,规范人与发展人相统一

立法需要充满人性,即"以人的标准对待人",这首先要求必须从保护的立场而不能随意剥夺人之所以为人的基本权利,要求国家保护全体社会成员的基本权利。其次,必须承认人是有弱点的,承认人在某些时候可能失去理性,可能犯错误。因此,我们就不能以"人性善"作为法律建构的立足点和出发点,而要考虑到人性的弱点,以谋求校正和改善之。这要求立法者必须具有非凡的才智和品格。坚持立法的人性原则可以从以下几个方面着手。

1. 贯彻宽和性与严厉性相结合

当前我国在刑事司法实践领域,常常倡导"宽严相济",并将其作为一项重要的刑事政策,极力推进。但实际上,"宽严相济"从全局意义上看,是一种基于传统文化的社会控制理念,它在刑事司法实践领域和行政管理领域等社会控制领域都应加以贯彻和实践。在立法领域也不例外,甚至首先应当在立法领域,在这个为社

---

❶ [澳] 维拉曼特:《法律导引》,张智仁、周伟文译,上海人民出版社2003年版,第246页。

会提供规则、为管理者和控制者提供规则依据的环节上,坚持宽和性与严厉性相结合的原则。

2. 概括性与针对性相结合,抽象性与具体性相结合,一般性与特殊性相结合

"法律不能仅仅是个别化。它必须在各个个案的所有考虑中注意到它的应然特质,并且维持一般性及规范性的最低标准。"❶比如根据现代公司制度的发展实际,公司并不一定是社团性的法人,可以是一个人组成的法人。但具有一般性、普遍性的绝大多数公司都是社团法人,一人公司只是一个特殊的例外,是极少数。所以,我国公司法的原理、制度和规则等比较多地基于社团法人的结构来构建。但一人公司毕竟是一个事实存在,为了能够更好地、全面地规范各种公司的活动,我国新公司法最终在承认一人公司的同时,也对它作了特别的、系统的规定,施加了一些特殊的要求和规则。

第四节 立法的程序

一、立法程序的含义

立法是享有立法权的国家机关依照确定的程序进行的揭示和确立法律规范并将其成文化的一系列活动,这种活动的开展过程具有特殊的规定性。在立法过程中,既不得忽略其中的步骤,也不可超越其特定的阶段。否则,将会导致立法结果的非法化。因此,立法程序就是指享有立法权的国家机关,在创设、改订和废止法律规范或法律文本过程中所依循的法定的、公开的、固定的阶段、步骤和范式。

从形式上讲,立法程序具有以下三个特征:

---

❶ [德]考夫曼:《法律哲学》,刘幸义译,法律出版社2004年版,第185页。

(1) 立法程序是法定的，是先定化、制度化、法律化的程序。

(2) 立法程序的控制和运行主体是依法享有立法权的国家机关。

(3) 立法程序是由法定的步骤和方法两个要素构成的，步骤指的是程序的阶段性，方法则是指各个步骤实现的方式。

二、立法的具体步骤

通常情况下，立法的基本程序包括四大步骤，即提出法律议案，审议法律草案，表决法律案，公布法律。

（一）提出法律议案

提出法律议案就是由享有立法提案权的机关、组织和人员，依据法定程序向有权立法的机关提出关于创制和变动规范性法文件的提议的专门活动。在当代中国，全国人大主席团、常委会、各专门委员会，全国人大的1个代表团或30名以上的代表，国务院，中央军委，最高人民法院，最高人民检察院，可向全国人大提出属于全国人大职权范围内的法案；全国人大常委会委员长会议、常委会组成人员10人以上，国务院，中央军委，最高人民法院，最高人民检察院，全国人大各专门委员会，可向全国人大常委会提出属于常委会职权范围内的法律议案。

（二）审议法律草案

审议法律草案是由享有立法权的机关运用对法律草案的审议权，决定其是否可以进入表决程序、是否需要加以修改的专门活动。参与者在各种会议上讨论草案，就法律草案作辩论发言，是审议法律草案的主要形式和主要环节。在外国，有的国家法律草案经过一次全院大会辩论审议，有的国家要经由议会两次或三次大会审议，这些程序在立法中被称为"×读"程序。其中多数国家审议

法律草案的程序都采用"三读"审议。❶

（三）表决法律案

表决法律案是立法程序中具有决定性的阶段。表决法律案是通过立法的必经阶段，是法律案获得通过的前提，每个列入审议议程的法律案都要经过表决这一程序，但并不意味着进入表决程序的法律案都能获得通过。表决法律案的程序选择主要有三种模式，即普通程序、特别程序和全民公决。普通程序就是以普通多数票表决通过法律案。特别程序是关于一些特别重要的法律案的表决程序，通常需要经特别多数，如 2/3 或 3/4 以上多数才能通过。全民公决是国家对一些特别重要的法律案提交全体公民投票表决通过的程序。许多国家规定了全民公决程序，如法国、瑞士、意大利、奥地利、丹麦、德国等国。提交全民公决的法律案主要是宪法性内容，如涉及领土和政体变更，国家部分独立或接受新居民加入国家，加入国际或区域联盟等。

表决法律案的基本方式，通常有公开表决和秘密表决两种。目前各国表决法律案时普遍采用公开表决的方式。在中国，全国人大表决法律案，采用无记名投票方式、举手方式或其他方式。

（四）公布法律

公布法律是立法的最后阶段。法律案获得表决通过后，应当在一定期限内公布，公布一般刊登在政府公报或议会公报上，公布通

---

❶ 在实行"三读"的国家，"一读"主要是宣布法案的名称，初读一次并规定下次审议的时间。在实行"二读"或"三读"的国家，有的法案提交常设委员会审议前，要就议案的一般内容、原则进行一次辩论。（实行"一读"通过的国家，在讨论初期也是先讨论法案总的原则。）在辩论通过后，再交有关常设委员会审议、修改，并提出审议报告。英国议会就是如此。在实行"三读"制的国家，议院要再开展一次辩论，对议案的条款和委员会的修正意见，进行详细审议。即使"一读"制的国家，也有一个这样的审议过程，并提出修正意见，重交委员会研究定稿。最后，法案再交全院大会，除特殊情况，不经辩论逐条表决通过。参见蔡定剑：《中国人民代表大会制度》，法律出版社 1998 年版，第 125 页。

常由国家元首进行。一切法律必须公布于众,因为法律旨在为所有人提供一般性的行为准则。这就意味着国家有义务公布法律,公众有权利知悉法律。法律作为一种公共信息,如果其传递的途径不能够为广泛的社会主体所知悉和接触,是很难影响到其接受者的行为,亦难以发挥其作为社会关系的调整器的力量。❶ 在我国,根据宪法和有关法律的规定,法律、行政法规、地方性法规等法律文本,依法应经有关人员签署、副署或联署。❷ 凡是未经公布的"内部规定"或替代公开化的法律的秘密法律文本都不能担当法的使命。

第五节 立法活动的延伸:规范性法律文件的规范化与系统化

立法活动完成之后,所形成的规范性法律文件就具有了普遍的约束力和广泛的遵守力,但这并不意味着立法活动的结束,更不意味着立法活动可以一劳永逸地为社会提供永远适宜的规范化的行为模式。法律创制之后,就会保持相对的稳定性或安定性,但社会生活却是变动不居的;业已生效的法律乃至此前的立法活动,毕竟是当时的立法者根据当时的立法经验、技术、认知等进行的,随着社会实践的发展、科学技术的进步、理性程度的提升,对已有立法产品可能存在的问题的判断水平、发现能力以及与社会发展协调地修正、完善能力都会有所提升。而且,随着大规模立法的展开,各个

---

❶ 正如美国法学家安·塞德曼等所正确指出的:"任何法律规定必须要宣传到角色承担者……信息传达到其对象所用的渠道有力地影响着其接受者理解并服从他的方式。将一项法律刊载在政府公报上公布不可能影响农民的行为。"参见[美]安·塞德曼、罗伯特·B. 塞德曼:《法律秩序与社会改革》,中国政法大学出版社1992年版,第144~145页。

❷ 我国现行《宪法》第80条规定:"中华人民共和国主席根据全国人民代表大会的决定和全国人民代表大会常务委员会的决定,公布法律"。《国务院组织法》第5条规定:"国务院发布的决定、命令和行政法规……由总理签署。"

第八章 立法活动论

层级和各个部门的规范性法律文件数量急剧增加甚至膨胀，出于法律体系建构与法学理论研究之需，也有必要适应理论与实践的新发展，对其加以整理、分类和汇编，以便于学习、研究和运用。

作为立法的延伸之举，法规清理、法律汇编、法典编纂都是规范性法律文件的规范化与系统化的重要形式和途径，也是法律体系建构的基础性工作和日常性要求。

一、法规清理

法规清理是指拥有相应的立法权的国家机关对已经明显不适应经济、政治、文化与社会发展的需要、前法与后法不尽一致或者不够衔接、可操作性不强的法律规定，经由审查、整理、废止、修改、解释、配套等方式进行分类处理，促进法律体系的科学、统一、和谐，重新确认其法律效力，保障其实施的重要举措，是法律体系建构的延伸性立法活动之一。清理法律的国家机关一般是制定或发布该项法律的国家机关，清理的对象是一定时期和范围内已经生效但尚未明令予以废除的规范性法律文件。虽然法规清理对法的内容不直接进行任何修改、补充，但是实施法规清理的结果（包括废止、修改等），只要经由相应的国家机关通过并公布，就具有了更富权威性的法律效力。

近年来，为适应加入世界贸易组织之后的国际规则和形成中国特色社会主义法律体系，我国进行了卓有成效的法规清理工作。如2009年，全国人大常委会作出两个决定：一是关于废止8件法律和有关法律问题的决定，二是关于修改部分法律的决定，"打包修改"59部法律当中的141个条款，集中对现行法律中存在的有关问题进行了清理。2010年又集中进行了行政法规和地方性法规的清理工作，废止了7件行政法规，修改了107件行政法规中的172个条款，废止了455件地方性法规，修改了1417件地方性法规。❶

---

❶ 中国新闻网《中国完成法律法规清理 法律规范实现内在和谐统一》。

二、法典编纂

法典编纂是指对以前公布实施的各类法律、行政法规、地方性法规或行政规章等，按照一定的原则和方法分别对其进行加工、整理、修改和完善，并依据一定的体例、结构等编纂成统一、有序、体系化的规范性法律文件。法典编纂也是一种立法活动，只不过是在前期已有立法成果和立法经验的基础上的一种续造与更生，通过这样一个法典编纂活动，相应的法律、行政法规、地方性法规或行政规章的质量得以提升，技术含量更加丰富，内容更加适宜，体例更加合理。法典编纂不同于法规清理和法规汇编，法规清理和法规汇编不改变原来的法律、行政法规、地方性法规或行政规章的体例、结构及内容，而仅仅是将那些业已失效和应当失效的清理出来并宣布废止，把现行有效并将继续有效的汇集在一起。而法典编纂是对现有的相应法律、行政法规、地方性法规或行政规章进行解析，剔除存在重复、矛盾、冲突之处，并按照新的体例、结构和框架，对其内容加以编制、修订，以法典的形式重新构建并以新颖的规范性法律文件表现出来。

法典编纂可以分为法律的编纂、行政法规的编纂和行政规章的编纂；也有在法典化过程中，依据所涉及的内容、方法或调整的社会关系的不同而对相应类别的法律、行政法规、地方性法规或行政规章实施的综合性编纂。

法典编纂有利于保持法律的连续性、稳定性，也有助于提升规范性法律文件的权威性，是对完善立法的大有裨益之举。

三、法规汇编

法规汇编是指包括国家机关、社会组织、学术机构、公民个人在内的社会各界，基于学习、宣传、利用或研究便利的考虑，按照一定的标准或方法将相关的规范性法律文件汇编成册的活动。作为规范性法律文件系统化的一种重要形式，法规汇编由于所依据的标准不同，汇编的体例和风格也有差异。总的来说，对国家机关或其部门来说，主要是从本系统或部门的需要出发进行汇编；对于规范性法律文件的创制机构来说，则往往按照规范性法律文件的发布时间、涉及内容等方面的因素考虑来进行汇编；而对于一般社会公众个人或学术机构及其研究人员来说，则更多地会考虑到查阅便捷和利用顺畅等因素来进行汇编。

尽管法规汇编也是规范性法律文件系统化的重要形式，本身也具有系统化的特征和表现，但是法规汇编毕竟既不改变规范性法律文件的内容，也不改变规范性法律文件的体例、结构、条款等，因此它不是一种具有立法性质的活动。

第九章　法律方法论

第一节　法律方法释义

一般意义上的方法或者说日常关于方法的语义，一些辞书已经作了比较详细的解释，比如《汉语大词典》对"方法"一词的解释是：测定方形之法；办法，门径；方术，法术；法则。❶ 我国台湾地区出版的《大辞典》对"方法"一词的解释是：量度方形的法则；为达到某种目的而使用的手段、办法；道术，法术；指使用科学与逻辑的程序与技术作为研究的途径。❷《现代汉语词典》对"方法"一词的解释则是：关于解决思想、说话、行动等问题的门路、程序等。❸ 在现代汉语中，人们通常所采用的"方法"一词的意味主要侧重于为达到某种目的而使用的手段、办法、方式或途径等。

对法律方法的说明和解读离不开关于一般意义上的方法的语义阐释。在广义上，法律方法是指所有以法律为手段解决社会矛盾、冲突与纷争的方式、步骤、途径的统称。在中义上，法律方法是指在立法、执法、司法、法律监督等法律运行的各个环节上采用的各种手段、方式、办法、途径等。而在狭义上，法律方法是指拥有较为健全的法律思维的法律职业者，在利用法律服务于纷争解决、案件处置和法律运作的过程中，基于法理的、伦理

---

❶ 罗竹风主编：《汉语大词典》（第六卷），汉语大词典出版社1990年版，第1560页。

❷ 台湾大辞典编纂委员会：《大词典》（中），三民书局股份有限公司1985年版，第1995页。

❸ 中国社会科学院语言研究所词典编辑室：《现代汉语词典》，商务印书馆1983年版，第306页。

的、逻辑的、技术的多重考量，谋求法律的最优适用和最佳效果的方式、手段、途径等的统称。专门的法律方法论所指向的主要是狭义的法律方法。

法律方法中的法律思维是一种在法律实践中积累、训练、养成和运用的独特思维方式，是一种崇尚法律规范控制的、擅长平衡各种利益冲突，倾向于把各种利益冲突纳入法律框架内加以解决的思维方式，是人类智慧中规范化情结的集结地和展示场。法律思维着眼于通过正当程序进行思考，运用法律概念进行观察、思考和判断，经由法律思维过程所通向的结论是确定的。

而法律方法含义中的法律职业者，则是经受过专门的法律知识修习，具有职业的法律素质教养的群体。因此，法律方法是法律职业者立足于法律制度或法律体系框架之内，根据现行法律体系来思考法律实践命题，所指向的是关于法律职业者的法律运行实践或怎样恰切、妥当地适用法律于个案，亦即寻求揭示和阐明法律是如何、应当如何由法律职业者在实践中有效运行及其运行规律等。

综上所述，法律方法的核心是法律职业者确证如何恰切、适中、妥当地将法律适用到个案的实践中才是最优的方案、做法与选择。在学理上，关于法律方法的体系，就是法律方法论。法律方法论是一个关于并包含着对法律解释、法律判断、法律推理等法律方法的思维体系，其中承载着法律思维方式的基本范畴。诸如利益衡量、价值判断、逻辑推演、规范阐释、利害取舍等。

第二节　法律方法的分类

法具有不以人的意志为转移的客观性质，在立法对社会关系的确定与认可过程中，在执法与司法的各个环节，都不能无视这种法的客观规律性，更不得违背法的客观规律性。当然，我们在承认与强调法的客观规律性的时候，本身也隐含着人的存在，即在其中存在人的主观认识和意志的作用。即从作为社会主体的人与作为对象的法律关系方面而言,法的规律性既是客观的,又是可以认识的,主权者尊重法的客观规律性并按照法的客观规律性行事就可以达到法的宗旨与目的。对于主体而言,对待这种客观性的态度主要是予以充分的理解与尊重。因此,它不仅要求按照客观法的本来面目来认识和解释它,而且也要求人类按自己的本来面目和人们对客观法的需要的现实,来理性地认识人与法的关联的存在状况与价值。这个过程是需要通过人类的法律思维来完成的,而法律思维的存在与否及其活跃程度的一个基本视野,就是法律方法的呈体系化展现与合理化运用。

一、利益衡量方法、规范阐释方法、逻辑推演方法、过错推定方法

这是依据法律思维方式的基本范畴的不同,对法律方法所作的分类。

(1)利益衡量是指当社会关系主体之间的利益发生冲突,需要作为第三者的权力主体介入予以调节之际,对其中所涉及的包括国家利益、社会公共利益、当事人之间的个人利益在内的各种利益及其价值进行度量、定性、定位、协调与平衡,发现利弊得失或分清轻重缓急,寻求一种支持最终取舍决定的妥当举措、策略与方式。将利益衡量运用在法律解释场合,既是一种论证与验证的法律方法❶,也是一门展示衡平、公正的人生智慧。这种方法是法律解释者根据案件所涉及的利益状况,针对即将适用的法律规范或文本可能涉及的利益冲突实际或改变格局的预期,进行审慎的斟酌、思索与考量,通过逻辑严密的论证与验证过程,旨在谋求一个合乎伦理与技术的双重内核的合乎正当性的恰切、适中结论。因其涉及考虑的利益存在价值的有无、大小、轻重等,故而有时也可称之为价

---

❶ 王利明:《法律解释学》,中国人民大学出版社2011年版,第60~61页。

值判断方法。

（2）规范阐释是指法律的创制者或适用者针对已经存在的适合于运用到具体个案的法律规范，就其适用前提或范围、法定行为模式的多层性构造或格差性情状以及评价结论或后果归结的类型、标准、强度等，作出既合乎原意、逻辑及规范性，又契合社会进步潮流以及社会法律观念的更新的规范阐明、意义释疑，以排除可能质疑的法律思维活动及其实践。通常是就某一规范如何适用以及为何必须如此适用所作的解释，有时会溯及原意，挖掘立法意图；有时会探求法律真谛，揭示法律真理；有时会呼应社会发展，强调法律规范适用的适宜适时。

（3）逻辑推演是指在法的适用过程中，司职法律适用者运用归类、总括、类比、推论、演绎等方式及其原理，合乎理性又不失创造性地说明法律文本的文义，界定法律范畴的外延，以谋求使既有的法律范畴和法律文本适应现实社会生活的多样化、复杂化变化态势。法律推演方法之所以存在，主要是由大量的法律范畴的高度抽象性和相当多的法律条文的高度概括性，以及法律范畴、法律文本应与社会发展相呼应、与社会发展进步保持同态频率的内在要求所决定的。

（4）过错推定是指在案件事实真相待定的情况下，负有举证责任的一方如果不能证明自己没有过错或不能证明对方有过错，即推定为自身有过错，依法承担不利后果。这种法律方法在涉及垄断性私权力和管理性公权力的案件时，诸如医疗纠纷案件、行政诉讼案件、环境侵权案件等，实行举证责任倒置的举证制度安排，如果医疗机构、行政机关、环境侵权企业等，不能或没有证据证明自己的清白，则要依法承担不利后果。

二、法律发现方法、法律识别方法、漏洞补充方法、类推适用方法

这是依据法律适用者适用法律规范的顺序，对法律方法所作的

分类。

(1) 法律发现是指在司法过程中，法律适用者寻找、判断、选择与确定适合运用于待决案件并直接作为案件处置准据的相关法律原则、法律规则的法律方法。

由于法律自身的抽象性、概括性、模糊性、超前性、滞后性以及法律术语的歧义性、不周延性，常常导致司法过程中司法者适用法律时看到一些陌生区域甚至漏洞、空白地带，这就决定了司法者在审理、裁判案件时，需要在庞大的法律体系（至少在利用特有方法调整该类社会关系的法律部门）中去寻找、判断、选择和确认适合于本案的法律原则与规则。通常情况下，司法者受理个案后，立刻就会根据案件性质确定该从哪个法律部门发现法律原则与规则；而通过阅卷或法庭调查，便会进一步清楚应该选择、适用哪一个法律原则和规则或者哪一部法律及哪一条法律条文。尤其当司法者在特定法律领域积累了丰富的办案经验之后，对自己所审理的同类案件及其所适用的法律与文本，会非常熟知，只要根据正在处理的个案与以往同类案件的某些细微差异，即可在法律体系中寻找到现成的可资直接适用于个案的法律原则与规则。

(2) 法律识别作为人类法律思维活动的一个现象，指的是司法者在直面待处理的案件时，在对案件事实进行意义判断的基础上，依据现行法律制度和理念，发现其与法律间有无联系、有何联系，从而确定其是否具有法律意义、属于何种法律性质的问题，以及应该适用何种法律原则与规则、这样的法律原则和规则是否足资在该案中加以适用，等等。

法律识别作为一种法律方法，主要是基于在司法过程中，司法者所遇到的法律渊源不仅数量庞大、部门众多、结构复杂，而且还处在一个动态的发展完善过程中，不仅已有的法律规范形成时间不一，而且还在不断地丰富、完善着，不通过进行有效识别寻找到待决案件所涉及的事实与有关的法律规定之间的内在联系，就无法判定事实的性质，更难以发现应该加以适用的恰当法律原则和规则，遑论谋求依法恰切、妥当、适中地解决案件。所以，必须进行必要的法律识别，在确定案件事实的性质的基础上，识得、辨别、对比、甄选、权衡和确定那个（或那些）与案件事实最为契合、最适用的法律原则、规则。一般来说，司法者对案件的法律性质进行识别是其处理案件的第一步；在查明案件事实具有法律性质，属于法律调整范围之后，则进一步辨别、确认属于哪一个法律部门调整、有哪些具体的制度化规定。司法者对案件事实进行的微观类型化识别的最终目标，在于确定与待决案件相互匹配的具体法律原则和规则；理想状态则是将法律识别的结果恰如其分地适用到各该案件的解决之中，作为解决纷争的法律依据。

（3）法律漏洞是指与立法宗旨、目的、意图脱节而导致的法律缝隙、缺漏或残缺，漏洞补充是对此类法律缝隙、缺漏或残缺的修复、弥补与充实。法律漏洞往往是"由于立法者未能充分预见待调整的社会关系，或者未能有效协调与现有法律之间的关系，或者由于社会关系的发展变化超越了立法者立法时的预见范围等而导致的立法缺陷"❶。

一般意义上讲，法律应当通过其对于规律性的把握和应有的预见性适应社会发展与进步的频率与步伐，直接地自然地反映社会的每一个可能的巨大的改进，展现社会的每一个实际的或可能的重大进程。然而，法律同社会发展与进步之间的矛盾性是相当突出的。由于某些法律规范落后于时代变迁而已经过时或者在某种方式上不再适合于一定的社会环境，或者由于立法者采用的方式不完善，并非一切法或法律规范均与法的目的相吻合或者并不是永恒地与之相吻合。由于人类的知识和利益所固有的局限性，人们所能够认识和了解的只能是整个社会中极小的一部分。由于立法者认识能力和观察能力所限，会导致规范缺漏的大量发生。社会的发展及其秩序化趋向需要司职法律适用的权力主体依其拥有的自由裁量权限，通过

---

❶ 王利明：《法律解释学》，中国人民大学出版社2011年版，第201页。

漏洞补充的方法来补救法律规范体系的漏洞。

（4）类推适用是指法律适用者在处理特定的案件之际，当遇到缺乏可以直接加以援引、适用的法律规定的情况下，得运用类比推理的逻辑方法，亦即根据两个或多个案件所具有的若干相同或相似属性，发现最相类似的各个案件中曾经共同援引过的法律规定，并将这样的法律规定也适用于该个案的法律方法。

值得注意的是，法律漏洞是由于立法者的预见不能或预见不周所导致的法律空缺结构所致的，漏洞补充方法旨在弥补漏洞，消减或去除法律的空缺结构，克服立法者及其立法活动之遗憾；类推适用则是由于法律实践的日新月异、纷繁复杂，个案千差万别、奇特诡异，而立法只能是一种抽象的概括性规定，而且其预见性不可能事无巨细、各种情形普遍地全部圆满达到，而只能是一种对利益分配状况和愿望的类型化归纳和概括。所以，总体上讲，类推适用近似于漏洞补充，其前提是虽然没有适用于特定的待决案件的明确规定，但却存在近似性的规定或者在若干近似的案件中曾经加以适用且效果良好的规定。类推适用方法也是有适用范围或领域的限制的，主要适用于私法领域，尤其是民商法部门，"而在刑法，则绝不采用"[1]。其实，不只是刑法，整个公法领域都不太适合采用类推适用方法，因为，公法领域大都涉及对公民义务的预设，强调义务法定的极端重要性，比如刑法的罪刑法定，行政法的处罚法定，税法的税收法定，等等；即使在一些特殊情形中，利用类推适用方法，也只能是作为一种逆向思维的能动，即除非这种类推是有利于对权利人利益的有效保护和对公共权力的制约控制，比如刑法上作有利于被告的类推适用，行政法上作有利于行政相对人的类推适用，税法上作有利于纳税义务人的类推适用，等等。不管哪种特殊情形下的类推适用，都是以约束与控制特定的权力主体、防范其滥用权力尤其是自由裁量权为要旨，且以已有的相关制定法为准据，

---

[1] 陈朝璧：《罗马法原理》，法律出版社2006年版，第25页。

以今后"同样的情况给予同样的对待"为理念,以"最相近似"亦即"类似的情况类似处理"地适用为原则,因此最终也会有利于实现形式的平等,即最大程度地保障法律面前人人平等。

三、法律解释方法、法律判断方法、法律推理方法

这是依据法律规范在个案中加以适用时所呈现的法律思维活动,对法律方法所作的分类。

这些法律方法是传统的法律方法论体系中最基本的,也是长期法律实践中一直被熟知和运行的。下面,将重点就法律解释、法律判断与法律推理予以进一步说明。

第三节 法律解释方法

一、法律解释的含义

法律解释是指对法律的规范内容或文本含义及意蕴所作的,足以为解释者之外的社会主体所知悉、理解的,具有解惑性、释疑性意义的说明及其阐释活动的总称。在日常法律生活中或学者们的表述中,或者是指对法律规范的含义以及所使用的概念、术语、定义等所作的说明,或者是指对具有法律效力的规范性文件的内容和含义所作的充分而必要的说明,或者是指作为法律适用的不可缺少的前提性准备业务。应该说,我们通常所看到的一些对于法律解释含义的不同见解,主要的分歧仅在于侧重点上略有差异而已。

从法律解释的对象看,广义上,法律解释包括对宪法、法律和法规的解释。狭义上,由于宪法解释不同于法律解释,因此仅指法律或兼指法律、法规的解释。法理学中所讲的法律解释其实并不限于狭义的解释,而是包括对宪法、法律、法规在内的所有规范性法律文件的解释。同时,法律解释也不仅是对个别法律条文、概念和术语的说明,而且也指对整个法律文件的系统阐述。

从有效性立场来考察，法律解释的主体特指享有法定法律解释权的人或组织，法律解释则仅仅是指依照现行的解释体制所确定的拥有法定解释权限的特定主体对具有规范性效力的规范性法律文件的说明。法学专业教师、法律研究人员等专家阶层以及其他的一般社会主体也会在日常生活当中对各自面对的法律世界产生自己的认识、理解，也会对相关的法律规范、法律条文或权威性的解释文本提出自己的见解。但从法律解释是否具有权威影响力、普遍约束力、强制适用力的角度来说，这些社会主体所作的意义揭示、含义解读、语义释疑等，只能属于非法定解释、无拘束力解释，或者称之为学理解释、任意解释等。

在现代法理中，解释与法的制定、认可一样，也被视为法的定型化过程中的重要一环，即在某些情况下法律还有一个经由解释再度创造的过程。法律解释通常是为澄清法律中所存在的疑义，以为准确、妥当地适用法律作准备的前提性法律业务，它既是法律确定化的必要途径，也是说明裁判的法律理由的方法。就以往的法律解释实际而言，大致有三种显然不同的解释场合：一是弥补规范缺漏的解释，亦即当出现法律上违反预期或背离立法预期之不圆满性状态之际实施的法律解释。此种场合的法律解释实际上带有明显的立法性质。二是阐释法律文义，旨在说明法律文本的语义和法义。此种场合的法律解释实际上是一种对立法意旨的明晰化手段。三是在法官具体处理讼案的过程中，依据个案的具体情形及当时的社会环境因素等对法律的具体运作所作的有效解释。

二、法律解释的理由

任何法律适用的过程都会伴随着对法律的理解与解释，这种状况普遍存在于各个法律文化传统之下，无论是大陆法或者普通法，概莫能外。

之所以需要法的解释，是由法律自身的特点、社会不断发展的事实以及立法者、适用者的素养、认知状况等主客观因素决定的。

第九章 法律方法论

具体理由可以从以下几个方面阐述：

（1）由于立法者只具备有限理性。虽然我们常说立法是理性的张扬和彰显，但立法活动是在立法者的参与和审议之下推进和完成的。而立法者本身来自于普通大众之中，自然人的特点决定了其理性认识和实践能力的有限性，并由此决定了其所创制的法律不可能是完美无缺的，而总是会存在这样或那样的不尽如人意之处，诸如法律条文彼此重叠、冲突、龃龉，文字含混模糊、表述不明，应该细密规定却尚未作出细密规定的情形经常存在。这些情形的存在，需要或有待于通过法律解释或法律修改来加以克服。

（2）由于立法语言的明确性与模糊性矛盾的存在，法律只有借助于语言才得以清晰表达出来，并借助于语言的共识性理解才能够使法律规定在不同主体之间进行有效传递。

尤其在成文法体系下，法律必须通过文字表达与公布乃是一个寻常道理。然而，特定情形下的立法语言也不可避免地会带有模糊性，这既是语言自身难以消解的，同时也是法律的抽象性、概括性、一般性对立法活动的潜在规制与直接影响，导致立法语言中存在模糊与歧义的情况比较多见。

（3）由于调和法的稳定性和社会的变动性之间的脱节的需要，法律一经制定，其内容就借助于其形式而得以固化，从而也就具有了稳定性。

然而，社会生活的常态是处在不断变化之中，在法律规定的稳定性诉求和社会现实的变动性之间，常常存在一些不同步、不协调、不一致的情形，法律实践中所可能遇到的法律无法直接、简捷适用的情形日益增多。法律的稳定性要求它自身不应频频变更和修改，因为那样会破坏社会主体对法律的规范性期待；而现实社会生活又不断地变迁进展，非法律所能抑制，而且法律还被要求必须满足社会发展需要。考虑到克服法律的稳定性要求与社会的变动性实际之间的紧张状态的需要，以及法律解释对法律改进的温和、柔缓的特点，使得法律解释必要而可取。

(4) 基于消解陌生性的经验与误解的可能性的需要。在人类的交往行为中，误解不仅是可能的，而且事实上也是随处可见的。在一般意义上，法律的遵守与适用都存在一个如何理解法律规定的问题，从法律文本到法律原则、法律规则，从法律文本的行文语言、字义词意到法律规则的构成要素、预设意旨，都可能由于生活场景与时代差异而导致存在理解上的歧义或误解。正是由于误解的常规性才决定了理解一致性问题的普遍重要性和广泛期待性。也正是由于法律及其适用过程中误解的大量存在和频繁出现，才决定了通过法律解释以谋求消除误解、增进理解、达致共识的意义所归。

总之，法律解释作为法的发展的一种特殊机制，是有助于通过不断地实施有意义的解释活动，从而促进法的内容的渐次有序地充实、丰富和完善的。

三、法律解释体制

所谓法律解释体制是指在一国之内各个国家机关对于法律解释权限的划分、运用与效力的有机统一的制度安排。

我国当前所实行的法律解释体制是根据1981年第五届全国人民代表大会常务委员会通过的《关于加强法律解释工作的决议》（以下简称《决议》）和2000年第九届全国人民代表大会通过的《立法法》确立。1981年的《决议》规定了四个方面的内容：第一，凡是关于法律、法令条文本身需要进一步明确界限或作补充规定的，由全国人民代表大会常务委员会进行解释或用法令加以规定。第二，凡是属于法院审判工作中具体应用法律、法令的问题，由最高人民法院进行解释；凡是属于检察院检察工作中具体应用法律、法令的问题，由最高人民检察院进行解释；最高人民法院和最高人民检察院的解释如果有原则性的分歧，报请全国人民代表大会常务委员会解释或决定。第三，不属于审判和检察工作中的其他法律、法令如何具体应用的问题，由国务院及其主管部门进行解释。第四，凡是属于地方性法规条文本身需要进一步明确界限或作补充规定的，由制定法规的省、自治区、直辖市人民代表大会常务委员会进行解释或作出规定；凡属于地方性法规如何具体应用的问题，由省、自治区、直辖市人民政府主管部门进行解释。《立法法》第42条规定，"法律解释权属于全国人民代表大会常务委员会。法律有以下情况之一的，由全国人民代表大会常务委员会解释：（一）法律的规定需要进一步明确具体含义的；（二）法律制定后出现新的情况，需要明确适用法律依据的。"第43条还规定："国务院、中央军事委员会、最高人民法院、最高人民检察院和全国人民代表大会各专门委员会以及省、自治区、直辖市的人民代表大会常务委员会可以向全国人民代表大会常务委员会提出法律解释要求。"这一条规定试图将法律解释权集中于全国人大常委会，但是并没有对其他机关的法律解释权作出新的规定，既没有明确司法解释与行政解释的效力，也没有确定司法解释与行政解释违法。因此，司法解释和行政解释在现实法律实践中一直沿用和保持着。

上述内容表明，现行法律解释体制是以全国人大常委会行使立法解释权为核心的，由行政的、司法的各职能机关在各自的职责范围内共同参与、各司其职、分工配合的法律解释体制。其中，全国人大常委会是最高国家立法机关的常设机关，在我国法律解释体制中占主导地位，是有权作出立法解释的唯一主体。凡关于法律、法令条文本身需要进一步明确界限或作补充规定的，由全国人大常委会作出解释，其主要目的在于对"需要进一步明确具体含义"以及"法律制定后出现新的情况，需要明确适用法律依据"的法律规范进行进一步的详细说明。而司法解释、行政解释的主要目的则在于分别对司法或行政实践中遇到的具体应用法律的问题作出解答和说明。

狭义上讲，立法解释是指享有立法解释权的全国人民代表大会常务委员会就全国人大及其常委会所制定的规范性法律文件所进行的寓意的、语义的说明与阐释。国务院、中央军委、最高人民法院、最高人民检察院和全国人大各部门委员会以及省级人大常委会可以向全国人大常委会提出法律解释的要求。全国人大常委会的法律解释同法律具有同等效力。

司法解释是国家最高司法机关对司法实践中如何具体应用法律于个案裁判所作的解释和说明。通常，司法解释依据其解释者是最高人民法院抑或最高人民检察院而分为最高人民法院的审判解释、最高人民检察院的检察解释和这两个机关联合作出的解释。审判解释和检察解释有原则性分歧时，则报请全国人大常委会进行协调或直接作出统一解释。

行政解释是指由国家行政机关对于不属于审判和检察工作中的其他法律的具体应用问题所作出的解释或者就自己依法制定的法规所进行的进一步说明。通常，行政解释依据解释主体的不同层级，亦可以分为中央一级的行政解释和地方的行政解释。

在立法解释、司法解释、行政解释三者的关系问题上，立法解释是行政解释、司法解释的规范性基础；而在法律解释的效力上，也是立法解释的效力最高，但相对而言，当代我国的司法解释在实践中的实效则更加突出和显著。

四、法律解释的具体方法

关于法律解释的具体方法，可以按照以下几种分类依据进行归类：

（一）依照解释的手段，可分为语言的或文义的解释、逻辑的或体系的解释

语言的或文义的解释。这是一种旨在将解释者的解释限制在语言—文义的解释上的方法。语言—文义解释因其强调根据文本之特性进行解释，因而也称文本解释。文本解释方法是指按照法律条文的文字的含义和意蕴去理解法律文本及其条文的内容和意义的解释方法。语言—文义解释的对象是法律文本和法律条文。语言—文义解释方法首先强调阅读文本，这或许是正确地理解和解释法律的最为关键的一步，至少也是不可或缺的第一步。

第九章　法律方法论

逻辑的或体系的解释。这是为了保持法律的和谐统一适用而在运用形式逻辑的方法分析法律规范的结构、内容、适用范围和所用概念之间的关系的基础上所作的解释。在司法过程中，由法官们所进行的解释大多属于此类。这种解释强调逻辑的意义，突出法是和逻辑紧密相连的这一特性。由于逻辑解释强调的法律统一性主要是说对任何法律规范、法律规定的解释都必须置于法律体系之下和法律体系之内进行，因此有时也基于这种强调而称之为体系解释，亦即着眼于强调将需要解释的法律条文与其他法律条文联系起来，从该法律条文与其他法律条文的关系、该法律条文在所属法律文件中的地位、有关法律规范与法律制度的联系等方面入手，系统全面地分析该法律条文的含义的解释。

（二）依据法律解释主体对法律意旨的理解和追求是本于立法原始意图抑或当前实践需要，可以分为意思的或原意的解释方法、主观的或目的的解释、当然的或推定的解释

意思的或原意的解释方法。这是指借助于对立法史料的发掘，寻找和发现立法者创制法律之际的意思表示，揭示立法者的真实意图、价值判断及其利益取舍的解释方法。对立法活动的历史记载及有关立法活动中的各种资料等，都会成为这种解释的论据。当然，意思的或原意的解释旨在探寻和证成的，乃是法律的现实意蕴，亦即其现在应有的合理意思或者说立法者如果生活在当下依据现实所可能表达的意思。所以，这种探求与发现的主旨在于找到历史上的立法者在立法时的意思与当时社会现实之间的关联，以谋求发现法律的客观规律性与物质条件制约性，以使其与当前的社会现实需要相吻合。其实，"任何有意义的法律解释都面临的首要问题是：立法者制定法律规范希望起到什么作用？他们希望调整哪些典型的生活事实、怎样调整、根据什么形成目的来调整？"[1] 实践中，在将

---

[1]　[德] 伯恩·魏德士：《法理学》，丁小春、吴越译，法律出版社2003年版，第319页。

法理学要论

法律规范适用于具体个案之际，必须考虑两个时间点：一是规范产生的时间点，也就是颁布法律规范的时间点；二是规范适用的时间点，也就是在诉讼中作出判决的时间点。因为这涉及历史解释在法律适用时的序位问题。❶ 那么，法律到底应该按照"产生时"进行解释还是按照"适用时"进行解释呢？在对这个问题的回应方面，学者们提出了两种对立的解释模式，即所谓客观（"产生时"）的解释与主观（"适用时"）的解释。❷

主观的或目的的解释。这是指根据法律的整体目的或法律规范的设定旨趣来析解法律疑义、阐明法律要义，以从整体上、全局上，基于联系的、发展的立场，以当前的普遍意义的规范需要为出发点的解释方法。无论何时，只要当我们回过头去考察法律或者思考任何超越于当下实际司法运作方式的东西时，并且当我们甚至是为了某些目的和某些关系而这样做时，我们就必须作出解释。❸ 规范目的是一切解释的重要目标，任何解释都应当有助于实现规范内容所追求的规范目的。其他解释标准也应当服从这个目标；它们是解释者必须借以认识规范目的的工具。❹ 正是借助于主观的或目的的解释的合理展开，一些法律表达不明或存在漏洞甚或错误之类的缺陷得以澄清、弥补和纠正。

当然的或推定的解释。当然一词本身意味着合于事理或情理的、不存在疑问或歧义的意思。当然的或推定的解释就是在法律没有明文规定的情况下，根据已有的法律规定，某一行为当然应该纳入该规定的适用范围时，直接适用该法律规定，并对适用该规定的

---

❶ ［德］伯恩·魏德士：《法理学》，丁小春、吴越译，法律出版社2003年版，第340页。
❷ 同上书，第341页。
❸ ［美］罗斯科·庞德：《法律史解释》，邓正来译，中国法制出版社2002年版，第28页。
❹ ［德］伯恩·魏德士：《法理学》，丁小春、吴越译，法律出版社2003年版，第321页。

根据和逻辑作出阐释与说明的解释方法。即在具体的法律规定中虽然没有明确、具体地明示某一事项，但依据形式逻辑、规范目的及事物属性的事理、道理、常识、常理，将该事项解释为包括在该规定的适用范围之内是顺理成章、理所当然的，不会招致质疑和困惑。亦即法律虽无明文规定，但依规范目的衡量，该行为比法律规定的情形有更充分的适用理由。

（三）从法律解释所涉及的对文本的字面理解的宽严尺度可分为严格解释、扩充解释和限制解释

严格解释有时也可称之为字面解释，是指在忠于被解释对象的立法意图的基础上严格按照法律条文的字面含义对法律所作的解释。由于严格解释具有浓厚的客观主义倾向，因此有时被称为客观解释；又由于严格解释强调法律条文字面上的含义，因此也被称为字面解释。司法解释应主要采用这种解释的方法。扩充解释是指当仅仅依据法律条文的字面含义加以适用将陷于失之过窄之嫌时，便在阐释法律条文的应有意旨基础上作出略宽于其字面含义的解释，以更加全面、真实地表现立法意图的解释方法。而限制解释则是指当依据法律条文的字面含义加以适用将陷于失之过宽之嫌时，便在阐明法律条文的应有意旨的基础上作出略窄于其字面含义的解释，以更加准确、中肯地表现立法意图的解释方法。

五、法律解释的原则

法律解释是必要的，同时也要遵循一定的原则。

（一）统一性原则

统一性原则，是指法律解释应服从该法律文本整体的目的，服从上位法的宗旨，服从整个法律体系的价值和精神，遵循统一的技术要求。因为法的统一性要求其他规范体系必须以法律规范为合法性依据，不得与法律规范相抵触，否则，便是无效的规范体系。

（二）合法性原则

合法性原则，是指只能在法律规定的权限范围内依照法定程序

进行法律解释。所有解释都不能偏离法治的方向。"解释者与法律文本的关系应当是一种服从与被服从、描述与被描述的关系,它应该遵从作为解释对象的法律文本的权威,受解释对象的制约,负有忠实于解释对象的责任。"❶ 而绝不允许超越解释对象的规定性之外的恣意与僭越行为。

（三）合理性原则

合理性原则,是指法律解释应当做到客观、适当,合乎事理、情理、道理、法理。法律解释的最终产品或者说结果,应当合乎社会道德、彰显公正与客观、不为偏见所左右、能够被相应社会受众所承受。既体现着朴素的情理,又合乎社会的基本伦理。

（四）关系性原则

法律解释的最初动机和基本目的,是在需要解决纷争和适用法律时,查找、判断和选择最为恰当的法律规范并将其适用于各该案件之中,成为定分止争的法律依据。"在法律解释中,对大前提的解释就是要使其与小前提发生对应和连接,其联系性越密切,就越表明特定法律规范适用于该案件的合理性越强,也就越能够达到解释的目标。"❷ 关系性原则强调,当前的任何案件或问题,都显然可以用借鉴和联系过去解决同类问题的原则和方法,加以解决。在进行法律解释之际,必须对既往的解释产品和法律实践有一个通判、全局的了解,以谋求同样的情形给予同样的对待,亦即谋求收获所谓"同事同处,同罪同罚"之效果。

（五）可行性原则

可行性原则,是指法律解释必须立足于现实的需要,兼顾法律文本的稳定性和社会变迁的动态性,不仅应谋求有助于使法律规则能够适用于具体的个案裁判之中,还应谋求使法律在法治的宏观视

---

❶ 夏勇主编:《法理讲义》,北京大学出版社2010年版,第735页。
❷ 王利明:《法律解释学》,中国人民大学出版社2011年版,第52页。

域内有效地发挥积极效能。可行性原则要求，在具体解释实践中，应根据实际情况，对原有解释对象作出必要的扩张或限缩。无论是在同一法典中以专门的条款作出说明和阐释的情形，还是以另行发布解释文本的形式对法典等规范性法律文件作出解释的情形，抑或法官在审理和裁判案件的司法实践过程中，就为什么要将该法律适用于本案件的裁判的判决理由之中作出解析与阐释之际，都应坚持可行性。

第四节　法律判断与推理方法

一、法律判断的含义与类别

判断是对思维对象作出断定的思维形态。在执法、司法活动过程中，都离不开判断，在这一过程中不断作出的关于行为是否符合法律的判断即为法律判断。每一个正确的判断，都会引导案件朝着使案件获得公正解决的方向迈进一步。

在执法、司法实践中，法律判断可以概括为如下几种：

1. 性质判断

性质判断，即断定对象是否具有法律规定的某种性质的判断。例如，犯罪是危害社会、触犯刑法、应受刑罚惩罚的行为。按照不同的标准，这种性质判断还可进一步分类。例如，依据联项（质）的不同，可分为肯定判断和否定判断，前者断定对象具有某种性质，后者断定对象不具有某种性质；按照量项（量）的不同，可分为全称判断、特称判断和单称判断。全称判断是断定某类事物的全部对象都具有或不具有某种性质的判断，特称判断是断定某类事物有部分对象或至少有某一对象具有或不具有某种性质的判断，单称判断是断定某个特定的对象具有或不具有某种性质的判断。在性质判断中，主项和谓项并不一定同时都是周延的，如果主项或谓项的外延得到必然的全部断定，就是周延的项，否则就是不周延的项。这可能出现多种情形，或者主项周延而谓项不周延，或者主项、谓项都周延，或者主项、谓项都不周延，或者主项不周延而谓项周延。

在司法实践中，性质判断的运用主要是指引人们在认定事实、采信证据以及判断行为性质及其相关法律责任时，必须做到明确、肯定，不能含糊其辞或模棱两可，对案件本身所涉及的主体、客体、内容的质和量作出恰当的判断。

2. 关系判断

关系判断，即断定思维对象之间的关系的判断。关系判断通常包括三个部分，即表示一定关系承担者的关系者项、表示关系者之间存在的关系的关系项、表示关系者项数量的量项。关系有多种性质，其中最主要的是对称性和传递性。关系的对称性包括三种情形，即对称、反对称、非对称，相应的关系判断就分别被称之为：对称关系判断，如 A 某和 B 某是共犯；反对称关系判断，如 C 某比 D 某更残忍；非对称关系判断，如 E 某认识 F 某。关系的传递性也包括三种情形，即传递、反传递和非传递，相应的关系判断也就分别被称之为传递关系判断，如程序法包含民事诉讼法；反传递关系判断，如 G 某比 H 某大 10 岁；非传递关系判断，如 L 某相信 M 某。

关系判断在执法和司法过程中意义重大，这不仅表现在伴随执法和司法活动的展开，必须认识和揭示案件真相中的各种关系，诸如被害人与犯罪嫌疑人之间的关系、辩护人与被告人之间的关系、司法人员与原（被）告之间的关系、被告彼此之间的关系等，还表现在执法和司法活动应当通过分析、断定、确立案件真相以及各诉讼参与人的地位及责任，以为正确适用法律提供依据。

3. 模态判断

模态判断是包含"可能"、"必然"之类的模态词的，断定事物、情况和现象存在与发展的可能性或必然性的判断。依据判断中所包含的模态词的不同，我们可以将模态判断分为两类：一类是含有"必然"模态词的判断，称之为必然判断；另一类是含有"可能"模态词的判断，称之为或然判断。

必然判断又分两种情形：一是对事物、情况和现象的必然性的肯定断定，可称之为必然肯定判断。二是对事物、情况和现象的必然性的否定断定，可称之为必然否定判断。

或然判断也分两种情形：一是对事物、情况和现象的可能性的肯定断定，可称之为或然肯定判断。二是对事物、情况和现象的可能性的否定断定，可以称之为或然否定判断。

模态判断在执法和司法实践中经常运用。例如，案件发生后，虽然案情是既成事实，但要想准确地发现案件的本来面貌，在侦查工作中，侦查人员就需要不断地运用推测性的或然判断，如"可能是熟人作案"、"被害人可能与凶手认识"、"凶手身高可能在一米七三左右，体重可能在一百五十斤左右"等。在司法审判过程中，法官则需要以查明的能够证明案件真实情况的全部证据为基础，在经过充分推理和论证基础上，形成确证案件真相的证据链条，依据法律，最终作出必然肯定判断或必然否定判断。因此，就刑事案件而言，《刑事诉讼法》第12条规定，未经人民法院依法判决，对任何人都不得确定有罪。据此，我们可以说，无论是公安机关在侦查终结之后对犯罪嫌疑人的犯罪指控以及移送检察机关审查起诉，还是检察机关在公诉书中对刑事被告人的犯罪指控，或者是刑事自诉人对被告人的犯罪控诉，对于被告人是否真的构成犯罪来说，即便或然性极大，也仅仅是一种或然性判断。然而，对人民法院来说，依据上述《刑事诉讼法》第12条规定，必须要有确实、充分的证据，并依法证明无罪的对立面即有罪成立，才能判决被告人有罪并决定应当科处的刑罚，否则，就当然地应当推定为无罪。因此，如果说，人民法院的审判过程中的判断还可以允许或然性判断的话，那么，在形成裁判文书时的判断就应当而且必须是必然性判断，要么为必然肯定判断，要么为必然否定判断，二者必居其一，而不能是其他。还有，无论是在侦查活动中，还是在审判活动中，都应切实注意，不能误把或然判断当作必然判断，否则，就离形成冤、假、错案不远了。

4. 规范判断

规范判断是含有"必须"、"禁止"、"允许"等联结词的，断定主体行为规范的判断。由于规范判断所含有的这些联结词与模态判断所含有的"必然"、"可能"在逻辑上很相似，从广义而言属于"模态判断"，因此，有时也将规范判断包含在模态判断中。

依据规范判断所含有的联结词的不同，可以将规范判断分为三类，即必须的规范判断、禁止的规范判断和允许的规范判断。必须的规范判断是断定主体必须作出某种行为的判断。禁止的规范判断是断定禁止主体作出某种行为的判断。允许的规范判断是断定允许主体作出某种行为的判断。

规范判断在立法、执法、司法中都具有重要意义。首先，要求人们必须作出某种行为、不得作出某种行为，应当通过立法活动，制定出严格、确定、规范的法律，给人们的行为以确定的指引。可以由人们自主选择的行为，也可以通过立法活动，在法律中体现出来。但现代社会是权利本位的社会，在承认权利和尊重权利的今天，人们的权利是全方位、多方面的，而法律的明确性规定是有限的，法律的规定只能及于其中的一部分，所以，通过立法，应特别注意选择那些最能体现、反映和成就人的尊严和价值的权利，加以确认。其次，在执法和司法方面，在对人们的行为作出保护或处罚时，不可避免地伴随着对某一行为是否合乎法律规范的判断，考察其是为法律规范允许的，还是法律规范禁止的，或者是法律规范要求必须做的，即作出相应的必须判断、禁止判断和允许判断，并据以实施下一步的行动和措施：对于法律规范要求必须作出的行为，而行为人若不做，则依照法定的职权和程序强制其做；对于法律规范禁止作出的行为，若行为人做了，则依照法定的职权和程序予以法律规定的相应处罚；对于法律允许人们自主选择的行为，则放任或引导人们沿着正常的轨道去行为，当人们实施这样的有益行为受到非法的限制、侵犯时，则依照法定的职权和程序予以恢复、保障和救济。可见，掌握规范判断知识和方法，对于立法、执法和司法诸领域的公职人员，尤其是对法律职业群体而言，都是极为必要的。

二、法律推理的含义及类型

推理是从一些已知的判断推论得出某个新的判断的思维形态。它是由一系列判断组成的，根据一些判断推论得到某个或某些新的判断。推理中所根据的判断称为前提，所得到的判断称为结论。

在法律实践领域，广泛存在建立在法律文本与个案事实以及个案结论之间的合乎理性、逻辑、法理的推论过程。这个过程就是法律推理，即法律适用者根据已知的规范前提，结合本案事实，推导出法律结论的思维过程，反言之，也就是为法律结论说明法律上、事实上、逻辑上的根据的过程及方法。

依照前提和结论的判断种类的不同或者前提与结论之间关系的不同，法律推理可以分为以下几个基本类型。

1. 演绎推理

演绎推理是从一般性的大前提出发，通过逻辑推导的演绎过程，最终得出具体陈述或个别结论的思维方式，这是以一般性判断为前提而推导出个别性判断的推理类型。演绎推理的特征是能保证从真前提得到真结论，是一种前提与结论之间存在必然联系的必然性推理，即是说，如果前提真并且推理形式符合规则，那么所得到的结论必定为真。

演绎推理的典型是三段论，三段论是前提为两个性质判断、结论为一个性质判断的推理。

演绎型法律推理的基本要求有两点：其一，作为大、小前提的判断必须是真实的，即法律的规范性规定和对法律事实的判断是确切、真实的；其二，推理过程必须合乎正确的逻辑规则，即是说，必须从一般性的法律规定出发，继而考察法律事实的存在与否和真实与否及其程度如何，然后推导出必然性的后果归结或评价结论。因此，演绎型法律推理是否正确，取决于法律规定这个大前提的正确性状况，如果作为大前提的法律本身存在问题，则评价结论的正确性就会受到质疑。

2. 归纳推理

归纳推理是指以个别性判断为前提而推导出一般性判断的推理。由于归纳推理的前提和结论在真假方面的联系不是必然的，而是盖然的，即是说，归纳推理不能从前提真必然得到结论为真，所以归纳推理又被称为盖然性推理。如果这种盖然联系有程度大小之别或者可以度量，则称其为盖然度；如果这种盖然度能够用数值表示，则称其为概率。前提真而结论真假不同的归纳推理完全可以具有相同的推理形式。在实践领域，最常见的归纳推理有枚举推理、概率推理等。而且通常情况下，人们往往将上述各种归纳推理有机地综合起来加以运用，以谋求提高最终结论的盖然度，亦即增强其可接受性。

在司法领域，当进行法律推理时，在缺乏可供适用的现成的法律规则的情况下，法官从与本案最相类似的上级法院的生效判决及本院以前的生效判决中，寻找和发现法律原则与规则，然后将概括出来的法律规则或原则确定性地作为适用于本案判决的法律依据，这一过程即属于归纳推理。归纳推理往往意味着新的法律规则的出现，具有立法的特性，因此经由归纳推理抽象、提炼出法律原则与规则的过程也常常被称为法官"造法"。对于法官"造法"的许可应当有一个必要的界限，那就是：（1）法官"造法"限于法律文件没有明文确定法律规范的情形；（2）法官"造法"应依据法的原则和精神，包括宪法与部门法确立的原则和正义、人权、公平、效率等法的精神；（3）法官"造法"应遵循严格的程序，包括对以往的相似案件的审判原则和依据的归纳推理，在我国，则需要逐级报请最高审判机关审核批准等。

第九章 法律方法论

3. 类比推理

类比推理是从个别到个别、特殊到特殊的推理,即是从已知的两类事物有若干共同属性出发,如果一事物还有其他属性,进而推出另一事物也有这样的属性的推理。在普通法法系,这是一种普遍存在的推理方法,即以举例的方法来进行辩论,它既不同于从部分到整体的推理,也不同于从整体到部分的推理,而实际上是在两个具体情况都从属于同一个项,并且其中已知一个具体情况的条件下,从部分到部分的推理。❶ 可见,这是一种从个案到个案的推理,推理过程中所运用的就是"先例原则",即将一项从以往的先例中所提炼出来的论断视为一项法律规则并将其适用到后一个类似的情境之中。具体而言,这个过程包括三步:首先要提炼出个案之间的相似之处,然后总结出先例中蕴含的相关法则,最后再将此相关法则运用于当下的个案之中。❷ 在这一过程中,不仅法院的法官必须发现解决不同利益主体之间的对抗与讼争的例证,而且讼争方也会寻找出能够证明和保护自己利益的例证,并将社会上的一般观念融入法律之中,而这些观念一旦被法院接受,就可以在以后的审理中再次适用。可见,一个观念一旦被法院所接受和采纳就可以强有力地影响一个社会的行为模式。也正是在这种意义上,可以说,不仅法院而且讼争方都参与了法的创制过程。

类比推理并不是必然性推理形式,其结论是盖然的,就是说,即使前提为真,其结论也并不一定为真,而只是在很大程度上可能真。因为,正如"一棵大树没有两片完全相同的叶子"(哲学家莱布尼茨语),现实世界没有两个完全相同的东西。因此,一般来说,类比推理的可接受性也不是太高。不过,现实世界也没有两个完全不同的东西,尤其在它们被归类以后,在同一类别中就存在很

---

❶ [美]艾德华·H. 列维:《法律推理引论》,庄重译,中国政法大学出版社2002年版,第3页注解 [2]。

❷ 同上书,第3页。

大的共似性,表明了彼此之间的联系,所以,类比推理值得重视。当然,可供人们接受的类比推理必须遵循下列规则:

(1)作为前提的规模充分大,或结论的规模充分小。

(2)前提的共同属性的数量充分多。

(3)前提属性对事物的描述足够精确或涉及本质。

(4)前提属性与推出属性的相干程度充分大。一般来说,如果前提属性与推出属性不相干,那么由此得出的类比推理就不易为人们所接受,即使增加与推出属性不相干的前提属性也不会增强可接受性。

尽管类比推理的结论是或然的,并且在通常情况下,由于事物的千差万别,这种或然性的程度并不太高,但是,在扩张人们的认识视野和拓展知识层次方面,其作用是显著的。在法律实践中,类比推理的运用相当普遍。在侦查工作中,经常通过分析不同案件之间的共同性和近似性来决定案件的侦查方向或决定对数个案件是否作并案处理;在司法活动中,类比推理对于贯彻"同样的案件给予同样的对待"相当重要,尤其是在对民事案件审判中类推方法的适用,就极其典型。

4. 辩证推理

在推理的领域,演绎推理、归纳推理和类比推理都属于形式推理,它们是现代逻辑学所关注的推理问题的核心范畴。它们都是以人类理智中已经具备健全的知识体系或者完善的认知能力的假设为前提的。然而,人类所直面的法律问题纷繁复杂,一方面,法律规则并非详尽到能够穷尽和涵盖所有的人类行为和经验事实,而且,社会生活本身日新月异,新的情况和现象在不断孳生和变迁;另一方面,法律体系内部由于立法语言、技术等方面的影响,而使它难以形成一个内在和谐的体系。同时,法律的使命要在维护社会共同安全和公共利益的同时,在协调和平衡个人彼此之间、个人与社会之间的利益方面最大限度地体现出对人权、正义、公平、合理等价值理念的关怀和尊重。因此,当遇到复杂疑难案件必须解决,而并

第九章 法律方法论

非完美状态的现实法律难以充分地体现法律的精神和基本价值，仅依此种法律不足以完成法律所应当担当之使命的时候，从实质合理性出发，运用辩证推理就是必要的、及时的、应充分肯定的，这也是为确保准确、有效、合法、合理地解决纷争所不能不认真研究和解决的，实际上，这个问题本身就是法学研究和法律实践的重大命题。

在法律推理的场合，所谓辩证推理是指在两个都有一定合理性却又彼此冲突的判断中择优选择其一的推理方法，它通常适用于缺乏使结论得以形成的具有公信力的确定无疑的法律前提，却能够寻找到能够成立的实质理由的场合。正因为辩证推理依据的往往是实质的而非形式的理由，所以，有时也称为实质推理。

在当今许多法理学教科书中，还将法律论证作为一种相对独立的法律方法予以阐述。其实，论证是从一些已经肯定的命题出发经过一系列推理而达到肯定另一命题的思维形态。论证中所使用的那一系列推理，我们称之为论证过程。论证过程中运用的推理可以是归纳推理、类比推理，也可以是演绎推理，甚至是辩证推理，但都与推理密不可分。如果在一个论证中只使用了演绎推理，我们就称之为证明。论证总是与特定的人有关：它是由某个人进行的，做给他人看做给他人听，且旨在使他人信服。这个进行论证的人一般称之为证方，而听取论证的人一般称之为受方。在司法过程中，在法庭上，两造之间所进行的论证主要是要说服对方和法官接受自己的论点。当然，有时，论证也可能仅仅是为了理清自己的思路，确立自己的观点，比如侦查活动中办案人员在选择侦查方向时所进行的论证，大致就属于此类。

第十章 守法原理论

第一节 守法的语义界说

立法的直接目的就是期待或迫使应受其调控的社会主体一体守法。因此，有必要在讨论立法问题的同时，对法如何获得普遍遵守的原理性问题作一阐述，以便更好地理解立法目的与立法宗旨。

在一般意义上理解，所谓守法也称法的遵守，是指每个人都正直地生活，不伤害任何人，做自己应当做的事情。进而言之，就是良法在社会生活中真正实现的状态，所有的社会主体都处于法的统治之下，包括在社会政治、经济、文化生活中居于主导和优势地位的阶级、阶层与个体也都普遍守法，不承认法律之外另有主宰法而不被法制约的主体。当各社会主体自觉遵守法律时，法律的强制力并不显露出来，而只是间接地起作用。

守法是法的实现的一般途径。从法律心理学的角度讲，在一个秩序化的社会中，一旦人们认识到遵从法律的调整将会使自己的利益得到保障并使自己进一步追求利益最大化的行为得到维护，出于利己的心态，人们也会选择遵从法律。同时，在这样的社会中，任何人都不愿意被他人和社会视为"不合时宜的人"或违法犯罪者，因为一旦被这样定位，就意味着自己难以与一般社会公众顺利交往，难以通过与其他社会成员的正常交往获得利益的满足，相反，还会受到公共权力的追究与制裁，承受更多更大的不利益。正是基于遵从法律可以获得益处的期待而违背法律则会招致制裁的畏惧，人们才最终选择遵守法律。

实际上，在现代民主与法治下，绝大多数公民是守法的。立法的最初目的和最终目的也是不需要借助于外部强力的强制，人们都自觉地遵守法律，并去捍卫法律的权威和尊严。虽然，法律以武力作为后盾,但同时也必须强调,使用武力保障法律获得服从和遵循,在很大程度上实属无奈。其实,法在社会实际生活中要得以实现,除需要以国家强制力作保障外,更主要的是必须在社会主体中间内生出自觉守法的力量。真正使法在社会实际生活中得以实现的前提是,需要人们对自身利益的关注,需要人们发现遵守法律所可能带来的巨大益处。

第二节 守法的理由

守法的理由旨在说明,社会主体为什么选择服从和遵守法律,愿意做法律的仆人,它所强调的是社会主体遵守和服从法律的心理的、生理的、社会的等各个方面的道理、根据与因由。普遍守法是立法者所期待的,同时,在任何一个运行正常的秩序化社会与时代,也是一般社会主体的自觉或不自觉的选择。

一、普遍守法是主体自觉的认同

当社会主体的利益被反映和表达于法律系统之中,或者说当法律的要求与社会成员利益需求基本适合时,❶ 则主体守法行为本身实际上就是在遵从自己的法律,普遍守法会使守法者从中获益。一方面,在现实社会中,每个人的守法行为都具有两面性,即在利我的同时具备利他性,在利他的同时具备利我性。另一方面,在现实社会中,每个人的守法行为都是自觉的利害相较之下的真切表现,充满着功利主义的考量。一个完备、理性的法律制度,不仅可以提供详细、易懂的规范体系,而且凭借着严密的法律实现机制,使社会主体在直接或间接的经验与体验中懂得法律肯定能够给他们带来利益或维护其正当利益,还能够给他们施加不利益或不利后果。这包括两个侧面:对于受害者而言,得以通过法律维护其正当权益,

---

❶ 卓泽渊主编:《法理学》,法律出版社 1998 年版,第 336~337 页。

实现其心目中诉求的正义；而对于加害者而言，由于招致法律制裁而承担着无法逃避的不利后果或否定性评价，从而使其感受到因为自己的不法行为在给对方造成损害的同时也会给自身带来物质的或精神的损害，而且这种损害可能比从不法行为中所获得的一时之"好处"大得多、严重得多。

二、被动守法是免于招致制裁的期望

任何一个社会，只要存在法律的调控机制，法律就期望为社会主体提供的行为模式成为其行为的规矩和指引，也希望法律的规定能够在现实生活中得到兑现。对于违背者予以相当的贬损和制裁，也是法律维护其自身权威性的特有机制。在任何一个致力于法律化、秩序化生存和发展的社会，任何不法行为和明显的违法行为都会受到法律的制裁。各式各样的惩罚会迫使相应的社会主体产生服从法律规制的动机和畏惧法律制裁的心理。同时，在一个健全向上的社会里，社会主体的道德情操和法律意识会形成一种普遍的鄙视越轨、违法、犯罪行为的氛围，不服从法律、挑战法律权威、触犯法律禁令、实施犯罪行为，就会招致层次不同的孤立、歧视、羞辱和处罚。这些来自社会的有形或无形的压力，会迫使社会主体尤其是那些有不守法之虞的社会主体变得安分守法，或看上去是如此。因为一旦被制裁，受制裁的经历就会如广告、标签一般，如影随形，伴其未来的社会生活历程，成为参与社会活动的心理阴影。所以，对懂得法律的制裁功能的人们来说，从中受到的最大启发和教育就是不可违法，最好选择服从法律。

三、积极守法是维系社会生存环境的要求

法律本身可以视为主流的秩序取向的稳定化、制度化、规范化，它借助于一系列的法律规则的方式，形成可以预期和冀望的理性运转的社会秩序。可以说，依靠着社会主体的守法，才使得个人利益与他人利益、社会利益之间的关系得以协调，并确保着人类整

体利益的有效维护与实现。❶ 人类社会起码的生存环境正是依赖着各社会主体对法划分、配置给己方的利益的排他性占有，各社会主体对法划分和配置给己方的利益的合理性获取，各社会主体对法划分、配置给他方的利益的尊重、维持，方才得以稳定下来、持续下去，社会主体才有可能依照自己的真正意愿参与社会生活和谋求自我的充分发展。

四、守法是守法者自我实现的一个重要向度

从深层来看，追求和实现自身的现实利益，谋求自我价值的社会承认，是和平与发展的文明社会里每一个社会主体的共同愿望。在一个法治社会里，至关重要的还是人人都有其各自的守法理由。所有社会主体各安其分，依其良知，看到法律保护和发展人的一面。法治的实践使他们相信，违法犯罪活动被发现、被侦破的概率会相当之高，受到法律惩罚的风险相当之大，必须小心翼翼地避免因触犯法律而招致法律制裁并致使自己的社会地位和影响力有所贬损。守法的实践会使他们体验到，只要依法行使权利，权利就有了法律的严密保护；只要依法履行义务，自己的社会信誉和社会地位将因而提高，并可以为今后进一步参与社会生活奠定一个扎实的平台。所以，守法也可以视为人基于理性和德性而自我实现的一个重要向度。

第三节　守法的构成要素

守法的构成要素是指守法至少涉及的基本要素。这些要素概括起来主要包括守法主体、守法范围、守法内容等。

---

❶ 张文显、李步云主编：《法理学论丛》（第一卷），法律出版社1999年版，第670～672页。

一、守法主体

守法主体是指在一个国家和社会中应当遵守法律的主体,亦即一定守法行为的实施者。"每一种制度均在一定程度上体现了有关此种制度如何运作的共识。"❶ 徒法不足以自行。一部再好的法律,也要通过法律的具体施行才能实现它的立法初衷。法律的每一个条款的执行、适用和落实,都需要社会主体的一体遵守以及执法机关、司法机关和监督机构的操作来完成。从这个意义上说,立法方面的每一点进步,都是让守法的社会公众得以共享更为理性的规范化生活,也是对执法者、司法者的一种严密的规制和一次全新的挑战,同时还是对监督者的一种新的授权和一种更高的制约。在我国目前,守法主体范围广泛而普遍,包括代表机关、执行机关、司法机关在内的一切国家机关,包括军事委员会在内的全部武装力量,包括所有政党,包括作为执政党的后备力量供给组织的共产主义青年团在内的所有社会团体,包括国家直管垄断性企业在内的所有企业组织,包括高等教育机构在内的所有事业单位,包括全体社会主义劳动者在内的全体公民,以及在我国领域内的外国组织、外国人、无国籍人,都要依法行使权利和履行义务。

二、守法范围

守法范围是指守法主体必须遵守的行为规范的种类。在我国,主要包括:宪法、法律、行政法规、地方性法规、自治法规、特别行政区法、国际条约等,行政规章在政府行政领域和行政诉讼领域也可以被视为法的重要形式。其中,作为根本法的宪法、作为社会活动基本调节器的法律、作为政府行政依据和社会管理准据的行政法规,在当代中国法的形式体系中分居于特别突出的地位,属于全

---

❶ [英]丹尼斯·劳埃德:《法理学》,许章润译,法律出版社2007年版,第503页。

部法的形式体系的核心部分。同时，被视为不成文法的政策、习惯、判例等，往往也作为法的形式补充而存在于法治化生活当中，只要有法律规范漏洞需要补充，它们又不与成文法体系相抵触、相冲突，就可能被运用于纷争解决和管理依据之中。

1. 宪法

宪法是最高国家权力机关依照特有的严格程序创制和修改的，它综合地、全面地、宏观地规定国家、社会和公民生活的根本问题，居于核心地位，具有最高效力，是国家的根本大法。由于其他法的形式以宪法为根据，并且不得与之相抵触，因此宪法也被称为"母法"。从实质特征看，它集中反映各种政治力量的实际对比关系，规定国家的根本任务和根本制度，即社会制度、国家制度的原则和国家政权的组织以及公民的基本权利义务等内容。我国《宪法》明确规定："本宪法以法律的形式确认了中国各族人民奋斗的成果，规定了国家的根本制度和根本任务，是国家的根本法。"从而显示了宪法在内容上与其他一般法律的不同。从形式上看，只有最高国家权力机关才能行使制定和修改宪法的权力，宪法是其他一般法律的立法基础。法律的制定必须以宪法为根据。宪法具有最高法律效力。法律不得同宪法相抵触。如有抵触，法律即无效。我国宪法还规定，本宪法具有最高的法律效力，即"一切法律、行政法规和地方性法规都不得同宪法相抵触"。宪法的修改程序不同于一般法律。须由全国人大常委会或者 1/5 以上的全国人大代表提议，并经全国人大全体代表的 2/3 以上多数通过，才能修改宪法，而法律及其他议案则只需全体代表的过半数通过即可。宪法效力高于一般法律，修改程序比修改一般法律更为复杂，其精神在于维持宪法的尊严和最高地位。

2. 法律

法律特指由全国人民代表大会及其常务委员会依照各自的法定职权和法定程序制定、修改的具有全局意义和普遍性质的规范系统，它们各自规定和调整着国家、社会和公民生活中某一方面带根本性的社会关系。其地位和效力低于宪法但高于其他法的形式，是行政法规和一般性地方法规的立法依据或基础，后两者不得与之抵触，否则将归于无效。这种意义上的法律依据其创制主体的不同而分为基本法律和基本法律以外的专门法律两种。基本法律由全国人民代表大会制定和修改，在全国人民代表大会闭会期间，全国人民代表大会常务委员会有权对其进行部分的补充和修改，但不得同其基本原则相抵触。基本法律规定国家、社会和公民生活中具有普遍性、基本性的重要问题，如婚姻法、物权法、刑法，以及行政诉讼法、刑事诉讼法等。基本法律以外的专门法律由全国人民代表大会常务委员会制定和修改，它们规定的是由基本法律调整以外的对国家、社会和公民生活中某一方面具有局部意义的次级普遍性问题，调整范围相对较窄，内容比较具体化、专门化，如著作权法、专利法、商标法、文物保护法等。这两种形式的法律具有同等效力。根据《宪法》的规定，全国人民代表大会"制定和修改刑事、民事、国家机构的和其他的基本法律"。此处所指"其他的基本法律"，主要是指内容直接涉及公民的切身利益并要求他们普遍和直接遵守的法律，如宪法所列举的关于公民的基本权利和义务的法律即属于基本法律。基本法律以外的法律由全国人大常委会制定和修改，规定由基本法律调整以外的国家、社会和公民生活中某一方面的基本问题，其调整面相对较窄、内容较具体。根据《宪法》的规定，全国人民代表大会常务委员会"制定和修改应当由全国人民代表大会制定的法律以外的其他法律"，"在全国人民代表大会闭会期间，对全国人民代表大会制定的法律进行部分补充和修改，但是不得同该法律的基本原则相抵触"。这两种法律具有同等法律地位和效力。此外，全国人大及其常委会就有关问题所作出的规范性决议或决定，也具有与法律同等的地位和效力。

3. 行政法规

行政法规指称由国务院依照法定职权和程序制定的有关国家行政管理事务和事项的规范性法律文件的总和。在当今中国法的形式体系中，行政法规地位特殊：上承宪法和法律，下启地方性法规和部门规章；在位阶上低于宪法、法律，但高于地方性法规。即行政法规须根据宪法、法律规定，同时地方性法规不得与行政法规相抵触，否则就归于无效。

创制行政法规的目的是将宪法和法律的原则和精神进一步明晰化、具体化，为了更好地确保宪法和法律在社会生活中得到贯彻和落实。目前我国行政法规的数量非常庞大，其调整的社会关系和管理事项的范围也极为广泛。凡是国家在政治、经济、文化、科学、技术、教育、体育、卫生以及民生福利等各个领域的管理事项，只要属于宪法和法律授权国务院予以管理和调整的权限之内，只要不与宪法、法律相抵触，国务院就可以出台行政法规进行适度而有效的调整。

4. 地方性法规

地方性法规是指由享有立法权的特定的地方国家机关依照法定职权和程序创制的，在本行政区域范围内有效，并可以作为该地方行政管理和司法裁判参照的规范性法律文件的总和。在我国，地方性法规有其特殊的地位和效力，其位阶低于宪法、法律、行政法规，但作为法的形式又是不可或缺的。现阶段，省、自治区、直辖市以及省级政府所在地的市、经国务院批准的较大市的人民代表大会及其常务委员会，都可以根据本地的具体情况和实际需要，在不同宪法、法律、行政法规相抵触的前提下，创制地方性法规，报全国人民代表大会常务委员会和国务院备案。地方性法规的效力范围仅限于本行政区域之内：有的是本行政区域的全部范围有效，有的则只在本行政区域的部分地区有效。

地方性法规的创制主体只能是享有立法权限的地方国家权力机关，创制地方性法规的目的和意义在于更切实、有效、妥当地解决法律和行政法规无法很好地解决，或暂时不宜由法律和行政法规解决的具有地方特殊性的问题。由于中国幅员广大、民族众多，各地文化特色各有不同，各地发展条件和基础有差别，需要调整的关系和处理的事项各有特点，所以，不同地方的地方性法规各具特色，也比法律和行政法规更加多元、繁杂、具体、细致。

地方性法规在确保宪法、法律、行政法规的贯彻、落实方面作用明显，意义重大。宪法和有关组织法确立的"全国人民代表大会常务委员会有权撤销同宪法、法律、行政法规相抵触的地方性法规"的立场，也是为了使地方性法规更好地发挥其应有的作用。

5. 自治法规

自治法规是指由拥有民族自治权的民族自治地方的权力机关创制的反映本民族地区特殊性的规范性法律文件的总称，包括其全部的自治条例和单行条例。其中，自治条例是指民族自治地方的自治机关依照法定的权力和法定程序所创制的对当地具有整体性、综合性的规范性法律文件；单行条例则是指民族自治地方的自治机关依照法定的权力和程序创制的专门调整某一方面关系或事项的规范性法律文件。在我国，享有立法权的自治机关包括自治区、自治州和自治县三级，各级民族自治地方都有创制自治条例、单行条例的权力。其中，自治区的自治条例和单行条例要报全国人大常委会批准后生效；自治州、自治县的自治条例和单行条例，则要报省或自治区人大常委会批准后生效，并报全国人大常委会备案。自治条例和单行条例与地方性法规在立法依据、程序、层次和构成方面，与宪法和其他规范性法律文件的关系以及与全国人大及其常委会和国务院的关系等方面，存在一定的不同之处，应当注意和重视。自治条例和单行条例不仅是自治地方实施行政管理的依据，还可以作为民族自治地方的司法裁判的参照。

6. 行政规章

行政规章是指由享有规章创制权限的行政机关依照职权和程序所创制的有关行政管理事务的规范性法律文件的总和。依据其创制主体的不同，又分为部门规章和政府规章两种。其中，部门规章特指国务院所属部委根据法律和国务院行政法规、决定、命令，并按照本部门的立法权限，所创制的各种属于行政管理性质的规范性法律文件的统称，也称为部委规章。在法的形式体系中，其位阶低于宪法、法律、行政法规，不得与它们相抵触，否则就归于无效。政府规章则是指有权创制地方性法规的地方的人民政府根据法律、行政法规，并依据其法定的职权和程序所创制的规范性法律文件的总称，也称为地方政府规章。在法的形式体系中，政府规章不仅不得与宪法、法律、行政法规相抵触，而且也不得与上级和同级地方性法规相抵触，否则就归于无效。国务院部委和地方政府只是属于国家行政管理体系下的条块分工的产物，其创制的行政规章也是为了更便于依法行政的考量，本来并不属于法的形式的范畴。自1989年施行的《行政诉讼法》明确规定了行政规章可以成为司法机关办理行政管理类有关案件的参照依据后，行政规章开始成为中国法的形式体系中的一种"准法"，因此也可将其列入法的形式范围之内。

7. 国际条约

国际条约是指由两个或两个以上国家或拥有国际主体地位的组织间所缔结的旨在确定其彼此关系中的权利与义务分配结构的各种协议及类似的规范性国际文书的统称，包括以条约为名称的协议，以及国际法主体间所形成的宪章、公约、盟约、规约、专约、协定、议定书、换文、公报、联合宣言、最后决议书等。国际条约本属国际法范畴，但对已经缔结或加入条约的国家的国家机关、公职人员、社会组织和公民而言，也同样具有法的拘束力，在此种意义上说，国际条约其实也是法的特殊形式，具有与国内法一样的效力。

我国积极参与国际社会交往但坚持独立自主的外交政策，随着我国对外交往的日益频繁，与其他国家和地区缔结和加入的条约越来越多，在提升我国国际影响力的同时，也扩展了我国公民、政党、社会组织乃至政府机关守法的范围、广度与深度，我国业已缔结和参加的条约已经或正在成为中国的法的形式体系的一环和涉外司法活动的重要依据。

8. 法的其他形式

在当今中国，除上述法的形式外，还有一些法的重要形式，不可忽略。它们主要包括以下内容：中央军事委员会创制的军事法规和军内有关方面制定的军事规章；一国两制条件下香港、澳门等特别行政区有权立法机关创制的规范性法律文件；依法获得特别授权的机关所创制的规范性法律文件。此外，在我国改革开放之初设立的几个经济特区所创制的规范性文件，有的属于根据宪法和地方组织法规定的权限制定的地方性法规，有的属于根据有关机关授权制定的规范性文件的范畴。这一点也应予以注意。

三、守法内容

守法内容是指守法所涉及的行为指向，包括履行法律规定的义务和行使法律赋予的权利两个方面，即既要承担法律确认的不利益或利益付出与供给，也要恰当地谋求法律确认的利益。履行法律义务是指人们按照法的要求作出或不作出一定的行为，以保障权利人的合法利益；行使法律权利是指人们通过作出或不作出一定的行为，或者要求他人作出或不作出一定的行为，来保证自己的合法权利得以实现。

第四节　守法的基本条件

守法是法的实现的重要的、基本的途径。作为社会生活中的一种较为普遍的行为，社会主体的守法表现或守法状态，往往与其直面的社会生活环境、法律本身的质量以及社会主体自身的法律意识、社会能力等密切相关，诸多因素都会影响和制约到社会主体的守法表现和样态。一般来说，对于守法影响最大的因素除规范条件外，还包括客观条件与主观条件。

第十章 守法原理论

一、守法的规范条件

守法的规范条件是法律本身制定得良好，可以说，社会主体自觉遵守法律，是因为它合乎正义的一般要求，适应了当时社会生活的规范需要。一般来说，守法是把公民的法定权利转化为现有权利的保障。因此，公民守法的根本意义取决于法律本身权利要素的"含金量"。换言之，法律保护社会整体利益的宏观性因素与保障个人利益的正当性因素的权重比例必须与道德调整个人利益与社会利益的尺度相一致。只有这样，才能实现或保证守法层面意义上的法律运行效益最大化。

二、守法的客观条件

守法的客观条件是指守法主体所处的社会环境，包括社会的政治文明状况、经济发展状况、社会管理水平、民族文化传统、国际和平形势、科技进步程度，尤其是是否谋求法治，等等。

三、守法的主观条件

守法的主观条件是指守法主体的心理状态和法律认知水平。通常与人们的政治思想、法律意识、道德观念、文化层次等有关。

政治思想是指社会主体在参与政治活动或观察政治行为过程中所形成的有关政治的开展、政权的更替以及特定历史时期的国家机关的组成及其活动准则等方面的思考、观点、想法和见解的统称。可以说，政治思想是社会主体对社会活动中的各类政治行为、政治现象以及掩藏在其背后的各种政治关系及其对立统一互动状态的反映，也可以说是人类思想、文化、意识规律在政治领域的一种特殊表现形态。健康向上的良好的政治思想可以引领和启示社会主体服从作为国家整体意志体现的法律的统治，可以促动社会主体养成独立的政治人格，自觉、能动地行使自己的公民权利，并懂得理性地监督权力主体的行为，从而进入较高的守法层次。

法律意识是社会主体关于法和法律现象的知识、认知及心理态度的统称。法律意识是法律文化的观念形态，往往表现在对法律现象的各种解说之中，体现为对现行法律的评价和认识态度，通常需要借助于社会主体的法律动机（法律要求），对自己权利、义务的认识（法律感），对法及法律制度了解、掌握、运用的程度（法律知识），以及对主体行为是否合法的评价等展现出来。社会主体法律意识的养成，是一个复杂多元的的系统工程。借助于持续开展的普法教育，有助于强化守法意识和法治情结，而通过加强对执法者和司法者的教育，则有助于从源头上防止不法的传播与权力不法的滋长。

道德观念通常是指社会主体对自身、他人、社会、国家、世界的各种互动关系的系统理解、看法和认识的统称，往往涉及是与非、荣与辱、善与恶、正义与非正义之类的社会伦理范畴的评价。这种道德观念不仅对社会主体的道德行为有指导和约束意义，而且对社会主体的一般社会行为也具有非强制的规范效力，其力量之源主要是传统习俗、社会舆论以及沉积于社会主体内心的信念力量。恰当的道德观念总是会为社会广泛赞许，并可能内化为社会主体的严谨、认真、宽容的良法善治思维，沉积为支撑社会主体普遍守法的自觉驱动力。

文化层次是指称社会主体基于其社会阅历、社会贡献以及受教育程度等所积淀起来的关于规范情结、价值追求、创新意志、贡献精神等方面的思维方式、行为取向、生活理念等的统称。总的来说，从违法的性质与情节之中，常可以看到文化层次的高低所产生的潜在影响。总体上看，一般的违法行为的实施者，文化层次较低；而文化层次稍高者所实施的违法行为，多集中在需要高智商的领域，或者公共权力涉足的领域，或者国家垄断资源的领域，而且此类违法行为，在全部违法案件之中所占的比例是相对较少的。不过，对于那些富有稳健品格的社会主体来说，认真对待规范的情结、崇尚正义、人权的价值追求，不断发展自我的创新意志，以社会贡献率作为衡量自我成功标志的精神品格等，所汇聚、浓缩起来的较高文化层次，其实也是一种不断地警醒自己行为要时时守法、事事合法的社会符号或标签。

第五节　守法的表现样态

守法的表现样态亦可视为守法的层次，这是一个存在实际格差结构的社会样态。

守法的表现样态有三个层次：如果某个时代或该社会的某个时期的法治精神得到弘扬或法治秩序得以强化，说明守法的主体性意识与守法精神处于理性自觉状态；如果仅仅是法治精神得以贯彻或法治秩序得以维持，说明守法的主体意识与守法精神处于感性自为状态；如果法治精神消解或法治秩序紊乱，说明守法的主体性意识与守法精神处于非理性状态。固然，这三种"状态"在任何时代的任何时期或阶段都不可能独立存在，也不可能彼此孤立地存在。在守法环节上，"理性自觉状态"的比例越多，法律运行的效益就相对较好，就越趋向于法律运行效益的最大化。❶

从其深层次上，守法应界定在充分履行自己对其他社会主体、对社会所承担的义务；对自己的权利有清楚明确的认识并力争实现之，既不滥用权利，也不随意放弃权利；在前二者的基础上对其他社会主体滥用权利与不履行义务或其他有损社会公共利益的行为加以检举、揭发和对抗。这三个方面实际上也是位阶不等的三个层次，第一方面是基本的初始的守法，第二方面是高级的觉醒的守法，第三方面则是积极的高尚的守法。对不同身份、地位的社会主体，要求是可以存在差异的。对一般公众，首先要求其做到第一方面，第二方面重心是注意不滥用权利，第三方面则只是一般倡导；对普通公务人员，除作为一个公民所应做到的之外，还要履行作为

---

❶ 刘同君："守法的伦理学观测"，载《黑龙江高教研究》2004年第12期。

国家公职人员所要遵循的行政规章，抵制与检举违法行为及其他有违社会公共利益的行为。❶

与守法相对的就是违法。违法是对法的统一与尊严的破坏与践踏，这与守法是对法的尊重与贯彻恰成鲜明对照。违法而不能免责，就需要相关行政、司法活动的启动，由专门的执法机关和司法机关进行归责，追究违法者的法律责任，恢复法律秩序，重振法律的威严。

说到底，"徒善不能以为政"，"徒法不足以自行"。建立、健全制度固然重要，但纸面上确立的制度与其是否在现实中具体付诸实施以及在实施中的实际状况却不是一回事。再好的制度，如果不付诸实施，或者在实践中不能很好地贯彻、实现，也只不过是一纸空文。法律制度本身没有生命，只有实践才能激活它并赋予其生命的力量。

政府是依照法律赋予的权限和程序执行法律的机关，也是国家意志得以系统展现的重要载体，它需要拥有一定的行政权，以维护社会秩序、增进社会公共利益，保护公民、法人或其他组织的合法权益；另外，这种行政权又是一种支配力量，一种强制力量，加之肩负行权的政府组成及其构成人员主客观情形的复杂性，如果不依法对其加以有效的控制，就极有可能被越权、渎职或滥用，并因此而侵犯到一般社会主体的合法权益。因此，需要特别强调作为行政执法主体的各级政府及其公职人员带头自觉守法问题，即政府既要严格执法，也必须依法行政，要求各级人民政府及其部门依照法定权限和程序行使职权和履行职责，权责统一，公开透明，严格监督，既不失职，也不越权，做到有权必有责，用权受监督，侵权要赔偿。在一个法治社会，政府理当是守法的模范，不折不扣地依法

---

❶ 在我国，对党员干部，则不仅应当做到第一方面，并不得滥用权力，还要做到第三方面，并以放弃纯粹个人性质的部分权利为崇高和当然，这是由在我国具体国情下共产党的执政党地位和党的性质以及全心全意为人民服务的宗旨所决定的。

行政。在任何一个追求和实行法治的国家，政府依法行政都是最为基本的，其重心也是依法治官而非治民，依法治权而非治事的观念。依法行政的实行，有利于切实保障公民的合法权益免受行政权力的恣意侵害，有利于有效发挥行政权的积极作用，加快我国的民主法治进程。

在市场经济条件下，多种所有制经济共同发展、互动共进，城乡平等、区域平等，市场统一、开放、竞争、有序，既重视宏观调控，行政管理体制和经济法律制度完善，也规范微观经济，为避免出现恶性竞争和经济无序化，健全基本竞争规则，形成促进经济社会可持续发展的良性机制；政府行为法治化。在市场经济条件下，需要政府活动在通向法治的进程中，逐步实现从权力政府到责任政府、从无限政府到有限政府、从神秘政府到透明政府、从管制政府到服务政府、从随意政府到诚信政府的转变。社会主体参与市场经济的能动性和创造力需要政府行为合法、合理、效率、公开、责任，法治行政、理性行政、高效行政、阳光行政、责任行政，既是法治政府的实践样态，也是市场经济的基本要求。政府及其组成部门和全体公职人员，应当自觉地做守法的表率与模范，并在执法活动中切实遵循执法的基本准则，合法、合理、效率、公开执法，责任到位。具体而言：

第一，遵守合法原则。这是法治国家对执法的基本要求，也是执法的最重要的一项原则，其根本目的是限制行政权的滥用，保护公民的权利。

第二，遵守合理原则。这是现代行政法治精神的应有内涵，也是依法行政的基本要求，它要求执法主体在执法活动中，特别在行使自由裁量权时，必须客观、适度、合乎理性。执法必须坚持以事实为依据，以法律为准绳，按照法律明确规定的标准和尺度进行规制与处罚，这既是维护国家利益、社会利益和民众利益的需要，也是人民群众对执法机关执法工作所怀有的基本期待与要求。只有遵循合理原则，依法行政，才能在执法中实现立法宗旨。

第三,遵守效率原则。在执法过程中,会涉及大量的人力、物力、财力投入及时间的耗费、空间的占用等,即存在执法成本问题,因此也存在执法的效率问题。执法的效率原则就是指在坚持合法、合理原则的前提下,执法机关在行使其职能时,应当以尽可能低的成本获得尽可能大的收益,取得最大的执法效益。

第四,遵守公开原则。这是指执法机关应将执法的依据、制度和程序以及个案执法情况等,以恰当的方式告知相对人;在不侵犯相对人的隐私权的情况下还可以予以公告。同时,执法机关应将本机关的办公地点、投诉渠道、咨询电话等向社会公布,公民也可一般性地申请查询执法机关的执法权限、分工、程序、方法等,以便利社会公众的知情与监督。执法公开是法治政府的内在要求和衡量指标。推动执法活动与执法信息的公开、透明,保障公民的知情、参与,便利公民的批评、监督,有助于建立政府与公众之间的良性互动,实现政府治理的"善治"。

第五,贯彻责任原则。这是指执法机关与公民权利相关的行政行为,必须严格按照法定职权和程序作出,对于违法行政行为,行政机关必须承担相应法律责任。作为行政相对人的个人或团体,当认为行政行为侵犯了其自身的合法权益时,各行政相对人拥有向司法机关起诉请求司法审查的权利和提起行政赔偿诉讼的权利,有关执法机关负有对相关行政相对人谋求实现其救济权利的行为的引导与保护之责。

第十一章 司法原理论

第一节 司法的含义及要求

一、司法的含义

依通常理解,司法是指司法者依照法定职权和程序,运用法律审理案件的专门活动。按其应有之义,应理解为司职、执掌、主持法的运用与适用,是指作为权威的第三人的法定机构运用法律规范裁量当事人的是与非的活动。就其现代意义而言,司法是指国家审判机关及其审判人员,按照法定的职权和程序,运用法律衡量、裁决与判定案件,并作出结论的专门活动。司法一词古已有之。但在我国,近代意义上的司法,却出现于清末修律之后。在西方,司法大都是与法院的审判活动联系在一起的。

司法活动通常表现为两个方面:一是当自然人、法人或其他组织间发生争执、纠纷时,需要由司法机关依法作出裁决以对原法律关系的内容加以确认、变更、解除或者确立新的法律关系;二是当自然人、法人或其他组织实施了危害法定社会关系与秩序的行为(包括一般违法行为和犯罪行为)时,由司法机关依法予以审理并作出是否给予制裁或给予何种制裁的判决。无论在哪种情况下,司法机关都是以第三者的身份对案件中的各方利害关系人(民事、商事、行政案件的双方当事人)的纠纷进行裁判,在诉讼法律关系中对当事人之间因案件形成的实体关系施加影响,使之恢复到原来的合法状态。

就其性质而言,司法是通过法的运行过程对利益实施的第二次分配。尽管不同国家在其司法制度形成和发展过程中对于司法主体的认识略有不同,但无不将法院作为司法主体的核心。

在当今社会，司法活动的缘起通常在于权利受到损害或者权利义务关系失衡，从而需要司法机关依法予以重新确定。以自己的名义请求司法机关保护其合法权益并接受法院判决和裁定的约束的一方当事人及其相对方当事人，即以自己的名义起诉或者应诉的人，称原告和被告，或称"两造"。原告、被告双方提起或参加诉讼的目的是保护自己的合法权益。

二、司法的要求

司法的基本要求就是司法活动的公正、合法、准确、及时、公开、实效。公正，就是在适用法的过程中应体现公平、正义等价值。合法，就是要求司法机关严格依法办事，亦即司法机关依据法定的职权和程序，并根据实体法和程序法的规定，处理案件、调整利益、界定权利、课定义务、定分止争。准确，就是指司法机关在认定事实、适用法律时要尽可能适中、精准、确切；对案件确认的事实要准确、可靠；对案件适用法律要正确；对案件的处理要正确。及时，就是在公正、合法、准确的前提下，严格确保在法定期限内审结案件。公开，强调的是司法者在相对独立、宽严有度、公开透明的司法体制下受理和审理案件。实效，就是司法机关办理案件务求取得法律效果与社会效果的统一，案结事了，使司法真正成为社会冲突的和平防护屏障。

司法的上述基本要求旨在强调，司法活动尽可能地符合客观事实，应当合乎法律规定，能够保护国家、社会和公民的合法权益，更主要的是必须给案件当事人以公正对待。公正是法的恒久价值，也是司法的基本理念。可以说，公正在这些要求中处于统领的地位。

第二节 司法权的性质与特征

一、司法权的性质

司法权的本质是判断、裁量权。

如果说,司法是法官依照法定职权和法定程序,运用法律审理案件的专门活动,那么司法权就是在其中运行的权力。这种在司法活动过程中运行的司法权是司法者所拥有和独享的判断、裁量权力。司法权是在既定的法律规则和法律原则下,在法定的程序运行过程中,在判断、衡量利益分配的状态是否公道、合理的思考与决断之中,完成其社会使命的。

司法权在司法过程中所肩负的使命是多方面的。首先是公正和权威地裁决私人争端,化解社会矛盾,和睦社会关系。其次是公正和权威地决定一个人是否犯罪,所犯何罪,以及确定其犯有某种罪行之后对其如何处置,以慰藉被害人和防止被害人的私力处罚,维持社会秩序的稳定。在社会秩序化方面,司法权是一支不可或缺的重要力量。

二、司法权的特征

要探讨司法权的性质,还必须理解和把握司法权所具有的几个根本属性,这些根本属性是司法权的判断、裁量本质的外化与展现,构成了司法权的基本特征。

从权力性质的角度进行分析,司法权的基本特征可以归纳为以下几个方面:

(一)被动性

司法权的被动性,是指司法权适用法律的过程是在受动状态下完成的,实行"告诉才受理"、"不告则不理",非因诉方、控方请求不作主动干预。在稳定变革与发展时期,各个不同的利益集团之间也会存在公开或不公开的利益分配冲突。尽管这些冲突不可避免，但调解冲突、解决矛盾的最好手段则是已经成立且静待前来诉求解决的纷争当事人双方，聆讯事实与理由，予以调适与裁断，从而救济权利、协调诉求、平衡利益、恢复秩序。如果司法权的独享者自己主动深挖案源、提起诉讼、介入利益冲突，然后再作判断、裁量，则将毫无公信可言，更无权威可期。

（二）专属性

司法权的专属性，是指纷争诉至司法机关，承担判断、裁量职能的主体只能是特定的主体，其职权专属于法定的司法人员。即司法权不可让渡和转授于其他权力主体或组织、个人，即使在司法机关中，也不能任由不具有司法资格的附属机构或人员代为行使。除非一方当事人或当事人双方自愿地且事先地自己选择将需要判断的事项提交到仲裁机构、调解委员会等其他的组织或个人裁断。

（三）中立性

司法权的中立性强调的是司法职能必须要保持其居中裁判的地位，司法人员的态度不受其他因素，包括政府、政党、媒体等影响。这种"中立"可以通过三个要求体现出来：一是"与自身有关的人不应该是法官"；二是"结果中不应含纠纷解决者个人利益"；三是"纠纷解决者不应有支持或反对某一方的偏见"。❶ 如果说权力是在双方或多方之间发生利益冲突的过程中和情况下所行使、所显现出来的对冲突的强制性控制力量的话，那么，司法权就是其中最为典型的体现者，司法权集中体现着对各种纠纷、矛盾和冲突的理性控制力和居中协调力。

（四）独立性

司法权的独立性强调的是司法权只能由司法机关排他性地行使，司法机关及其司法人员在依法行使其职权时，只服从法律，不

---

❶ ［美］戈尔丁：《法律哲学》，齐海滨译，三联书店1987年版，第240页。

受任何机关、组织、团体和个人的干涉。独立性与司法职能的中立地位直接相关,即司法权的运行及作为其结果的裁判必须依据法律作出。司法机关是专门适用法律的机构,它的任务就是解释和适用法律,为正义的事业服役,而不屈从于法外的干预;只服从法律,而绝不受政治偏见和私人利益的影响。

(五)分散性

司法权的分散性旨在强调司法权隐含的双重意味:其一,司法权是依照纷争判断所需理性、智慧强度的不同而在内部划分成不同的层次,形成司法体系中的不同级别。如审判权实际上是由分布在各个地域的各个不同审级的司法机关分别行使、零散完成的。当事人不服法院的裁判可以逐级上诉,各国法院都为此而分别设有多层的审级,上下级法院之间彼此独立,除法律之外,上下级法院之间也不存在领导与服从的关系,他们各自独立行使自己的法定裁判权。其二,在同一司法机关内部,在司法权针对同一案件的审理过程中,判断、裁量的权力被平等地划分、配置给了所有参与审判的司法者,由其依其各自的理性、良知、学识、智慧,判断案件之性质,裁量利益之分配,然后在沟通商谈、求同存异基础上形成公约的结论。在这一过程中,不是命令与服从的关系,而是平等交流、交换意见的过程,甚至在无法形成公约和共识之际,可以实施多数决的方式通过决议,但保留和注明少数的观点和意见;参与裁判的司法者对判决的后果以其各自的意见独立承担责任。

(六)终局性

司法权的终局性强调,司法权是终局结果的判定者。这意味着,当事人一旦选择了司法解决纷争,其最终的期望就只有落实到司法的最终产品——案件的判决上,接受司法裁判对权利和义务关系的重新确定。虽然这并不意味着这种终局判定就是不可变更的,对于司法裁判的不服,相关当事人可以寻求合法的途径,要求司法救济,比如上诉和申诉等,但是,一经启动司法程序,救济就只能是在司法的框架范围内进行了，并最终在司法的框架范围内解决。

（七）普遍性

司法权的普遍性强调的是司法权的管辖对象是一般人的行为，审查的对象更为广泛，不仅包括一切公民的行为，也包括被提起诉讼的行政机关的行政行为及其准立法行为，甚至还可能包括立法机关创制的规范性文本的合法性问题。在司法权管辖范围内的所有人都有资格向其申请对某一纷争作出裁判，裁判给予某项法律保护的权利就不受非法限制和侵犯。在美国等一些确立了司法权威的国家，甚至连政治选举中的困局都交由最高法院寻求破解之道。

（八）专门性

司法权的专门性强调的是司法权的职责所在就是适用法律、裁决纠纷。即矛盾、纠纷、冲突的存在是司法权启动的因由，法律的存在及其适用的需要是司法权运行的根据与理由。司法权运行对司法人员的职业化、专门化提出了相当高的要求，未经专门的职业化训练者不得充任担当裁判职能的法官。因为司法判断是终局性判断，必须严格依法定准则和程序进行，如果不懂得程序，不熟知法律，不通晓法理，当法律规则不清晰、原则不明确或法律本身存在漏洞之时，就难以进行符合社会正义的法律解释和法律推论。

（九）程序性

司法权的程序性强调，它是以从社会现实生活中抽象出来并理性建构的法定方式、方法、步骤作为运行程序，以既定的可以确证的法律原则和规则为判断标准，以现有的诉讼中的法律事实为证据，以作出能够尽可能符合客观实质合理性的相对合理判断为价值取向，以诉讼当事人各方对裁判结论的接受为目的的活动。在司法程序中，在控、辩、审三方之中，作为司法权的享有者，法官负责法律审查和判断。在控辩双方展开的交涉、抗辩中，作为判断者兼听则明，最终作出合乎理性的选择和判断。我国依照司法机关受理和审理的案件的性质的不同，设置了民事诉讼法、行政诉讼法和刑事诉讼法,分别规定了民事案件、行政案件和刑事案件的诉讼程序。针对相应性质的案件,司法权只能依据与案件性质相对应的程序来运行并作出处理。

(十) 规束性

司法权的规束性强调的是,司法权的运行必须忠实于宪法和法律,必须恪守职业道德与自律规范;任何司法机关及其工作人员的权力都是有限的,都是确定的,可清晰把握甚至是可具体量化的,只能在法律授权的范围内依法行使,没有法律的明确授权,则不得行使,否则就会导致越权或滥用。因为,司法机关所拥有的司法权是通过宪法、法律而设定的,宪法、法律尤其是相关组织法确立了司法权运行的不同审级、不同审判组织的权限;司法权运行的方式、方法、步骤等,都由相关诉讼程序法事先确定下来。司法权只有在其法定的职权范围内并依照法定的程序运行才是有效的、合法的,才能获得普遍尊重和承认。因此,司法权必须尊重实体法的规定,不得突破组织法对其设定的权限范围,并必须遵循诉讼程序法所确立的权力运行方式、方法、步骤等。

第三节 司法活动的基本原则

司法活动的基本原则是司法机关在行使司法权,实施司法行为,开展司法活动,协调利益纷争,解决社会问题的过程中,必须切实遵循和贯彻落实的具有普遍约束意义的行为准则的统称。这些原则包括下述七条。

一、平等适用法律原则

平等适用法律原则,是指在司法活动中,任何社会主体的合法权益都应受到司法的平等保护;任何社会主体的违法乃至犯罪行为都应受到司法的平等追究;在激励与制裁方面,所有的社会主体都应受到基于事先法律明确规定下来的平等对待。平等适用法律原则是"法律面前人人平等"的具体化，也是"公民在适用法律上一律平等"的具体要求。

具体而言，法律面前人人平等，意味着社会主体有权享受法律的平等保护，不受任何歧视；不受任何歧视行为以及煽动这种歧视的任何行为的伤害。在适用法律上一律平等，意味着只有法律意义上的主体，没有任何仅享有特权的特殊公民。平等适用法律原则也是我国三大诉讼法共通的基本原则。在司法中，平等适用法律就意味着：对于已经生效的法律，必须毫无例外地严格适用，都必须毫无例外地依法办事，对任何人都不能歧视；同时反对和禁止任何人谋求不遵守法律的行径，甚至凌驾于法律之上的特权。其要义在于：其一，从适用法律的一面而言，司法机关在诉讼过程中，对一切公民的合法权益，不分民族、种族、性别、职业、社会地位、宗教信仰、文化程度、财产状况、居住年限等，律依法予以保护，甚至包括那些违法犯罪分子的合法权益；其二，对于一切公民的违法犯罪行为，不论违法犯罪人的社会地位高低、财产多寡等都必须平等地依法处理，绝不能根据违法犯罪者的出身、身份、官位等社会符号的不同，而在适用法律上给予特别的照顾、特殊的对待，甚至法外施恩；其三，在司法裁判当中，不得将司法者本人的个人主观好恶融入其中，不得以司法者的利益倾向、情感倾向等为取舍，实行差别对待。

二、以事实为根据原则

司法机关审理各种案件，不能以凭空想象、主观臆断或大胆假设为依据，只能以与案件有关的各种事实材料，即以已经证明的法律事实，作为裁判的依据，对已发生的事情作出判断、处理。以事实为根据原则中所说的事实乃是指经过查证属实、能够证明案件真实情况的一切有效事实。证明案件真实情况的一切事实，经过查证属实，都可作为定案的根据，即证据。证据是认定案件事实的唯一根据，只有掌握了充分确实的证据，才有可能正确地认识案件的真实情况。证据也是正确适用法律的基础,只有以充分、确实的证据为基础,才能查清案情,依法作出公正裁判。司法机关要想正确审判案件,做到定性准确,适用法律得当,必须首先掌握充分的证据,了解案件的全部真相。这是正确裁判案件的前提条件,也是处理各类案件的立足点和根本点。

三、以法律为准绳原则

以法律为准绳原则强调的是,司法机关在司法过程中,必须严格遵守相关实体法、程序法和组织法的规定,只能依据现行有效的法律规定分析法律关系主体之间的利益划分与配置状况,去判断和确认特定法律关系主体的权利、义务及其法律责任等。

坚持以法律为准绳原则,就要坚决抵制和反对以形势为准或以政策为准的错误观念和做法。尤其当法律与政策发生冲突之际,当法律与特定时期领导人或领导集体基于形势的判断所作出的决定发生冲突时,司法机关及其司法人员必须坚定地独立行使司法权,自觉地服从法律,以法律为准绳,捍卫法律的权威与尊严。

四、正当程序优先原则

正当的程序活动是公正的裁判结果得以产生的基石,很难想象偏离公正轨道的司法程序活动能够最终为我们提供一个公正的裁判结果。但是,正当的程序活动并不能必然地达致一个公正的判决结果,"如果因为一种特殊结果是在遵循一种公平的程序中达到的就说它是正义的,这个口子就未免开得太大了,它将允许人们说几乎所有的利益分配都是正义或公平的,因为它可能是作为公平赌博所达到的一个结果"❶。但是,在司法活动中,坚持正当程序优先原则对保持日常司法工作的纯洁性是大有裨益的。

---

❶ [美] 罗尔斯:《正义论》,何怀宏等译,中国社会科学出版社 1988 年版,第 82 页。

五、保障基本人权原则

人权是现代法的核心价值,也是法治的首要目的,当然也是司法活动必须尊重、捍卫和保障的焦点。这是由人权对于人的普遍价值所决定的。

从一般意义上说,人权不过是人的价值的社会承认,是人区别于动物的观念上、道德上、政治上、法律上的标准。它包含着"是人的权利"、"是人作为人的权利"、"是使人成其为人的权利"和"是使人成为有尊严的人的权利"等多个层次的内容。人权是人须臾不可离之的东西。人权的内容随时随地地满足着人的需要,这就是人权对于人的价值。没有人权的社会,人的价值也就无从体现。肯定人的价值的一般方法是肯定人的人权,抹杀人的价值的常用方法是否定、剥夺、压制或践踏人的人权。

司法活动首先必须尊重人权。司法活动的展开,必须懂得致力于确保无罪的人不受刑事追究;确保有罪的人所受的刑罚与其所实施的违法行为相适应;确保民商事案件当事人的利益能得到公平的保护;确保行政案件各当事方尤其是作为原告和作为行政行为施加对象的公民、法人的合法利益得到保障,限制行政机关的裁量权并戒止行政权力的滥用。其着重点在于最终保障任何人非因自己的罪行且经正当法律程序,其生命、财产及相应的自由不受限制或剥夺。因此,在司法活动中,为防止发生滥用强制措施而侵犯公民人身自由的情况,司法机关对取保候审、监视居住、拘留和逮捕等刑事强制措施的适用范围、审批步骤、法律手续、应当遵守的时限等问题都制定了比较周密的规范,还规定了一系列的监督措施,以谋求从制度上防范司法机关在适用刑事强制措施过程中侵犯犯罪嫌疑人、刑事被告人的合法权益。获得公正审判权本身就是已经为现代法治国家以及国际社会普遍认可的一项基本人权。

六、司法责任严明原则

司法责任是确保和强化司法人员正常履职的法律与纪律约束机制。司法责任严明原则强调的是,对于司法机关和司法人员在司法活动中由于存在故意或重大过失而造成的误判、错判情形,应当严格责任倒查与追究机制,依法迫使其承担相应的不利后果。

在司法领域对司法责任的制度设计上,应一方面针对司法机关的各个岗位和司法程序的各个环节的特点,特别对易发徇私枉法的岗位和环节,强化有针对性、可操作性和实效性的监督,对其司法活动场域进行综合、细致、妥当而有效的过程控制;另一方面,将落实司法责任的责任追究机制激活,发挥制度的正负激励作用,不仅激发司法人员的依法司法热情与激情,而且要抑制司法人员的徇私枉法、滥用权力,办关系案、人情案、金钱案的私欲冲动,问责不思积极进取、怠于履职的失职渎职行为。

七、社会和谐导向原则

司法的社会和谐导向原则,是指司法机关以保障和促进社会和谐为目标,公正有效地化解社会矛盾和利益纷争,尽可能地谋求案件处理的法律效果和社会效果的有机统一,最大限度地为社会秩序贡献和谐因素,最大限度地消除和减少社会的不和谐因素。在构建和谐社会的进程中,衡量和检验司法机关工作的水平和能力,不仅要考察办理案件的数量及其复杂程度,还要考察是否通过司法人员的努力和司法程序的运作,最终化解了矛盾、消弭了纠纷,是否理顺了利益关系、抚平了激烈的群众情绪,是否促进了社会的安宁与人际关系的和谐。所以,社会和谐导向原则强调的就是,要把宏观上促进社会和谐作为司法活动优良与否的重要标准,从立案到审判活动、再到判决的执行活动,必须有利于促进社会和谐,必须经得住社会和谐这个上位标准的检验。

第四节　司法的组织体系

一、司法组织体系的含义

司法的组织体系是指由享有司法权的专门组织机构所构建起来的体系、体制或系统。

司法的组织体系通常与一个国家的政治体制有关。在实行三权分立的国家，司法的组织体系中只包含着法院，法院是其唯一的司法机关，法院系统与司法的组织体系是完全同一的。一些大陆法系国家，虽然也设有检察机关，但通常并不是单列的，而是附设在法院。一些英美法系国家，通常情况下，检察官办公室附设在法院，有时也根据特定案件之需单设独立的检察官办公室，作为代表国家提起公诉、提请追究刑事责任的机关。

二、我国司法组织体系的特点

我国现在实行的是双体四级互恰的司法组织体系。（1）双体，是指根据《宪法》和《人民法院组织法》、《人民检察院组织法》的规定，人民法院和人民检察院都是司法机关，人民法院依法独立行使审判权，人民检察院依法独立行使检察权。（2）四级，是指人民法院是专门的司法审判机关，共设置四级，即基层人民法院、中级人民法院、高级人民法院和最高人民法院，以及军事法院、海事法院等专门人民法院，最高人民法院与地方人民法院之间、地方人民法院的上下级之间是监督与被监督的关系；人民检察院是专门的法律监督机关，也设置四级，即县（自治县、县级市、省辖市的市辖区）人民检察院、省辖市（自治州）人民检察院以及直辖市的人民检察院分院、省（自治区、直辖市）人民检察院、最高人民检察院，以及军事检察院等专门人民检察院，最高人民检察院领导地方各级人民检察院的工作，上级人民检察院领导下级人民检察院的工作。（3）互恰，是指人民法院与人民检察院同时并存、分工明确、相互监督、相互制约：两者同时对人民代表大会负责和报告工作；两者分别依据宪法和相关组织法、诉讼法的规定，在各种职权范围内开展活动；人民检察院通过对刑事案件提起公诉与建议量刑，对不服一审判决的刑事及民事案件的抗诉，对人民法院的审判活动进行程序上的制约；人民检察院通过行使专门的法律监督权尤其是对渎职案件的自侦权，批准或决定逮捕贪腐渎职法官的方式，加大对人民法院从立案、审理到执行各个环节的法律监督；人民法院通过依法公开开庭审理人民检察院提起公诉或抗诉的案件，监督人民检察院在办理案件过程中可能存在的不当、不法、渎职或滥权行为。

一个国家的司法系统在组织上分为几级，以及案件经过几级法院审理后程序即告终结、裁判即发生既判力的制度被称为终审审级制度。我国人民法院组织法和三大诉讼法都分别明确规定，人民法院审理民事、行政、刑事案件实行两审终审制，即一个诉讼案件经两级人民法院审判后，诉讼程序即告终结，当事人即不得再提起上诉的诉讼制度。由于我国法院系统实行四级建制，即人民法院划分为基层人民法院、中级人民法院、高级人民法院和最高人民法院四级，因此，这种制度又称为四级两审终审制。为避免两审终审制难以保证司法公正的后果，我国三大诉讼法均强化了审判监督程序，即对认为确有错误的判决、裁定，可以采用多种形式提起再审程序，对判决、裁定已经发生法律效力的案件可以进行再审。

第五节　司法独立的现代意蕴

司法独立原则，是资产阶级在反对封建专制的斗争中提出来的革命口号，渊源于资产阶级的"分权"学说。正如孟德斯鸠所认为的："如果司法权不同立法权和行政权分立，自由也就不存在了。如果司法权同立法权合而为一，则将对公民的生命和自由施行

专断的权力,因为法官就是立法者。如果司法权同行政权合而为一,法官便握有压迫者的力量。"❶

为了体现正义和公正的代言人的角色,实践公平和正义,司法独立是必不可少的。司法独立是国家权力的配置系统中司法机关监督立法和行政的宪法依据,也是避免司法机关和法官受到外部因素的干扰而背离公正原则,从而实现司法权的价值的基础条件。法治社会需要有良好的司法体制,要求有理性的司法活动。健全的司法体制是确保司法公正的保障。健全的司法体制包括两个方面的要求:一是司法系统内部对司法权运行的约束保障机制,包括法官与法官之间的关系、法官与合议庭之间的关系、法官与本法院的关系、法官与上级法院及其法官的关系、下级法院与上级法院的关系、地方法院与最高法院的关系等。二是司法系统外部对司法权运行的分权保障机制,保证司法权不受来自司法权之外的其他权力的不法干扰,包括司法机关与立法机关的关系、司法机关与行政机关的关系、司法机关与政党团体的关系等。这些关涉司法机关在国家机构体系以及在政治结构秩序中的地位问题,属于宪政制度命题,往往带有全局性和根本性,直接决定着司法权能否独立、公正地行使。

司法独立的现代意蕴这一命题旨在强调,在迈向法治的途中,应当保证司法权的运行不受不必要的其他力量的影响,排除非法律性力量的干涉。首先,要确保在人事、财政等方面独立于行政机关,这对防止行政对司法的干预而言是最基础的、最现实的。其次,应在法律实施方面独立于立法机关,除尊重和依循立法机关的立法之外,不接受其对个案的不当干预。最后,不受大众传媒和利益倾向(不管是公共的还是私人的)的干预,只服从法律理性的支配。此外,在司法系统内部,确立有利于独立司法的机制也是非

---

❶ [法]孟德斯鸠:《论法的精神》,张雁深译,商务印书馆1961年版,第156页。

第十一章 司法原理论

常重要的，包括两个方面：一是下级法院相对于上级法院而言，必须自我管理、依法审理、独立裁判；一个法院的审判活动，不受另一个法院的干涉，上级法院对下级法院也不能在其进行具体审判时进行干涉，而只能在其判决作出后，依上诉程序或上告程序变更其判决。二是各级法院中的法官在裁判过程中必须坚持独立司法，不为各方面非法律性意见所左右。

司法独立是法治国家的一个衡量元素，也是法治社会的内生要求。无论从确保司法公正、保障基本人权的意义讲，还是从维护社会秩序、实现社会正义的立场上讲，抑或从满足社会成员对司法效率的需求的角度来审视，司法独立都是必须的，是建设法治国家无法逾越的一个制度性环节，若无司法独立，则有必要先在这个方面进行理性的制度重构。

第十二章 法的监督论

第一节 法的监督的概念及特征

一、法的监督的概念

历史经验证明,不受制约的权力,必然导致腐败;没有监督的权力,会有滥用之虞。为了防止权力的腐败和滥用,确保将人民赋予的权力真正用于为人民谋利益的事业,就必须强化对权力的制约和监督,健全法的监督则是重中之重。在法理意义上,法的监督不仅在于强调任何社会主体的行为,尤其是公共权力主体的职权行为都必须被监督,更主要的在于强调监督者同样应当将自身置于被监督者的地位。

法的监督的概念涉及内涵和外延两个方面。

就其内涵而言,法的监督是指特定的主体依据法所赋予的权能及法定程序,对法律实现过程中的各类行为所施加的旨在确保法律的精神得以贯彻并可能引起新的法律结局的审查、规制、调控、监察、检察、纠错与督导等一系列措施、手段与影响的总称。作为法律制度的一个重要组成部分和法治化建设的一个环节,法的监督往往处在与法律的立、改、废环节的结合点上。

就其外延而言,既包括直接产生法律效力的监督,如人大对"一府两院"年度工作报告的审议和重要人事任免,上级人民法院对下级人民法院审判活动的监督;也包括不直接产生法律效力但具有重要社会影响力的社会监督,如执政党与参政党彼此之间的相互监督,大众传媒借助对事件和事实真相的报道的渠道实施的监督,等等。

法的监督的概念还有广义界说和狭义界说两种。

第十二章 法的监督论

广义上法的监督，是指所有国家机关、政党或社会组织和公民对所有的法律活动的合法性进行的监督，强调的是一种依据法律准则对普遍的社会生活展开的全方位监督，或者是一种基于法治理念和法治思维的由全体社会组织和每一个社会成员对全体社会组织乃至每一个社会成员的法制生活状况的普遍监督。狭义上法的监督则专指国家机关依照法定职权和程序，对立法、执法、司法活动的合法性所进行的专门监督，具有法定性。通常情况下所说的法的监督是从广义上而言的。

二、法的监督的特征

法的监督在法治化进程中的作用和在法律制度中的地位决定了其所具有的法定性、严肃性、民主性、科学性等特征。

（一）法的监督的法定性

所谓法的监督的法定性，是指法的监督的主体、对象、内容、程序等均应由法律文件预先确定，因此任何非法定实施某种监督的组织和个人都无权实施各该种法的监督；各有权监督的特定主体都应当在其法定的职权范围内认真负责地履行其监督职能，越权监督将会归于无效；即便是法定的法的监督主体，在实施法的监督过程中，也必须尊重事实和客观实际情况、忠实于宪法和法律，任意或者滥用法的监督权将会破坏国家法的监督体系的科学性与正当性。

（二）法的监督的严肃性

所谓法的监督的严肃性，是指在法的监督体系中各法的监督主体在实施法的监督时必须严格按照法定的程序进行，严密的程序确保着法的监督的宗旨与目标切实有效的实现，并限制监督权的扭曲，制约权力的滥用，得以避免对被监督者的损害；体现着法律的时代精神的法的监督程序内在地存在于法的监督体系之中，并以及时、合理、切实、有效为其补充要素和辅助精神，保障被监督者能够自我辩解与维护其自身利益并防范监督主体滥用监督权。

(三)法的监督的民主性

所谓法的监督的民主性,是指法的监督的实施过程与实际运作是公开进行的,公开化的实现使得更多的社会主体得以参与到法的监督活动之中,从而也使得法的监督有了广泛的社会基础,民主成为法的监督内在的价值取向和法的监督的实在内涵;在现代社会,从主体角度而言,一切国家机关、政党组织、社会团体、企事业单位和个人,都是法的监督的主体,都肩负着弘扬法律的精神、维护法律的尊严、确保法律的价值得以实现的使命,都处于监督其他主体和受他人监督的交叉点上。在这些监督主体中,法律地位或政治地位虽会存在某种差别,但作为监督者与被监督者却都是依法享有权利和承担相应的义务的。

(四)法的监督的科学性

所谓法的监督的科学性,一方面是指法的监督是基于建设现代法治国家所必需,合乎法律的运行机制的规律和要求的。构成法的监督体系的各个要素的结构、监督主体的职权与权利的配置以及实施监督方式的设定等都是明确的、适度的,有其存在的必要性、正当性与合理性。另一方面是指法的监督是有着严密的制度保障的,并且是一个由各个侧面、各个层次的监督机制所构成的完整的监督系统,法的监督在制度框架范围内并按照法定的程序实施是完全适当和切实可行的。

可以说,法定性、严肃性、民主性、科学性统一于法的监督之中,是法的监督的内在要求和必要条件,四者缺一不可。

第二节 法的监督的构成要素

法的监督的构成要素是指构成法的监督的基本要素。法的监督一般包括法的监督的主体、客体、内容和方式等要素。

第十二章 法的监督论

一、法的监督的主体

在我国，法的监督的主体是非常广泛的。包括各类国家机关、政党或社会组织和人民大众。国家机关主要是指国家权力机关、国家行政机关和国家司法机关，即各级人民代表大会及其常务委员会、各级人民政府及其职能部门、各级人民法院和各级人民检察院，他们的监督权限和范围在宪法和其他有关法律文件中有明确规定，并且有严格的程序规定及其保障实现的措施。国家机关的法的监督具有权威性和强制力，在整个国家法的监督体系中处于核心地位，是维护国家法制的统一和尊严、确保国家各项管理事务的合法性的主要保证。这里所讲的政党或社会组织是指包括执政的中国共产党的各级组织、人民政协的各级组织、各民主党派、依法成立的各种群众团体以及各类依法设立的传播媒介机构等。他们的法的监督同样在我国的法的监督体系中具有重要意义，发挥着重要的作用。例如，各种公开的大众传播媒介的监督对于依法行政和司法活动的合法化与合理化无疑有着巨大作用，促使他们依法行政、依法司法、依法从事各种社会活动。而公民的监督则使我国的法的监督体系有了极为广泛的群众基础和社会基础，也是保证各国家机关及其工作人员真正按照人民的意志办事、以维护人民大众的普遍利益作为一切工作的首要任务的基石。作为被监督者，有接受监督的义务，有义务按照监督者的建议或指令作出相应的符合要求的行为、采取相应的措施以改进工作水平与质量。在当前正在大力推行"依法治国、建设社会主义法治国家"的社会背景下，应当将公民的监督和社会舆论的监督置于一个突出的地位上加以强调和推动；作为执政党的中国共产党大力加强自身组织建设和纪检工作，也是确保各级国家机关廉洁从政、依法办事、有效管理的重要条件。

二、法的监督的客体

法的监督的客体，即法的监督的对象，是指从事一定法律活动的所有国家机关、政党或社会组织和自然人的行为，尤其是国家机关及其公职人员的活动。由于对法治的最主要威胁和最严重破坏常常来自拥有公共权力的国家机关及其公职人员，因而，在法的监督的客体中，国家机关及其公职人员行使职权的公务性活动，以及其可能对国家机关及其公职人员廉洁性造成负面影响的日常活动，居于最核心的地位。

三、法的监督的内容

法的监督的内容，即对法的监督对象的行为与特定活动的合法性所实施的监督。这种监督的内容包括以下几方面：

（一）行使职权的行为

对行使职权的行为的监督是指针对公共权力主体实施的社会管理与控制行为，考察其是否在法定职权范围内行使权力，是否存在超越权限行使权力的情形，是否存在息于履行法定职责的不作为情形，是否存在不依照法定程序行使权力的情形，等等。对行使职权行为实施法的监督旨在强调，任何公共权力都是基于法律的明确授权，非法律明确授权不得拥有某项权力；任何公共权力的权力范围大小都是由法律加以确认的，不得超出法律授权的范围行为，否则就构成越权；在法律授权的范围内必须行使其权力，否则就会构成渎职；公共权力的行使必须按照法律规定的程序、方式进行，否则会构成权力的滥用和无效。

（二）履行职责的行为

对履行职责的行为的监督是指针对各级各类公共权力主体享有的宪法或法律、法规赋予的权限，考察其是否严格履行了法律所授权的职能，是否正当地完成了其宗旨与使命，是否最大限度地有效完成了法定权限所确立的分内责任。如前所述，其实履行职责与行使职权是公共权力行为的一体两面，对于公共权力主体而言，履行职责的行为过程是与行使职权的行为过程同时完成的，同时，行使职权的行为过程是与履行职责的行为过程同时完成的。

(三) 日常生活的行为

对公职人员的评价、考察和任用侧重德、能、勤、绩、廉，即在思想品行、处事能力、工作表现、实际业绩、廉洁程度等各个方面全面进行。国家机关及其公职人员作为行使国家权力、执行国家管理职能的组织或人员，一言一行都会受到社会的普遍关注，公职人员的模范守法、业绩考核、能力评价、品行鉴定、廉洁办事等情况都是必须考虑的指标。对德、能、勤、绩、廉优秀者，选任激励；对德、能、勤、绩、廉不足者，及时督促；对德、能、勤、绩、廉欠缺者，批评惩戒。

四、法的监督的方式

法的监督的方式，即法的监督主体实施监督所使用的方法和手段，监督主体不同，监督方式也有所不同。依照历史经验早已释明的道理，权力的分立是导致权力得以制约的前提，只有当所有的权力都能够在受到其他权力控制和监督的同时也能控制与监督其他权力的行使，防止权力的滥用才能成为实践的结果。对国家权力进行监督的方式相当多，既包括道德、纪律、教义等与法律有关但又不同于法律的方式，也有法律调控的方式，而且法律方式还是最为有效的控制、约束与监督方式。

第三节 法的监督的原则

法的监督是一项旨在确保法律实现的极为严肃的活动。为保障其有效进行，起到应有的作用，必须坚持遵循以下几项基本的原则。

一、民主监督原则

民主监督原则亦即法的监督的民主原则，是指开展法的监督活动、实施法的监督行为必须切实遵循为了人民群众、相信人民群众、依靠人民群众，将国家机关的法的监督与人民群众的法的监督有机地结合起来。在法的监督领域，遵循民主原则，既有助于改进与提升国家机关及其公职人员的工作水平与热情，也有利于激发与促进广大公民对国家大政方针、法律实施及权力运行状况的关心与督导。

法的监督的民主原则包含双重意蕴：一是监督主体的人民性，人民群众拥有广泛的监督权利；二是国家机关实施法的监督的民主性，应贯彻相信群众、依靠群众、民主决策。尤其就后一方面而言，有关国家机关应当从满足社会公众对于法的监督的渴望、需求和关切入手，洞察社会公众怀疑、质疑、强烈不满的权力运作问题，充分利用社会监督的民主资源，确保依法、准确、全面、客观地实施法的监督。

二、公开监督原则

公开监督原则旨在强调法的监督应从各个领域、各个层次扩大和拓展一般社会公众有序的参与渠道、方法和途径，最广泛地动员和组织社会公众依法管理国家与社会事务、管理经济与文化事业，促进和谋求社会公众的知情权、参与权、表达权以及批评、建议、控告、检举、揭发、申诉等监督权的良性实现机制，遵循公开原则既可以为法的监督的社会影响、社会效力赢得扎实的民心基础，其本身也是建设法治社会、实现公平正义的迫切需要与重要途径。实践证明，在法的监督领域，遵循公开原则，不仅有助于扩大社会公众参与社会事务管理的空间，也有利于营造社会公众广泛而有序地表达自己正当诉求的政治参与平台，进而促进政治民主与社会和谐。

法的监督的公开原则，其宗旨就是保障社会公众的知情权、参与权和监督权，以确保监督权的行使能够反映、代表和合乎人民大众的意志、利益、愿望和要求，能够使各级权力主体所实施的各种监督活动置于人民大众的普遍监控之下。事实上，若没有公开，社会公众难以实现对政治事务的知情权；如果知情权都难以实现，社会公众也就根本不可能实现真正意义上的较高层次的政治参与，也就根本无法进行实质意义的法的监督和真正实践宪法确立的人民主权原则。只有遵循公开监督原则，才能激发社会各界人民群众的广泛关注和积极参与，才能使社会公众有序参与法的监督活动，才能对权力运行实施有效的监察、控制、约束与督导，所谓"重大情况让人民知道，重大事情经人民讨论"，才能确保法的监督落到实处。

三、独立监督原则

独立监督原则亦即法的监督的独立原则，是指在保障法的监督的主体能够在一种独立、尊严、权威的理念下，以法律保障和人民同意的相对独立的途径、方法与方式，对权力的实现样态、实施情形或运行过程施加监察、控制与督导所必须遵循的一项基本原则。独立监督原则对于确保法的监督的依法正当进行意义重大。权力总是体现、代表着某种利益或指向某种利益，权力的行使与运作中的利益归属与取向，决定了权力的行使者极有可能基于对自身利益的考虑、追求与维护，而力图谋求摆脱来自各个方面、各个层次的监督，绞尽脑汁地干扰和妨碍法的监督主体对权力的运行途径、过程、方式、方法等的监督，以使自己得以无所顾忌、恣意妄为。假如法的监督主体缺乏应有的独立性，就难以保证其必要的、起码的权威性，是断难正常施展其应有的监督职能与发挥其应有的功能的，而一旦无法摆脱被监督权力主体的干预，或不得已屈服于被监督权力的施压，那么，法的监督实际上是无法进行的，即使存在所谓的监督环节，也难以收到预期效果。对于法的监督切实、有效地施行来说，法的监督主体的独立性以及建立在独立性基础之上的权威性是非常必要的。

四、有效监督原则

法的监督的有效原则是指法的监督所采取的监督措施必须切实、得力、及时，针对性、实效性、时效性显著，有效地维护法律的尊严、国家的利益和公民的合法权益。法的监督作为一种专门的约束机制，不仅要对权力的行使者实施有效的监控与激励，而且还要对权力失范行为予以及时的纠偏与矫治。对权力运行的法的监督越有效，意味着越能够切实、得力、及时地防范和抑止权力运作中的负效应；对权力运行的法的监督失效，则意味着所实施的监督不切实、不得力、不及时，没有有效地防范和抑止权力运作中的负效应，没有真切地凸显出法的监督的应有价值。

五、系统监督原则

法的监督的系统原则是指法的监督系统作为一个由众多层次不同、类型各异、功能有别的子系统构成的全方位、立体化监督网络，必须做到各级各类监督在分工负责、各司其职、互不干扰的同时，又密切配合、相互支持、彼此协同，以谋求法的监督的体系性、全面性、网络化、最优化。只有按照系统思维所建构起来的监督之网才能发挥最大效应，取得最大实效。若各级各类法的监督彼此职权不明、责任不清、权限模糊、自以为是，就会导致互相扯皮、彼此推诿、相互掣肘、彼此干扰等情形，或者出现多头监督、重复监督、漏监失察等现象，从而降低和削弱法的监督的系统化功能输出，起不到应有的作用。

六、合法监督原则

法的监督中的合法原则，强调的是各监督主体必须依法进行监督，任何违背法律要求、脱离法治化途径和方向的"监督"行为，都有可能滑向它的反面。对于享有监督权的权力主体而言，严格依照法律赋予的职权和法律规定的程序，对法的监督的客体及其权力运行活动的范围、方向与程序施行法的监督,才可能是权威的、有效的,也就是说,享有监督权力的机关或组织必须在宪法和法律的范围内,并依据法定程序,依法充分履行法的监督权,不越权、不滥权、不失职。其要义在于以下三点:(1)一旦法的监督机关依法设置、权能依法配置,任何其他机关、组织和个人都不得违反法律规定拒绝监督,都负有服从和配合法的监督的义务;(2)一旦法律对法的监督机关的公职人员依法赋予了法定监督职权,就必须依法、充分、全面地履行职责,完成所承担的监督使命,其他任何机关、组织和个人都不得限制其监督权,更不得无端剥夺其监督权;(3)所有社会主体依法所展开的法的监督活动,受法律保护,不受任何机关、组织和个人的非法干涉。这也是法治理念下权力监督的题中应有之义。

第四节 法的监督的功能

法的监督的功能集中体现在以下几个方面:

一、对权力运行的保障与导向功能

一切国家机关存在及运作的目的在于谋求社会公众人权状况的改善、各项福利的提高和社会秩序的安宁,在于调节和扩充其公民利益,为广大公民谋求正当利益提供适宜的空间与条件保障。在公民面前,在大众面前,国家机关不得有自己的私利,置身于国家机关中的所有公职人员更不得借用国家机关之权力谋求一己之私。法的监督的目的在于规制公共权力的运行,防范公共权力的滥用与渎职倾向,确保其在法治的轨道上良性运行,而不是一味地追求控锁权力,抑制权力的行使。对于公共权力的运行的依法规制、全方位监控,从根本上说是为了保证权力的行使服务于人民的利益和致力于法治的事业。

二、对权力失范的纠偏与矫治功能

虽然，主权在民或人民主权是近代权力来源的不二理解，但主权的体现和实现则往往是需要组织起来的权力体系负载和完成的。权力的所属者与权力的行使者常常并非同一，所以，权力所属者的意志、利益、愿望和要求在现实中需要通过权利行使者的行使职权或履行职责的行为来完成。在我国，根据宪法，一切权力属于人民。但是，宪法同时规定，"人民行使国家权力的机关是全国人民代表大会和地方各级人民代表大会"，"全国人民代表大会和地方各级人民代表大会都由民主选举产生，对人民负责，受人民监督。国家行政机关、审判机关、检察机关都由人民代表大会产生，对它负责，受它监督"。无论人民代表大会还是由其产生、对其负责的国家行政机关、审判机关、检察机关，尽管宪法、相关组织法、立法法、诉讼法等，对其权力范围和行使权力的程序都有较为明确的规定，但在这些机关行使权力的过程中，有时也会出现一些违背主权者意志、利益、愿望和要求的现象，偏离了依其权力性质应当的正常运行轨道，形成所谓的"权力错位"或"权力无为"问题。为了防止出现"权力错位"、"权力无为"等现象，必须强化对权力运行过程与状况的法的监督，及时发现存在偏颇和扭曲问题的情境和领域，及时予以准确到位的纠正和矫正，还权力运行以本来面目。

三、对权力不当行使的教化与惩戒功能

权力的不当行使或消极无为，不仅会丧失权力的威望，而且会直接或间接地对国家利益、社会利益和公民权益造成侵害或损害。所以，权力的行使不仅应当合乎其设置的宗旨与目的，而且其行使的方式、方法和手段等也必须合乎正当性，不仅积极作为权力范围内的分内之事，而且对于不属于自己权力所及的事项，切莫轻易插手其间，模糊、混沌权力行使的界限。当然，权力的行使依照法定

的程序更是理所当然之事。对于权力的不当行使行为或消极施为情形，必须严格限制和严厉禁止，务必使权力的行使者对自己的权力行使行为所带来的负面后果承担相应的法律责任，即对进入权力体系的可能的不当行为予以事先的提示、警醒与教育，对因为各种因素的影响可能导致权力滥用或误用权力者予以必要惩戒，对于确保公共权力运行的正当性至关重要。

四、对确保法制统一的推动和促进功能

在间接民主的环境中，人民虽然是国家权力的实际拥有者，但并不亲自行使国家权力，而是通过直接或间接选举的方式，推选出自己的民意代表，并由其通过法律，组织起国家权力机关，来行使国家依法确立的各个方面的社会管理与社会控制权力。由民意代表组成代议机关，通过全方位监督，使立法的目的得以实现，保证就重大事项作出的决定得以准确、无误地实施。因为，人民代表大会进行的监督，就是各级人民代表大会及其常委会为保障法律的准确实施和维护人民的利益、愿望和要求，保证广大人民的意志和利益能够得到正确的反映和真实的实现，防止行政机关和司法机关的权力滥用和腐败行径，通过法定的方式和程序，对由它产生的国家机关是否合法、正当、有效、充分地履职所实施的检查、调查、督促、纠正、处理的强制性权力；而公民监督、传媒监督，以及权力体系内部的各类监督等，从实质上说，都是为了对权力进行有效的监控、督导，保障宪法和法律的正确实施，维护法制的统一、尊严和法治国家建设。

第五节　法的监督的种类

从系统角度而言，法的监督实际上是在特定历史时期内，国家现存的各种针对权力体系运作的行之有效的法的监督形式或途径所构成的一个相互协调、有机联系的监督网络与体系。在对权力体系

的监督方面,实践中"上级监督太远,同级监督太软,下级监督太难"等现象比较严重,影响了法的监督的效果,降低了法的监督的权威。所以,努力营造一种"上级监督不远,自我监督不散,制度监督不软,群众监督不难"的良好监督机制,对于建设法治社会显得特别紧要。

依照不同的标准,可以将法的监督分为若干种类。

一、合宪性监督和合法性监督

这是根据监督的内容的差异,对法的监督所作的分类。

合宪性监督主要是指由专门国家机关依据法定职权和程序对立法、司法和抽象行政行为进行违宪性审查。❶

合法性监督则主要是指由特定国家机关对其他国家机关及其工作人员所实施的具体的、个别的职权行为进行合法性审查,如在行政诉讼中人民法院对被诉行政机关所实施的具体行政行为的合法性的审查等。

二、自我监督与外力监督

这是依据监督主体的不同或者监督动能来源方向的差异,对法的监督所作的分类。

自我监督是在各个国家机关内部依法设置专门的机构,由这些机构对本机关内的其他机构和全体工作人员履行其职务的行为及日

---

❶ 就国际范围来看,各国合宪性监督的主体多有不同,大致有三种类型:(1)专设宪法法院或宪法委员会、宪法监督委员会对宪法的实施进行监督。(2)由普通法院在审理具体的刑事、民事和行政诉讼案件过程中,或应某一主体的提请而审查立法机关的法律文件和行政机关赋予法律性质的文件,并作出是否违宪的裁决。(3)国家议会或最高国家权力机关。详见金永健:"违宪审查比较",见《宪法比较研究文集》之2,中国民主法制出版社1993年版,第144~155页。还有学者认为,除上述三种模式外,还有总统监督模式,议会、政府和法院共同监督模式,国家权力的最高机关和检察机关共同监督模式。参见戴鸿映:"各国宪法监督制度的比较研究",见前引文集,第91~94页。

常生活行为实施的监督，如行政监察制度、警察督察制度等。这种监督是在各个国家机关组织体系之内完成的。❶

外力监督是指由来自各个国家机关自身之外的其他国家机关、社会组织和团体、人民大众等对特定国家机关及其工作人员履行职务的行为和日常生活行为等所施加的监督，这种监督又可分为上级监督，如行政复议制度；检察监督，主要是由人民检察院代表国家并作为专门的法的监督机关对其他国家机关所实施的监督；司法监督，如行政诉讼制度；人大监督，如各级人大及其常务委员会对行政法规和规章的备案、批准、改变、撤销制度，对渎职及违法犯罪的国家机关首长和有关工作人员的罢免与撤职；舆论监督，即通过各种公开、合法的大众传播媒介对所有社会主体的守法、司法机关的司法、行政机关的执法等真实情况所施加的公开报道与披露；执政党与参政党监督，主要包括上述中国共产党各级组织所实施的相应监督和各级人民政协所实施的监督；人民大众监督，主要是对他人尤其是国家机关及其工作人员的渎职、枉法行为的控告、检举、举报等。

三、内部监督和外部监督

这是根据监督的力量来源于权力系统之内抑或系统之外，对法的监督所作的分类。

内部监督是指监督的力量来自权力系统之内的监督，这往往也是被赋予国家公共权力的机关和部门相互之间依据法律和制度所展开的有效监督，可以统称为权力监督，主要包括各个系统上下级之间特别是上级对下级的制衡监督、行政系统内部的监察机关实施的

---

❶ 邓小平同志针对一些干部搞特权、特殊化的问题，也曾指出："对各级干部的职权范围和政治、生活待遇，要制定各种条例，最重要的是要有专门的机构进行铁面无私的监督检查。"邓小平："党和国家领导制度的改革"，见《邓小平文选》（第二卷），人民出版社 1994 年 10 月第 2 版，第 332 页。这也主要是指各个机构、系统内部的监督而言。

监察监督、权力体系下的审计机关实施的审计监督、作为国家专门的法的监督机关的检察机关实施的检察监督、作为人民参与国家事务管理和行使公民权利的主要渠道的人民代表大会及其常委会实施的人大监督。

外部监督是指监督的力量来自权力系统之外的监督，这往往也是各种拥有监督资格和能力的社会主体依据法律和制度所展开的具有重要社会影响和实际效力的监督，可以统称为社会监督。作为法的监督体系的重要一环，这类监督旨在强调由国家机关以外的非执政党或社会组织和公民对各种法律活动尤其是公共权力运行实施全程监督的独特价值。由于这种监督具有广泛性、人民性、权利性和社会性，因此在我国法的监督体系中具有重要意义，并因其广泛的社会性而得名为社会监督。

根据社会监督主体的不同，社会监督又可以细分为：各政党的监督，包括执政党的监督和非执政党的监督；各社会组织监督，主要是指人民政协、社会团体对各种法律活动进行的监督；新闻舆论监督，亦即社会各界通过网络、广播、影视、报纸、杂志等大众传播媒介，公开报道事实真相，发表自己的意见和看法，提出新闻批评和评论，形成公众舆论，从而对国家机关及其公职人员的公务行为、执政党和参政党的参政议政行为以及社会上一切有悖于法律和道德的行为实行监控、督察和制约；公民的监督，即公民个人直接进行的法的监督，这是我国法的监督体系最重要的力量源泉。

此外，还可以按照监督时间的不同分为事前监督、事中监督、事后监督；或按照监督效力的不同分为法定性监督与公正性监督，等等。

第六节 法的监督的制度化

要有效地实施法的监督，必须完善各种制度。法的监督的制度化建构同样是一个复杂的系统工程，在当下中国，建构有利于实现

第十二章　法的监督论

法的监督使命的制度非常迫切。大量缺失、阙如的制度都需要建立、健全起来。这不仅需要在宏观方面通过立法确立各种公共权力之间的合理分工制约关系,也需要在微观层面上建构一些有利于对公共权力监督、制约的切实有效的制度。

首先,必须纠正国家公权力的混沌不清状态,实行国家权力分工,使各个部分的公权力之间统一运转、分工协作、分权制衡,这既是社会进步的表现,也是当今时代社会分工明细化在国家机器设置上的表现和反映,放眼世界更不难发现此乃是各发达国家立国兴邦之大道。就其现实性而言,完善立法权、执法权、司法权之间的限界显得极为重要。❶ 应当首先着实加强和完善立法权。凡属于全国范围内的法律事务,即需要对全体公民产生强制实现效力的、全体公民必须一体遵守与维护的划分与配置利益的人为规范创设,都必须由全国人民代表大会去实施,其他任何机关和组织均不得行使此项权力。同时,对于全国人大通过的法律,应当由其常务委员会负责解释,全国人大常委会的主要任务之一应当是负责对法律实施过程中的法律问题进行解释与对法的实施情况的监察与督导。还应当确认执法权属于行政机关,任何法律文件在通过之时就明确载明由何行政机关负责具体实施,明确行政机关在执法方面的职能分工,避免各不同的行政机关之间在执法问题上的推诿、扯皮或争权、揽权。也要完善司法权,以合法性与正当性规制司法权的行使,真正将司法权的行使建立在作为维护公民权益的最后保护屏障和对行政行为的合法性作出最终裁定或确认的认识理念之上。

其次,完善与法的监督息息相关的基本制度安排。在当今中国,执政党决策活动中理性有余而落实不足,参政党参与过程中次

---

❶ 我国是人民主权的"议行合一"的国家,反对西方发达资本主义国家所沿用的"三权分立"制度,但这绝不意味着代表国家的权力的设置混沌一片,相反,我们的国家机关应有明确的分工,应当按照职责明晰、相互监督、相互制约、共同对人民负责的原则来划分和配置各个国家机关的职权及其范围,这才是可取的。

数有余而力度不足，社会团体议政过程中数量有余而针对性不足，民间组织参政过程中热情有余而效力不足。因此，就当前而言，健全以下几项制度尤其迫切：（1）大众传媒公开舆论监督制度；（2）党政干部民主选举产生制度；（3）重要事项民主协商决策制度；（4）党政领导干部财产申报制度；（5）领导干部的亲属公职任免报告制度；（6）越级信访案件催办督办制度；（7）重大案件领导责任倒查制度；（8）党务、政务、财务公开制度。这些制度的完备状况，可以作为评判一个社会是否为法治社会的衡量标尺之一。

最后，确立表达自由和报道自由，优化舆论环境。不仅将其规定为宪法权利，而且通过制定相应的具体法律文件，将其现实操作的可能性实然化为具体的运作程序与保障手段，通过出台相关法律文件，把公民、社会组织及新闻机构发表反映事实真相的言论、舆论和合理化建设性意见确定为受充分保护的自由，尤其要从观念上把他们的监督公权力实施方面的批评、建议等从自由化的泥沼中解脱出来，使人尽其言、言畅其流，把公民、社会组织和新闻机构等置于法治化国家建设的主人翁的地位上。而且，不仅在宪法、法律中作出规定，还要在法治化国家建设实践中从行动上动员和依靠人民大众，积极参与宪政实践，勇于公开地对滥用公权力的行为和亵渎公权力的行为提出批评和改进意见。

第十三章 法治理念论

第一节 法治与法治国家的基本含义

一、法治的内涵

法治（rule of law，或 supremacy of law 或 rule according to law）的字面含义为法律的规制、法律的统治。在最一般意义上说，就是：治国者治于法，即所有国家机关及其公职人员依法办事；行为者皆从法，即所有社会团体（或组织）以及一般社会公众守法自律。法治作为一种源远流长的意识形态、治国方略和社会文化现象，其内涵涉及许多方面：意指一种治国方略或社会调控方式；意指依法办事的原则；意指良好的法律秩序；代表某种具有价值规定的社会生活方式。

人类在治理国家的过程中产生过四种方式，这第一种方式叫作"人治"，最典型的就是中国古代的制度了。第二种治理方式我们叫作"德治"，它强调用道德来治理。第三种方式我们叫作"神治"，这主要存在于一些宗教社会。第四种治理方式就是"法治"，即法律的统治。在这四种治理方式中间，很显然中国古代是以第一种方式为主，辅助以第二种方式，第三种方式在中国的主流历史中是基本不存在的，法治的时代也基本上没有。

在中国古代社会，基本的生活方式是自给自足的农业经济，而且有"父母在，不远行"的家教传统，以至于人们大都生活在一个熟人社会环境之中。而由于人口的流动性差，如果两个人要进行交易，他完全可以凭借对另一个人的日常生活的观察与交往以及别人对这个人的口碑传言，来判断他的性格、背景及信誉度，这种"路遥知马力，日久见人心"的田野考察方式在当时的社会环境下,无疑也是考察对方的成本最低的方式之一。在传统农业社会的环境下,人治、德治之所以能大行其道,主要还是由于它适应了当时的社会环境以及在此环境下的人性考量与判断。法治最早的雏形起源于古代的中东地区,当时中东地区大部分处于干旱地带,对农业发展很不利。后来大约在农业文明中期,商业开始繁荣起来。在这种情况下,社会日益趋于多元化。多元化的社会中需要相互的妥协以求和平共存。因此,逐渐产生了各种不同类型的社会规则。这就是法治的雏形。可以说法治是陌生人社会中的产物,由于商人来自于五湖四海,他们彼此之间并非十分了解,无法依靠信誉度来进行商品贸易,交易的风险性大大增加,因此必须建立种种规则来互相约束,以保证交易的安全性。而且由于商业的发达,财富的相对集中,强盗也成为棘手的社会问题,在一个弱肉强食的社会中,法治作为制度文明的一个组成部分,它的意义就在于,使人们运用一种比较理性的方法来解决商业交往中尔虞我诈和生存环境中你死我活的问题。因此,法治的雏形出现在当时的社会环境下是一种必然的结果,其符合了当时的社会环境及在此环境下人性的需要。

作为一种充满理性的生活方式和治国方略,法治是近代文明的产物,是近代以来社会分工日趋发达、科技繁荣昌盛、人均文化水准大幅度提高、公众生活水平极大改善、社会政治更加文明的表现。法治的运行环境和目标是法治国家。法治国家是选择法治作为治国方略所形成的理想状态,它以各合法组成的国家机关依法定的职权和程序管理国家的各项事务作为治理国家的基本方式。法治其实是美好的。虽然法治与人治的对立和论争,在中外历史上已经存在几千年,但法治因其本身的优越性而从近代以来,被任何一个崇尚进步、文明的社会奉为治理国家、调控社会的基本方略和最佳方式。

法治是个巨大的系统工程,涉及的内容很多。我们信赖法治,是由法治本身的规定性决定的。

二、法治与法制

法治与法制，即所谓"氵"治与"刂"制是有不同的。现今，无论实务界还是法学界，大都主张法治与法制不是同一个概念，不宜把两者混同使用。法治与法制的主要区别在于：其一，它们是两个不同的概念，在理论和实践中应加以区别。法治表达的是法律运行的状态、方式、程度和过程；而法制的本意是一个静态的概念，是"法律制度"、"法律和制度"或"法律和法律制度"的简称。其二，它们的产生背景有不同。法治观念与思想虽然较早就出现了，但法治的制度体系的构建则是伴随着近代资产阶级革命的成功而开端的，是近代以来民主政治、市场经济的产物和需要。而法制无论是作为法律的另类表述，还是作为法律运行的各个环节的统称，其历史都比法治久远得多，条件要求也松散得多，有法律就有法制了，因此其背景是人类社会的规范化、秩序化生活需要，而这种需要在人类社会历史上各个时期、各个阶段都存在，因而可以说法制存在于人类社会的各个文明时期，既包括近代以来的社会，也存在于前近代的奴隶制社会和封建制社会。其三，它们的价值取向有不同。在价值取向上，法治是明确地与人治根本对立的立场。法治强调法律的统治，反对个人的专横独裁或少数人的恣意妄为，主张法律面前人人平等，反对法律之外和法律之上的特权；而法制则非但不能表明与人治的必然对立，而且还可能出现"人治底下的法制"。其四，它们的社会基础有不同。法治以市场经济和民主政治为基础，是市场经济基础之上、民主政治体制之中的治国方略。法制则既可以建立在各类经济基础之上，又可以与各种政治体制为伴。❶ 总的来说，在法治与法制二者之间，既有联系也有区别，因

---

❶ 徐显明主编：《法理学》，中国政法大学出版社2007年版，第214页。张文显主编：《法理学》，高等教育出版社、北京大学出版社2007年版，第398～399页。本书编写组：《法理学》，人民出版社、高等教育出版社2010年版，第359页。

为毕竟法制存在于人类文明社会的各个时期，作为一种基本的或重要的规范工具，没有法制的话，就无由奢谈法治；法制实乃法治的规范性基础和条件。法治是在对法制融入了基本的人类价值、文明精神、社会伦理、正义内核的基础上，形成的缘法而治的思维、法律之上的观念、法律统治的状态的统一体。

三、法治与人治

在中国传统中，最早自春秋战国时期起，古代法家的有识之士倡导以法治国，反对儒家的"为政在人，其人存则政举，其人亡则政息"的人治主张，历史已经证明，在当时的具体条件下，法治主张代表了先进阶级、阶层和开明政治家改革社会的要求和愿望，其法治优于人治的论据也是科学的、合理的。虽然，自汉以后两千余年的封建社会里，除个别的王朝和个别的当政者外，法治思想式微而人治思想盛行，但其直接后果是最终导致了近代中华民族的屈辱史。因此，在鸦片战争之后发生的法制发展和转型过程中，开明的各派思想家和人文学者，都力求中国从"人治"走向"法治"。比如，中国著名的维新派启蒙思想家梁启超，面对内外交困的国运，大声疾呼："法治主义，为今日救时惟一之主义。"❶ 在梁启超看来，在中国实现法治，首先必须解决政治问题和文化问题。他说："法治主义言之成理，最少亦须有如现代所谓立宪政体者以盾其后。"❷ 作为资产阶级革命家的孙中山，认为只有兴法治才能救中国。孙中山指出，中国历史上的各种黑暗，原因就在于缺乏民主法治："支那国制，自秦政灭六国、废封建而为郡县，焚书坑儒，务愚黔首，以行专制，历代因之，视国家为一人之产业，制度立法，多在防范人民，以保全此私产；而民生庶务，与一姓之存亡

---

❶ 梁启超："中国法理学发达史论"，见《饮冰室合集·文集》（15）。
❷ 梁启超：《先秦政治思想史》，商务印书馆1923年刊印，第354页。

第十三章 法治理念论

无关者,政府置而不问,人民亦无监督政府之措施者。"❶ 而要根除野蛮落后的祸根,就必须推行民主法治。

但是,由于中国传统的"人治"思想的深刻影响,近代社会结构的固有排斥和专制政治、军人政治或官僚政治的严重阻滞等原因,近代中国并未完成"走向法治"的时代使命。新中国成立后,尤其是 1957 年反右运动扩大化以后,由于国际与国内的复杂原因,法律虚无主义不断盛行,以言代法、以政策代替法律和轻视法律的现象恶性发展,"左"的指导思想与方针开始抬头并愈演愈烈,因而导致民主与法制不健全,直至形成"要人治不要法治"的权威意见,终于成为十年"文革"这场历史性悲剧得以发生和发展的根本条件。在法律虚无主义和人治思想的指导下,1957~1966 年,新中国的法制建设不断走下坡路。而 1966~1976 年的"文化大革命",更是"人治"肆虐,"无法无天"盛行,法制遭到毁灭性的大破坏。在这个阶段的大部分时间里,法治实际上是没有生存余地的,或者说,法治没有赖以生长的政治土壤,最终只有被否定或被遗弃。1978 年以后,执政者终于认识到,为了保障人民民主,必须加强社会主义法制,使民主制度化、法律化,使这种制度和法律具有稳定性、连续性和极大的权威,做到"有法可依,有法必依,执法必严,违法必究"。这种执政观念的转变开启了近 20 年中国法制发展和改革的历程。最终于 1997 年正式确立"建设社会主义法治国家"的宏伟目标,并在 1999 年宪法修正案中以根本大法的形式加以确认。历史的经验和现实的实践启示了人们,选择法治则国兴民富,抛弃法治则国乱民穷。

一般认为,法治与人治的根本区别在于以下四者:一是法治与人治的政治基础不同,法治只能是建立在民主的基础之上,而人治则是建立在专制政治或独裁垄断的政治基础之上。二是法治与人治所体现的社会价值与法律原则不同。人治体现不平等的原则,而法

---

❶ 孙中山:"支那保全分割合论",见《孙中山全集》第 1 卷。

治体现平等的原则。三是法治与人治的主体构成不同，法治是众人的规范之治，以及合乎法律实体与程序约束的民主政治，而人治则是一人（独裁者）或少数人（贵族寡头）的独断之治或私相勾兑之治。四是法治与人治的显著特征各有不同，法治是建立在法律统治信念下的规范化治理，法律统一、稳定、权威，法律的实现以国家强制力与普遍遵守性为手段，以民主政治为后盾，不仅能有效地制裁违法行为，而且能保持社会的稳定、有序、和谐发展。而人治则往往反其道而行之，社会治理单凭权势者的恣意、随性的一时决定，甚至是怪异、多变的想法，缺乏可预见性，不具有可期待性，无法营造团结、向上的社会生活，也难以达致一个为所有社会主体或阶层接受的稳定秩序。从根本上也可以说，法治与人治在对待权力的态度上明显不同：在法治情境中，"法律就是国王"，即是说法律能够约束和规制政治决策者、执政领导人的个人意志乃至国家权力；当法律与主政的当权者的个人意志以及权力机器的一时决策发生冲突时，法律具有支配个人意志与权力机器的地位。而在人治的情境之下，"国王就是法律"，即是说"法律"成为政治或统治者的婢女，主政的当权者的个人意志以及权力机器的一时决策往往凌驾于法律之上，个人意志支配法律，权力机器亵渎法律、僭越法律、玩弄法律成为常态。因此，学界也常常通俗地将法治与人治的根本区别简约地归结为到底是法大于权，还是权大于法。

四、法治与德治

在中国传统社会，法治与德治的讨论历史悠久。但是，中国古代社会的法治论并非近代意义上的法治意蕴，而只是停留在"以法治国"层次上，即强调以法律为器具，运用法律的手段治国、强国、兴国而已。而与其论调同时出现在历史上并与之不断争鸣的德治论在传统社会里一直在争取自己的立足之地，德治论也只是停留在天下乃"有德者居之"，治国者必须为贤者，治理社会强调道德教化，或"德主刑辅、礼法并用"。其二者与近代意义的法治都不相同。

将语境拉回到近代以后,并将近代意蕴的治国理事缘法为治的法治论与主张治国之道取法乎德的德治论相比较,二者的不同之处就更为显著。其一,法治与德治分别所依凭的行为准则有不同:法治所依凭的行为准则是法律规范,而德治所依凭的行为准则为道德规范甚至个人良心。其二,法治与德治所崇尚的至上规范有不同:在法治社会和法治国家,当法律与道德发生一般性冲突时,先准乎法,然后通过正当程序备案、审查和发现冲突之根由,若法律有不当,则及时予以新立、修改或废止;若法律无不当,则坚决捍卫法律的权威。在德治社会和礼教国家,空洞的道德教化甚嚣尘上,当法律与道德发生冲突时,弃法而用它,道德、礼教成为压倒性的取采准据,甚至于遍寻道德法庭,一切取法乎上,滑向人治。其三,法治与德治二者同人治之间的关系表现各异:法治与人治不仅是不同的,而且是根本对立的,而德治与人治虽不相同,但却有共通之处。❶在法治社会和法治国家也并不排斥道德因素的介入,也强调良好的道德之功用,甚至还将道德作为自身的基础力量、正当渊源和运行支持,但作为施政之道和治国方略,依托法律更优于信由贤达,明确、肯定、有力的法律制度比之于德治语境之中假想的道德高尚之贤者、智者、哲学王之类的能人之治,更靠得住些。也正是由于德治到最后往往潜伏着巨大的滑向人治的风险,因此,近代以来的先行法治国家莫不强调和践行德性化的法治,而没有复兴德治的愿望与实践,原因或许正在于此。

第二节 法治的衡量要素

如前所述,最早指出法治含义的是古希腊思想家亚里士多德。

---

❶ 本书编写组:《法理学》,人民出版社、高等教育出版社2010年版,第360~361页。

法理学要论

亚氏认为法治有两层含义：法律得到普遍的服从，而大家服从的法律又是制定得良好的法律，即普遍守法与良法。"法治"在近代文明中占有重要地位，但开启近代之门的启蒙思想家讲法治都与权利、自由、平等相关，却很少明确指出法治含义。英国近代宪法学家戴雪（Albert Venn Dicey，1835—1922）将法治要素归纳为三：人民非依法定程序、并在普通法院前证明其违法，不受处罚；法律面前人人平等；宪法为法院保障人权的结果，而非人权之来源。德国人在启蒙运动中虽然接受了自由、平等、人权等观念，但其早期法治观只强调守法、法律得到严格执行，即形式意义的法治。马克斯·韦伯在论述这一点时写道：法治或法律科学必须源于下列五个先决条件："第一，每一项具体的法律决定都必须是一个抽象的法律规则对一个具体事实的适用；第二，每一个具体案件都必须通过逻辑方法从抽象的法律规则中得出结论；第三，法律必须在事实上能够建筑一种'严密的'法律规则体系，或者必须至少被当作这样'严密的'体系来对待；第四，任何从法律角度看来是非理性的东西都是与法律不相干的；第五，人类所有的社会行为都必须被视为对法律规则的'适用'、'执行'或者是'违反'，因为一个严密的法律制度必须产生一个所有社会行为的严密的法律秩序。"❶ 1959年的《德里宣言》将法治归纳为三条：立法机关的职能在于创设和维护以使每个人保持"人格尊严"的种种条件；不仅要对制止行政权的滥用提供法律保障，而且要使政府有效地维护法律秩序，借以保证人们具有充分的社会和经济生活条件；司法独立和律师职业自由。进入20世纪70年代以来，一些西方学者重视程序公正的研究，将程序公正纳入法治，强调良好的法律表达形式，同时也纳入了保证上述三层法治含义得以实现的基本制度建构。

---

❶ Mat Weber, The Categovies of Legal Thought in Economy and Society（Eds, G. Roth and C Wittich）pp. 657—658（1963）. 转引自信春鹰："二十世纪西方法哲学基本问题"，载《法学研究》1993年第4期。

第十三章 法治理念论

当前我国法理学界一般认为，法治的运行环境和目标是法治国家。法治国家是选择法治作为治国方略所形成的理想状态，它以各合法组成的国家机关依法定的职权和程序管理国家的各项事务，作为治理国家的基本方式。衡量一个国家是否属于法治国家，应当从考察法治的构成要件入手，❶ 并通常认为其构成要件中包含形式的、制度的、观念的、认知的和精神的几个方面，这基本上也是可取的。

一、法治的形式要素

基于形式的方面，主要考察法律体系与机制是否健全。亦即考察和审视法的表现形式是否良善、规范、科学，法的运行方式及技术条件是否正当、合理。具体来说主要包括：（1）法律体系完善化，亦即业已形成统一的法律体系或者正在谋求内在统一的法律体系的形成与完善。若是没有形成法律体系或者若出现无视法的精神，恣意曲解实定法，以政策僭越法，甚至置法律为政策之奴，则是破坏法的统一性的典型，在这样的政治气氛下是断难有法治的。（2）法律运行普遍化，亦即法律对社会主体的行为的调整具有一般性、普遍性和平等性，法律的语言风格和行文方式按照日常生活经验就可以获得一般性的理解，法律面前人人平等、对所有的社会主体一视同仁成为法律程序运行或法律适用过程的常态。（3）法律渊源实效化，亦即立法活动所形成的各种规范性法律文件都是切实可行的，法律对社会主体的约束力是真实有效的，而且法律渊源中的上位法与下位法之间、新法与旧法之间、此法与彼法之间不存在冲突与龃龉，即使偶尔存在微观的、个别的冲突与龃龉情形，亦可以通过依循法律规范的冲突解决机制获得规范化解决。（4）法

---

❶ 详情参见张文显主编：《法理学》，高等教育出版社、北京大学出版社1999年版，第186~194页；徐显明主编：《法理学》，中国政法大学出版社2007年版，第214~222页。

律规范实证化,亦即法律规范借助于通俗易懂、社会共识、明确肯定的语言文字表述出来,内涵准确且外延清晰,关于行为模式的概括恰切、适中,作为后果的评价结论明细、中肯,不含或少有艰涩、难解的词汇语句,即使偶尔存在一些略显模糊、含混的情形,亦可以凭借法律解释机制加以克服。这样就非常有利于法律规范在遵守与适用环节的操作与落实。(5)司法活动中立化,亦即司法机关独立审判,居中裁判,依法定职权和程序适用法律,只服从法律理性;排斥来自法定职权和程序之外的非审判机关的无端干预和非法命令,拒绝各种权力机关以临时性、局部性、策略性的非公开、普遍、一般性因素干扰司法活动的正常展开,反对各种政治组织和政治力量借助于非法定化的势力和影响对司法机关审判活动及审判结果指手画脚、指挥协调。(6)法律职业的专门化,亦即法律职业以其从业者的良知、修养、经验、学识和信誉为基础,以其对公平与正义的追求为归宿,以其专业化的操作技巧和能力赢得社会信任并获取生活资源,法律职业的活动场域具有很强的专业性,无论司法过程中的判断、推理与论证,还是辩护过程中的攻守与褒贬,抑或检察过程中的分寸与度量,都是异常复杂、多样的,充满了误读与错愕的可能,非经历职业训练者常常难以操持与拿捏,所以由经过良好的法律知识储备、法学理论修习、法律技能训练、法律经验积累的职业生涯的群体来肩负与践行乃是最好的选择。一般来说,一个社会的法律职业的专业化程度的高低会影响到这个社会对法官、律师、检察官的评价与尊重程度;而一个社会对法官、律师、检察官的尊重程度高低,则反映与折射出该社会或该国家法治化程度的高低。

二、法治的控权要素

基于控权的方面,主要考察法律是否对权利体系作了基本设计,尤其是考察对权力体系是否作出了严密的规制,反过来说,就是那些在社会上拥有或参与权威性决策、管理、控制的机构、组

第十三章 法治理念论

织、政党、团体等，是否有法律的明确授权，并且是否有法律明确规定了其行使权力的程序，等等。从制度上对各种公共权力加以控制和制约是法治的基本要求。一方面，近代以来的思想史和制度史表明，由于每个个人发展自我、扩张个人利益的欲望和需求永无止境，这些具有强烈扩张倾向的个人利益之间的冲突与纷争的长期存在和恶化，对每一个个体都构成了现实的威胁，而他们之间彼此平等的身份又使他们之间的任何一方都不得也不应成为发生在他们当中的利益纷争的调处者。这样一来，存在利益冲突的个人或团体便需要一种超然于每个个别的（无论是个人的还是团体的）利益之外、凌驾于一般社会主体之上的权威力量，在依靠它界定和保障一般社会主体的利益归属和实现渠道的同时，虚拟和假定它为代表和体现带有公共性和普遍性的社会利益并伸张、维护和实现之，可以对一切不守规则的行为予以指责、抨击和制裁，可以对一切遵守规则的行为予以承认、支持和维护，维护它的造就和创生者——法——的尊严，实现法的宗旨与目的。另一方面，只要是公共权力，无论立法权、行政权还是司法权，都具有一定程度的支配私权利的能力，因此也就无法消除其实施不法行为、形成不法侵害的可能性，所以，不论哪种公共权力主体，也不管它是自己执行或受托代行，只要启动了权力，就应预设责任机制于其启动之际、运动之中或完成之后，以使职权和职责成为不可分的统一整体。"对于一个领导人来说，政治责任首先是承认他的活动的公共范畴。这种责任性也就说明了政治的统治权力——统治者所拥有的全部权力，并不是无限的。对于这个领导人来说，并不是一切都是可能的。因此，他应该关注自己的合法性；尽管他能够首先作出决定或采取行动，然而这些决定和行动所体现的意志不能够仅仅是被他个人的冲动或是利益所引导。"❶

---

❶ ［法］让－马克·夸克：《合法性政治》，佟心平、王远飞译，中央编译出版社2002年版，第49页。

公共权力不仅要及时对社会公众的权利请求作出积极反应，而且要把社会所公认的那些普适性价值放在首要地位，在为了满足社会公众的权利期待与实现社会的重大价值而享有在法定职权和程序范围内充分的行动自由的同时，也能使其这种行使公共权力的行为像其他社会主体一样，既能得到社会的肯定评价和认可，也受到法律的控制和社会的监督。这是法治国家所要求的。

也就是说，任何公共权力都不应是桀骜不驯的野马，而应是在法治轨道上的卫士；不仅负有维护法、实现法的使命，而且它本身也是法的创造物，伴随公共权力而来的是责任和义务，既不是特权，也不是私权，公共权力的拥有者必须考虑到其对权力行使过程中的一举一动可能对社会产生的重大影响。建立控权制度的目的是约束公共权力的行使，防止公共权力的滥用。由于在所有国家权力中，行政权力具有很强烈的扩张性，所以，对行政权的控制首当其冲，往往构成控权制度的核心。

三、法治的观念要素

基于观念的方面，主要考察权利本位观念是否养成。权利本位通常是指在个人和国家的关系上，个人对国家具有自由权、请求权、受益权、社会权、参政权，国家有保障个人各项权利实现的义务；个人权利是权力的来源和基础，也是权力的目的和界限，法律强制国家权力服从于和服务于个人权利；法律无明文规定时对个人行为应当作出权利推定而不是义务推定，等等。[1] 权利本位观念是以个人权利的取得、保障和普遍实现为内容的法律观念。它萌芽于简单商品经济有所发展的古罗马，在资产阶级革命时期上升为占主导地位的法律观念。它的典型特征表现在三个方面：其一，平等的权利观念在其客观化的法律制度中居于主导地位；在其引导下社会建立了以政治权利、经济权利、文化教育权利、社会生活权利、人

---

[1] 徐显明主编：《法理学》，中国政法大学出版社1999年版，第398页。

身权利为内容的权利体系,并派生出相应的义务体系。权利与义务的分配不再以身份等级关系为基础,而是以平等的契约关系、协作关系为基础,法律面前人人平等成为群体法律认知的共识。其二,尊重人权、保护人权成为普遍的观念模式,它引导着政府的职能活动的方向,公共权力以创造实现和保护人权的社会环境和条件为根本行为取向。其三,在平等主体之间,义务的设定以相应权利的实现和保障为前提,并以有利于义务人权利的相应体现为参考,拒绝无端扩大人们的义务而限缩人们权利的范围和取得、实现方式。权利本位观念是一个社会造就法治政府和确保其依法行政的重要基础。权利本位观念呼唤确立权利保障制度。健全的权利保障制度强调,国家公共权力在权利面前应更多地保障,更少地干预,对权利的干预应以确保权利人对权利的追求、实现和不妨害权利人追求与实现自己权利的自由为前提。保障"一个人能够做他应该做的事情,而不被强迫去做他不应该做的事情"[1],在法律未加规定的一切行为中,人们有自由去做自己的理性认为最有利于自己的事情。[2] 法治对于权利的价值就表现为以法束缚权力以防其对权利的干涉和限制。保障自由地追求和实现权利的法律才是符合人类理性的。

四、法治的认知要素

基于认知的方面,主要是考察在社会上是否普遍地认识到"善法为治"和"法律至上"的重要性,并升华为一般社会主体守法的内驱力。进入近代市场经济和契约社会以后,由于法是由法定的国家机关依据法定的职权和程序加以确立的行为规范,它具有肯

---

[1] [法]孟德斯鸠:《论法的精神》(上册),张雁深译,商务印书馆1961年版,第154页。

[2] [英]霍布斯:《利维坦》,黎思复、黎廷弼译,商务印书馆1985年版,第164页。

定性、普遍性、可预测性、结构完整性和国家强制性等优点，所以，人们开始相信，它不仅能够调整个人行为，而且具有调整社会上存在的大的利益集团之间的重大政治关系、经济关系，使社会政治、经济秩序合法化、固定化的功能；不仅能够调整社会成员的普遍社会关系，而且能够负担巨大的政治、经济、文化的组织任务，因而是实现国家职能，推动经济和社会发展的最重要的、经常的、不可缺少的手段。坚持法律至上，走法治之路，运用法律机制作为治国方略具有更大的优越性。而在人类经历了近代以来太多的"法律暴政"和"恶法恐怖"之后，在反思法律的过程中，形成了普遍的良法为治的思想，即人们信赖法律的统治，而实现统治的法律必须是良性法律。良性法律也称良法、善法，通常指称那些能做到不分民族、种族，各民族一律平等；尊重人的思想、信仰自由；确保言论、出版、集会、结社、游行、示威、罢工和迁徙自由；从实体到程序维护人的生命健康与人格尊严；保障各主体的合法财产神圣不可侵犯等的法律。良性法律是法治的前提，也是法治的最低要求。善法意味着实然的法律最大限度地接近于法的应然基准，具有丰富、深厚的理性成分、价值构成、道德基础和科学内核，意味着法律制度在设计和建构过程中体现分配正义、校正正义、实体正义、程序正义等，以正义的实现为追求的内容和取向。在近代意义上，"法律至上"显示的是法是否具有最高权威的问题，它要求全社会所形成的主流法治信念为：只承认良好的法律这一种最高权威。如果公众心目中认同的最高权威不是法律，那么这个社会就肯定还不是法治社会。因为在一个社会中，制定得良好的法律无论在直接意义上还是间接意义上，都是无比广泛的人的决定中的最后决定，理应具有可以控制任何人的决定的不可超越的最大权威。❶

---

❶ ［美］汉斯·托奇编著：《司法和犯罪心理学》，周嘉桂译，群众出版社1986年版，第48页。

五、法治的精神要素

基于精神的方面,主要是考察法治经纬中的精神因子是否存在以及存在的状况如何,亦即是否将法的精神沉淀其中并产生决定性影响。

法的精神乃是源于现实社会实际、贯穿于法律系统之中规制着法的目的取向和价值取向并影响着法的主体对法的态度的深层因子,它渗透、洋溢在法律文本的字里行间,体现和反映着主体对法的需求,控制和引导着法的演进的方向。当今的法学家和法律家,大多数也都相信有这种精神的存在,有从整体上宏观入手,致力于解读法的总体精神的;也有从所谓部门法的视角着眼,考量其精神的。有不拘时空,全面考察以求法的一般精神的;也有定位具体的历史阶段,或囿于特定的国别、地域、民族、信仰之下的法而进行单独分析,衡量其精神的。而且,法的精神的实现的具体内容因时代而异,在有的时期,它们的实现被阻碍,它们的主旨被扭曲;有的时期则得到阐扬和实现。一般说来,人类文明的程度越高,法的精神的展现就越有保障。在法治系统中,若缺少了法的精神,将是不可思议的。在法治的语境中,法的精神因子中,共存、中道、和谐、发展乃是最基本的。

共存强调,社会不仅主体多元,而且是利益多元的,各种各样的利益之间的相互冲突、抑制和彼此融合、一致,构成了一幅波澜壮阔的神圣画卷。这些彼此独立的利益处于对立统一状态,相互冲突、对抗与抑制的前提是彼此间的承认、尊重与沟通。因此,共存肯定需要主体独立。对个体而言,意味着要尊重人、推崇人和弘扬人的生命存在的意义和主体独立自觉的价值,同时也意味着自尊、自重、自爱。从进化论意义上讲,多样性共存具有首要意义。在当今时代,人类一脉,应当彼此承认生存与发展的条件,并利用商谈的方式设计出有利于维护人类生存和发展的制度环境、资源环境、机会环境和程序环境。对组织而言,独立是组织体的生命所在。任何组织，如果没有独立的职能、使命，就没有社会地位，也就丧失了存在的合理性。例如，对司职审判的司法机关来说，司法独立乃是各国公认的基本法治原则。在一般的司法语境中，司法独立强调的核心是审判独立，当然，审判独立有赖于法院系统独立、法院审级独立、审判组织独立和理案法官独立。法院系统独立保障机制的建构，不仅要处理好法院与立法机构的关系，更重要的是处理好司法机构与行政机构的关系。对法官的独立，必须建立完善的保障机制等。

中道强调的是"度"的存在与必要。中国传统文化倡行"中庸之道"，所谓"中者，天下之正道；庸者，天下之定理"。即是"中道"或"中行"，也称"中和"，就是不片面，不走极端，不要不及，也不要过头；就是既追求理想，又面对现实；就是既不完全脱离规则，又不墨守成规；就是在两者或多者间达成一种平衡；就是尽可能避免和克服人与人、人与社会乃至国家、民族之间的对立和冲突。《易经》里也有"保合太和，乃利贞"的记载。传说，帝尧命皋陶为士（刑官），要求用刑必须以德教为本，必须适"中"，反复强调"中"字，力求不轻不重。"轻重诸罚有权"，其用意也在于结合具体案情，做到"中"正。《吕刑》以论刑为主题，但同时反复突出崇德，要求司法应效法天德，无所偏私。中道之为法的精神恰恰在于，在法的运行过程中，对于实现法的目的来说，存在一个相对确定的公正、效率、自由、人权标准，达到这个标准就可以实现法的目的，否则就不可能实现这个目的。没有达到这个标准叫作不及，如果超过了这个标准，也不可能实现原来的目的，而会转变到原来目的的反面。在执法和司法领域，就是避免偏轻、偏重和处罚太宽、太严的情形，谋求恰到好处。

和谐作为一种崇高而美妙的境界，强调的是各种系统要素之间在均衡态势中保持动态有序运行的情形。和者，和睦也，有和衷共济之意；谐者，相合也，有协调、无抵触、无冲突之意。即人与人、人与社会、人与自然之间的全面和谐。和谐是在平衡的过程中实现的。法的和谐精神包括各种利益之间的平衡、权利与权力的平衡、权利与义务的平衡、权力与责任的平衡以及自由与自律、安全与纪律、公平与效率等之间的平衡。比如,当公共利益和个人利益无法同时满足的情况下,就需要根据一定的标准进行利益评估和利益衡量,寻求在二者之间达致相对的平衡,而不是不明智地选择不公正地仅维护某一方的利益。法的和谐精神就像一盏明灯,指引和照耀了在社会的法治化进程中法对"公共利益—个人利益"、"效率—公正"、"秩序—自由"、"治权—人权"等多层次全方位上的利益衡量与价值取舍。

和谐首先表现为一种和平胸怀,也意味着形成共识,还以友爱为前提。在人类社会中,个人作为类的一分子而存在,个人的生存安全、物质利益、精神生活都是相互依存的,人与人之间应该是相爱的,应所恶勿施,所欲与之。但是,任何社会都存在当权者和黎民百姓、领导者和被领导者、管理者和被管理者的区别。所施与勿施的主体是当权者、领导者和管理者,他们应该施德于民,施教于民,施政于民,施富于民。庶民之间也应该树立和实施所施与勿施的思想,人人都应该施恩惠于他人,这就体现了人与人之间的爱与社会的和谐。只要能够以己之心推度他人之心,成己成物,己立立人,己达达人,成人之美,不把自己所厌恶的、所不愿意承受的事情强加给别人;同时把合乎人性需求的、自己所向往的东西施之于他人,这样,人与人的关系,以至整个国家和社会就能处于和谐之中,人的善的本性就会得到发扬。否则,人的邪恶方面就会滋长、彰显、蔓延、泛滥,瓦解安宁和稳定,国家将不成其为国家,社会也将不成其为社会。

发展强调,由于社会进步的客观规律使然,随着社会生活本身的变化,一个国家、一个社会、一个组织所致力的目标也是会朝着有利的、进步的方向发生改变的,当此之时,一些现存的社会行为准则就必须随之作出相应的修改。因此,作为权威的行为准则的法,必须具有必要的宽容,也就是说,当少数行为人的行为只要对国家或组织的长远目标或基本价值不构成威胁，不妨碍国家或组织的根本目标和价值的实现，对个别规范的偏离是微观的少许的而非重大的根本的，就完全可以加以容忍。

作为法所固有的一种恒定的因子，法的精神借助于对价值问题的阐释和选择规制着其所置身其中的事业。在法的整体架构和法的运行过程之中，法的精神高高在上傲视一切并统领各方，它指挥着经验，引领着逻辑的方向，法的价值都要受其指挥，因它的存在而使价值具有了理性的光芒。法的精神在任何社会条件下，都是法的灵魂或中枢神经，它支配着对社会经济、政治、文化进行的法律性制度安排，指引和制约着对法律资源因而也包括其他资源的社会性配置。现代法的精神是与市场经济和民主政治相适应的，是改革开放和人文关怀时代法治精神的折射。

在当代中国，蓬勃发展的经济生活和崇尚和谐的社会生活以及追求稳定的政治生活，都决定了当下所追寻的法治有其特殊性，但对独立、自由的追求，对宽容、和谐的体认，对生存、发展的关注，对个体、弱者的保障，对互惠、正义的共识无不是其精神诉求的应有内容，简约地讲，就是和（和而不同）、统（天下归一）、公（公共利益优先）、济（扶危济困）等方面。当代中国特色法治的精神诉求其实是多元要素指向的有机统一体，在这个有机统一体中，涵摄着如下几个层面。

在价值指向上，中国特色法治精神是多元要素指向的统一重点，包括：确保生存优先的精神；鼓励主体进取的精神；谋求社会公平的精神；增进普遍福利的精神；张扬公共道德的精神；传播情感伦理的精神；表达人民意志的精神；保障改革开放的精神；追求中道和谐的精神；倡导科学发展的精神。

在核心内核上，中国特色法治精神的基本内核的焦点可以梳理为：自由理念；理性秩序；互惠共存；民主参与；平等意识；独立操守；控权思维；宪政指向；人权目的；博爱情怀。

依据当前中国特色社会主义法治建设所面临的具体经济、政治、文化环境，并考虑到国际交往关系的良好态势，谋求将法治的精神元素贯穿于即将启程的中国特色法治国家建设的伟大实践中，不仅意义重大，而且方向明确、路径清楚。这就是：执政理念与学理思索统一，法治目标坚定不移维持；法治宣传与法治实践并行，法治信念真正得以确立；国际惯行与国内实际交融，法治经验借鉴必须积极；实体正义与程序正义结合，法治理想呼吁合乎正义；人民主权与执政为民一致，法治国家强调"为民谋利"；公平正义与司法独立并举，法治社会必须全面坚持。

"法治不仅仅是一种制度，更是一种精神。从社会层面看，法治无非是人类借法律规则对自己生活的一种制度安排。但从精神层面看，法治却是一个国家、民族和公民个人对法律规则的依赖所形成的生活方式息息相关的坚定信念。"❶ 如果不能将法治的精神元素融入法治国家建设事业进程之中，法治就极可能止步于一种表面化的说辞，难以转化为一种各种社会主体普遍的精神需要和内心自觉。

第三节　社会主义法治国家的基本特征

法治国家是指国家法治化的状态或者法治化的国家。就主体要件而言，法治有赖于人民的觉悟与自觉，这是不可或缺的；就客体要件而言，制度的具备和完善是法治最起码的前提；就主观要件而言，对良法善治的追求是法治永不枯竭的动力之源。

关于社会主义法治国家应当和必须具备的特征，法学界的研究已经取得了一些成果，❷ 足资启迪我们加深对法治国家特征的理解与思索。

概括起来，可以看出，社会主义法治国家至少应落实和践行反

---

❶ 汪太贤、艾明：《法治的理念与方略》，中国检察出版社2001年版，第129页。
❷ 李步云：《论法治》，社会科学文献出版社2008年版，第94~100页。

映法治基本特征的指标体系包括以下几个方面。

一、人民主权

即牢固树立主权在民观念，坚持"以民为本"——在思想上，法治贯彻的是民本思想。在民本思想中，一切公共权力都必须从人民的利益出发，尊重民意，体恤民情，急民所急，遂民所愿。

在法治实践中，所谓以人为本，就是强调在各项工作中，在公共权力的运作中坚定不移地尊重民意、保障人权；在思想上认清，人民大众才是国家和社会的主人，公共权力来源于人民大众，国家机关的权力只有获得人民大众的承认和维护之后，只有在以民为重、满足民需而依法行使自己的职权和履行其职责的过程中，才能赢得信赖，拥有合法性。即使作为执政党，也不应当异化出自己超越于人民利益之外的独特利益，正像我们党中央反复申明的，除了人民的利益，根本没有党的利益。将是否关心和满足广大人民大众以及作为人民大众构成单元的公民们的利益、愿望和要求，作为衡量党政机关及其公职人员工作能力的标尺。

在工作中，要求必须注意防止和克服公共权力的异化现象，避免公共权力沦为少数人手中以权谋私的工具，真正做到"权为民所用，利为民所谋"。树立正确的政绩观，实实在在地为人民群众谋利益。特别是对于困难群众、弱势群体要求维权的案件，各有关国家机关应当优先解决。

二、法律至上

法律至上的要义在于，考察与判断一个国家或社会的政治生态和社会生活是法治化的抑或非法治化的，其依据就是看哪一种社会治理和控制机制拥有至高的地位和绝对的权威，若是制定得良好的法律居于至上地位，则可视为崇尚法治的，若是王权至上、军权至上、权力至上甚至某个领导人拥有至上地位或其讲话、意志处在统领地位，则或为君主专制，或为军阀独裁，就是说，假如某一个个人在一个社会中的权威达到了绝对的、至高无上的地位，那么这个社会肯定是专制的或独裁的社会，是绝对难以通往法治之路的。

法律至上就是强调，在行为的准据上，当制定得良好的法律与政策、文件、领导人讲话发生抵触时，坚持以法律为准绳。在追究腐败者的责任时，先通过法定程序确定依法是否应承担行政的或刑事的责任，而后确定应否承担党纪、政纪处分和承担何种处分。

坚持法律至上，走法治之路，运用法律机制作为治国方略具有更大的优越性。

三、法制完备

法制完备即已经建立起一个实质正义、内容完备、结构严谨、内在和谐、体例科学、协调发展的法律体系，或者至少是正在致力于谋求建立这样一个法律体系。

国内法学界早已体认到这个环节的重要性，并作出了系统的阐释。谋求法治的技术性、形式性前提之一就是"建立一个门类齐全（一张'疏而不漏的法网'）、结构严谨（如部门法划分合理，法的效力等级明晰，实体法与程序法配套）、内部和谐（不能彼此矛盾与相互重复）、体例科学（如概念、逻辑清晰，法的名称规范，生效日期、公布方式合理）、协调发展（如法与政策、法与改革协调一致等）的法律体系，实现社会生活各个领域都有内容与形式完备、科学的法律可依"[1]。

四、依法行政

简单地说，依法行政就是指在进行社会秩序与社会生活的治理、管理和执行之际，依照事先的法律规定，并按部就班地依照法定的程序进行的意思。具体而言，就是指国家行政机关及其公职人员依据宪法、法律所赋予的职权，在法定的职权范围内，并依照法

---

[1] 李步云："法治国家的十条标准"，载《中共中央党校学报》2008年第1期。

定的程序而展开的对国家的经济、政治、文化、教育、体育、卫生、科技等各领域的社会事务进行管理的政府行为及其过程。依法行政要求所有的国家行政机关及其公职人员必须严格依法办事，亦即在法定职权范围内，充分行使宪法、组织法及其他相关法律赋予的管理国家和社会事务的行政职能，既不渎职，也不越权，更不滥用职权非法侵犯相对人的合法权益。要做到依法行政，就必须坚持做到行政行为及行政活动的合法、合理、高效，并坚持以人为本、急民所急、信赖保护、权责配套。

五、司法公正

司法公正是审判程序的公平、正当和审判结果的公平、正义的统一。前者属于程序公正范畴，而后者属于实体公正范畴。程序公正是指在诉讼活动推进的过程中对待各相关参与主体的态度是公正的，各诉讼参与人在诉讼过程中所受到的待遇是平等的、公平的、正当的，亦即是说其所得到的主张权利的机会是公正的。实体公正是说，经由司法活动所作出的决定是公正的，即是说，司法机关对各当事人的实体上的权利与义务关系所作出的裁判结果是公正的。程序公正与实体公正相辅相成、不可偏废，如果说实体公正是司法机关及其司法活动所追求的目标的话，那么程序公正恰恰就是那通往实体公正的道路和实现实体公正的保障。程序公正与实体公正共同构成了司法公正的完整含义。

司法活动是实现社会公正的最后一道屏障。在法治的意义上讲，假若一个社会连司法公正都失却了，那这个社会也就真的没有什么公正可言了。可以说，司法公正既是司法活动自身的要求，也是厉行法治的目标所在。

六、权力有限

"权力有限"，即在制度上，依法确立权力的范围，权力行使必须遵循法定程序。权力只有在法律明确赋予的权限范围内行使，

第十三章 法治理念论

并且只有依照法定程序行使才是有效的,而且在法治的语境中各种公共权力都被要求必须这样做,包括各政党进行的可能产生公共影响力的活动在内。

权力有限所强调的是,任何公共权力都必须产生于法律的明确授权,非法律明确授权不得拥有某项权力;任何公共权力的权力范围大小都是由法律加以确认的,不得超出法律授权的范围,否则就构成越权;在法律授权的范围内必须行使其权力,否则就会构成渎职;公共权力的行使必须按照法律规定的程序、方式进行,否则会构成权力的滥用和无效。比如,公诉权是法律赋予公诉机关行使的一种专门权力,具有专属性。在我国,根据宪法、刑事诉讼法和人民检察院组织法的相关规定,公诉权由检察机关所独享。由于公诉权的法定性,在应当运用权力时,公诉机关必须依法行使其权力,反之,"该出手时不出手",即是对法定职责的渎职。

七、权利保护

权利保护,即在观念上确立权力来源于权利并旨在为权利实现服务,只有在为了谋求权利的实现和捍卫人权的过程中,权力才真正具有合法性;而且非经法律的明确规定,且为了相应权利的实现,任何公共权力机关都不得无端地对公民课加额外的义务。

在古代社会,王权和神权相结合,成为权力的基础和来源,在神权和王权之下,社会大众更多的是被课加了维护神权和王权的义务,权利来自神权和王权的赐予,因此,那时的权力与权利之间主要是对抗和冲突,对立与斗争是矛盾的主要方面。但是,近代社会发生了巨大社会转型,从古代的权力本位渐渐步入权利本位,更多的人们认定,只有来自权利的权力才是合法的、正当的,权力被严格限定在私益的边界之外且只担当消极的"守夜人"角色。现代法治社会进一步由国家中心主义转向社会中心主义,有识者和一般公众普遍认为,不仅权力必须来源于权利,而且权力必须为权利而存在,应当保障权利的实现,必要时权利甚至可以限制和剥夺权力；权利有赖于权力，没有权力的保障，权利将失去维护的屏障；权力因为代表公益和保障权利而具有了理性的权威，富有了迫使个体服从的特质。

随着社会的进步、公众认知能力的提高以及国家法治化水平的高涨，人们越来越发现，在权力和权利这对矛盾中任何一方的夸大或压制对现代社会的发展和运行来讲，都是极不明智的。❶ 在法治语境中，凡是不超越权力与权利关系的底线所实施的有利于上述目标实现的行为模式，法都会予以承认、维护和保障；反之，凡是超越了权力与权利关系的底线所实施的背离追寻和实现上述目标的轨迹的行为模式，法就会予以否定、抨击和制裁。亦即是说，不仅权力是有限的，不受约束的权利也是不存在的，权利在行使之前必须设想三方面利益：自己的利益、与自己对应的义务人的利益、权利人与义务人之外第三者的即社会的利益，只有这三种利益互不冲突、和谐一致，权利的行使才能得到法律的放任、认可和保障，否则就将走上权利滥用的歧途，而权利滥用一经认定，或者是被滥用的权利归于消灭，如当把物当作犯罪工具使用时，对物的所有权因犯罪工具被没收归于消灭便是例证；或者由于权利滥用而给社会和他人所造成的损害将依性质和程度而引起刑事的、民事的等法律责任。

八、人权保障

人权是一项重要的法律价值。人权的基本内涵涉及三个层面：人作为人、人作为有尊严的人、使人成其为有尊严的人。"人作为人"是承认人的自然属性，"人作为有尊严的人"是强调人的社会

---

❶ 比如，人们的喝酒习惯属于他的私人爱好，权力一般并不干预喝酒与不喝酒，但当他酒后驾驶时，那么权力就不得不出面干预。又如，某人的爱情生活是他的私人权利，权力不得干预，但是如果他引诱未成年人搞不正当的性行为和性交易，那么权力就不得不干预。

第十三章 法治理念论

属性,"使人成其为有尊严的人"是强调人的政治属性,指向的是国家和社会对人所肩负的责任。尊重和保障人权既是人类近代文明的标志,也是一切先进法治国家的重要特征。

人权在近代以来的宪法中被规定为公民的基本权利,这些基本权利是指那些对人来说意味着不可或缺、不能替代、不可转让、具有综合性、母体性的权利体系。在法治语境中,保障人权的途径包括:在一国之内,国家通过立法将代表人权的公民基本权利具体化为各项权利,并分别予以保护和实现,并通过司法提供救济;在国际社会,不同国家和地区间通过缔结或参加与人权保障攸关的国际公约等来参与和推动国际人权事业的发展。侧重点还是在国内,通过立法及法的运行,以对公民和社会组织私权利之保障作为实现法律的价值和立法宗旨的首要追求,明确私权利与国家公权力之间的界限;确认对个人人权的彻底尊重与关怀是法律的根本目的,高扬个人尊严和普遍性私权利的至高无上地位,并任其监督国家公权力的行使。同时,明确与划分私权利和公权力之间的最终界限,确立公权力来源于私权利的基本理念,为实现私权利对公权力的监督与制约创造必要条件。弘扬理性权利意识,严肃合法权力观念。在现今时代,民主化、法治化正在成为世界文明进程的主旋律,各新进国家在其新一轮的立宪潮流中莫不以根本大法确认法律规定之外的剩余权益属于国民所有,而以明文的法律文件明确国家的构成及组成为国家机器的各个分支、各个层级的国家机关的权力范围与界限,把国家公权力的行使限于法律文件明确授权的范围内,并以不侵害公民的个人正当权利为前提。一切国家机关存在及运作的唯一理由就是社会公众人权状况的改善、人民大众各项福利的提高。进而国家的目的也只能在于调节和扩充其公民利益,为广大公民谋求正当利益提供适宜的空间与条件保障。在公民面前,在大众面前,国家作为一个政治实体不应当有任何的私利,组成为国家的全部的国家机关也不得有自己的私利,置身于国家机关中的所有公务人员更不得借用国家机关之权力谋求一己之私。这乃是组织人民大众积极参与法的监督的正确理念。

九、社会自治

社会自治是指在国家对待一般性社会事务管理与社会主体自己参与一般性社会活动方面的放任态度。在政治学意义上，社会自治的主张既是个人自由与伦理责任、良心自由与道德自律的内在统一与要求，也是根源于政府是由个人所组成并难以对其实施充分有效的监督，因而难以防止其侵害公民的权利之故所导致的对政府控制和多数统治的不信任。社会自治意味着要还自由于民众，就是将可以由社会管理的事务放任由社会组织或社会主体自主决策、自我管理、自负其责，以促动和激活社会的生机与活力，使社会主体更有自由、更有尊严，使社会更加开明、开放、和谐。社会自治是一个与社会治理相对应的范畴。在社会治理的语境之下，生活于特定社会发展阶段的每一个社会主体是被统治者、被管理者或被治理者，每一个都不是在自主决策自己的选择，都是被选择和被教化的对象，因此也都是不自由的，甚至常常处于被限制、被控制、被压制、被强制的状态。而在社会自治的语境之下，生活于特定社会发展阶段的每一个社会主体对社会事务的参与都是自觉的、理性的、主动的，社会成员自己关心着自己感兴趣的话题，从事着自己感兴趣的有益的社会活动，认识、理解、决定和参与着与自己利益相关的社会事务，因此他们是自由的，一直处于独立、自尊、自重和自爱的氛围之中，释放着自己的能量，独立自主并有尊严地从事着一切在其看来有益于社会与和悦身心的事业。

在法治语境中的社会自治，范围广泛、形式多样。狭义上的社会自治主要包括大学自治、企业自治、社团自治、政党自治等。广义上，除了狭义上列举的社会自治之外，还包括诸如在我国的民族区域自治和香港特别行政区、澳门特别行政区的高度自治，这些都是更为典型的政治社会分权机制，属于广义上的社会自治范畴，同时它们本身也是一种特殊的自治形态。

社会自治既是主权在民和一切相信群众的群众路线的生动体现和实现形式,也是防范和阻止公共权力侵害公民权利和社会利益的保护墙,并且由于社会自治分散了原本由政府承担的社会管理权力,大大减少了社会对政府的期待和要求,因此社会自治组织及其活动实际上也就担负了一部分社会责任,官民之间、政府与社会之间的矛盾由此得以缓解,起到了社会压力与紧张的减压阀之功效。

十、程序正当

程序正当意指在过程中,任何权利和权力的行使,都必须遵循正当的程序,尤其对公共权力而言更是如此,否则就是不合理乃至无效的。法治必须有一种良好的机制将法律、执法和司法机构串联起来,使其有效运转。这种良好的机制就是正当程序。正当程序原则是指权力主体在行使权力行为的过程中应当遵循法定且合理的方式、方法及步骤。行为方式、步骤构成了权力运行行为的空间表现形式,行为的时限、顺序构成了权力运行行为的时间表现形式。正当程序原则也是近代以来人权保障的基本原则。这一原则起源于英国的"自然正义"(Natural Justice)原则,自然正义原则在英国是一个非常古老的原则,它要求所有国家权力必须正当行使。它包含两项最低限度的程序公正标准:一是任何人不能成为与自己有利害关系案件的法官,二是任何一方的意见都必须公平地被听取。后来这一原则为美国所继承。在英美法中普遍认为,符合正当程序要求的程序才能实现程序正义,或者说,只有能够实现程序正义的程序才是正当程序。

在近代法治语境中,正当程序原则意味着:权力必须公正、恰当地行使,尤其当权力机关在作出对当事人不利的决定时,必须听取当事人的意见;公共权力也不得凭借立法的实施干预公民的自由生活,与此相应,代议机关的立法本身也必须符合公平与正义。从立法角度而言,"立法机关通过立法程序所产生的立法结果必须具

法理学要论

备合理的根据并经过充分的论证以尽力说服那些利益受到影响的社会成员接受该结果的正确性和公正性。如果一项立法不是建立在立法过程中理性的论证、辩论、交涉、协商的基础之上，那么它就会因为没有得到合理、充分的证明而失去其公正性，也难以得到那些受其影响的社会成员的理解和信任"❶。而正当程序"可以提供一种根据证据资料进行特殊的自由讨论、沟通的场合和方式，可以使各种观点和方案得到充分考虑，各个层次上的利益得到综合考虑，各种选择都能得到充分展示和权衡。在这里，通过辩论和反复交涉，法案实际上不断受到否认的锤炼，从而能够大大提高法律规范的可学性，实现优化选择，找出最佳方案。"❷ 虽然"程序只能以非直接的方式通过那些预先被承认的机构而赋予其他事物以合法性"❸，但在法的运行意义上，不管从行政角度而言，❹ 还是从司法角度而言，程序都应是正当的，没有正当性，程序将凹陷其基础，丧失其威严，失却其生命。正当程序意味着程序的公正、合理、妥当、效率，它强调完备、公道对于程序的意义，并反过来珍视这样的程序对于确立法律权威的重要性。

公正、合理、妥当、效率的程序能够极大地满足进入程序的社会主体对于平等对待的需求和期待，使参与程序之中的各社会主体得以在一种尊严、自由、和煦、充分的对话与交流氛围中完全表达自己的观点、主张和证据，使程序运行过程具有交互性并使其结果

---

❶ 苗连营：《立法程序论》，中国检察出版社 2001 年版，第 68 页。

❷ 同上书，第 17 页。

❸ ［法］让－马克·夸克：《合法性政治》，佟心平、王远飞译，中央编译出版社 2002 年版，第 32 页。

❹ 具体到行政领域而言，正当程序意味着：(1) 公民有在合理时间内得到通知的权利；(2) 公民有了解行政机关论点和根据的权利；(3) 公民有为自己辩护的权利；(4) 行政人员处理与自己有利害关系的事务或裁决与自己有利害关系的争议时，应主动回避或应当事人的申请回避；(5) 行政主体应设置相对独立的机构来裁决涉及行政管理的有关争议，并且原调查和提出指控的机构不能直接作出处理裁决；(6) 自由裁量必须有程序控制；(7) 程序违法的行政行为应视为无效；等等。

具有可接受性。因此，在谋求法治化的现代社会，正当程序实际上业已成为法律运行的核心。

第四节 依法治国基本方略的核心内涵

按照目前我国执政党文献的阐述，"依法治国，就是广大人民群众在党的领导下，依照宪法和法律规定，通过各种途径和形式管理国家事务，管理经济文化事业，管理社会事务，保证国家各项工作都依法进行，逐步实现社会主义民主的制度化、法律化，使这种制度和法律不因领导人的改变而改变，不因领导人看法和注意力的改变而改变。依法治国，是党领导人民治理国家的基本方略，是发展社会主义市场经济的客观需要，是社会文明进步的重要标志，是国家长治久安的重要保障。党领导人民制定宪法和法律，并在宪法和法律范围内活动。依法治国把坚持党的领导、发扬人民民主和严格依法办事统一起来，从制度和法律上保证党的基本路线和基本方针的贯彻实施，保证党始终发挥总揽全局、协调各方的领导核心作用"❶。这一总括性定义，指明了目前所提出并理解的依法治国的核心内涵包括以下几个方面：依法治国的主体是人民群众；依法治国的客体是国家权力和公共事务；依法治国的根据是法律制度；依法治国的方式是多样且可行的，人民有权通过各种途径和形式来管理国家和社会事务；依法治国的目标在于使民主制度化、法律化，最终实现人民民主和落实人民主权；依法治国的核心是依法行政；依法治国的根本是富民兴邦；依法治国的策略是循序渐进。

一、依法治国的主体

依法治国的主体是人民。由于在国家机关组织及日常社会事务

---

❶ 江泽民：" 高举邓小平理论伟大旗帜，把建设有中国特色社会主义事业全面推向二十一世纪——在中国共产党第十五次全国代表大会上的报告"，1997年9月12日。

管理中，执政党和政府扮演着实际的决策者与执行者的角色，所以从表面上看，执政党和政府或其他公共权力似乎是"治国"的主体，然而实际上它只是被授权的主体，真正的、本源的主体只能是人民。根据我国宪法规定，中华人民共和国的一切权力属于人民，人民行使权力的渠道和方式是全国人民代表大会及地方各级人民代表大会。这也就是说，人民是国家的主人，有权组织起自己的国家政权和创制反映自己意志的法律。立法活动及法律体系应当集中体现人民的利益、愿望和要求，保障人民当家作主的意志与身份。所谓依法治国，建设社会主义法治国家，说到底就是要将人民利益、愿望和要求集中体现到法律体系之中，将其置于国家统领与支配的地位，在国家权力机关组织和国家权力的运行过程中发挥规范性的决定作用。就是切实实现人民当家作主来实施国家治理，即使是执政党，也是来自人民、服务人民、受人民监督的，说到底也只是人民中的一部分，其地位也只能是引领人民群众推进依法治国事业的领导者和组织者，为人民依法治国创造良好的社会氛围和稳定的政治基础。

二、依法治国的客体

依法治国的客体是国家权力及其公共事务管理行为。从控制国家权力、规制行使国家权力的公务人员的意义上，依法治国也可以说是依法治权、依法治官。因为包括立法权、行政权和司法权在内的国家权力都是经由人民依法行使政治权利组织起来的，是人民通过选举组织起来的代表机关委托政府组织和审判机关及其公职人员来依法行使的。整体的国家权力，在终极意义上是属于全体国民，是组织形成的人民主权，是可以推演出来的主权在民，但国家权力的各个分支和面向则是人民意志的间接表达和体现，是组织起来的国家政权系统的分工与制约机制的产物和表现，各项权力并不是由人民中的某一个组成分子任性地直接行使，如若那样，势必导致无政府主义；而一旦忽略和无视人民的主体地位，就会扭曲依法治国的客体为主体地位，并将视公民为防范对象，把人民群众或社会公众置于公共权力的对立面，导致滑向权力目的的反面或走向极权独裁。所以，将依法治国的客体定位于国家公共权力及其公职人员管理公共事务、从事社会管理的活动是必要的、可行的，也是正当的。

三、依法治国的根据

依法治国的根据是宪法和法律制度。依法治国必须奠基在良好的宪法和法律基础之上，没有宪法作为根本大法和治国理政的总章程，没有制定得良好的法律，依法治国就根本谈不上。依法治国作为一种政治运行机制实质上是民主政治、法治政治。因此，实行依法治国首先就意味着必须顺应人民的意愿，遵从人民的选择，经过民主的商谈，确立体现实质正义与程序公正的相对完备的法律体系，防止心血来潮、任性恣意之举，也排斥以言废法、因人改制的恶劣现象，将一切事关人民利益的公共事务管理行为和公共权力运行活动纳入法律的调控与规制之下，迫使其服务于其自身设置的目的和法律的要求。同时健全责任与权力相统一的机制，做到适法有保障，权责相统一，权力被监督，违法要追究，侵权必赔偿。也就是说，立法、司法、执法活动的开展都必须按照法定的职权和程序来进行；如果脱离法定的立法权限和程序，即使创制出法律，其合法性也会受到质疑乃至因缺乏合法性基础而丧失迫使人们服从的效力；而执法、司法活动违背法定的职权和程序，其活动本身就是无效的，甚至是违法的，不具有让人们服从的权威性。

四、依法治国的方式

依法治国的方式是多样且可行的，人民有权通过各种途径和形式来管理国家和社会事务。在应然意义上说，法律应该是符合社会发展和进步规律、与社会发展和进步保持同态频率，并合乎自然和人性的一般要求的行为准则；在正当程序意义上，法律应该是大多数本国公民的意志、利益、愿望和要求的集中表达、汇聚场域、展现途径,如经过公民的争论、商谈和表决而形成;在顺应现实需要的立场上,法律是立法者(以政治家为核心)在立法活动中,参照其他国家已经制定的法律而创制的符合本国目前和未来社会需要的规范系统,这是制度建构的产物和作品,在这种场合,很多具体的法律或法规可能是按照部分或个别政治领导人的一时意愿去制定的,这种意义上的"法律"常常会堕落为领导人显示权威、支配社会或维护统治的借口或幌子。也就是说,依法治国是有其价值内核的,以遵循规律、保障人权、彰显理性、捍卫自由、稳定秩序、实现正义为追求;依法治国是有其切实可行之途径和最可信赖之方略的。要想切实、稳健地推进依法治国,就必须做到:在思维方式上,凡遇切身利害或管理事务,先寻求宪法、法律渠道和方法;在领导方式上,任何政党(包括执政党)在领导开展公共事务管理和社会事业建设之际,将自己的行为控制、约束在法律体系的框架内,作为执政党依法组织、领导社会生活,能动运作国家管理机制,贯彻、维护国家制度的准则;在行为方式上,严于律己和精于自律,对公民个人而言,自觉服从法律之调整,守法自律;对社会组织而言,严格依照法律和章程,完成组织设置之宗旨与使命;对政党而言,在宪法、法律的范围内,执政党科学、能动、理性地履行执政身份,履行好与执政地位相当的职责,参政党积极参政议政,当好参谋者和监督者,切莫尸位素餐,辜负人民期待。

五、依法治国的目标

依法治国的目标在于使民主制度化、法律化,最终实现人民民主和落实人民主权,使人民当家作主真正到位、落到实处。人民的主人地位越得到巩固和强化,人民的意志越得到尊重和体现,依法治国方略就越能从根本上得以落实;反过来说,依法治国方略越有效地贯彻,人民主权就越能得到强有力的保障。当然,人民依法管理国家和社会事务,作为依法治国的主体,并不意味着作为个体存在并作为人民整体的一分子的每一个个体可以随心所欲、胡作非为。即使是人民中的一分子，只要触犯法律，就应依照法律的规定对其施加相应的惩罚，否则，人民的根本利益将受到侵犯，人民的意志会被扭曲，人民民主和人民主权将面临威胁。所以，对少数无视依法治国之目标、戕害人民主权之大局者，施加必要的制裁也是依法治国的题中应有之义。

六、依法治国的核心

依法治国的核心是依法行政。这里所讲的依法行政主要是指政府行政工作贯彻、落实国务院《全面推进依法行政实施纲要》所提出的行政机关及其工作人员必须严格遵循的六条基本行为准则，即合法行政、合理行政、程序正当、高效便民、诚实守信和权责统一。行政机关是依法行政最基本的主体，行政机关工作人员是一切行政活动的最终实施者，只有行政机关及其公职人员坚持对人民利益高度负责的态度，对反映和体现人民利益、愿望和要求的宪法、法律负责，严格依照法定的职权和程序实施行政管理，才可能建设起一个廉洁、勤政、务实、高效的诚信政府、责任政府、服务政府和法治政府。

七、依法治国的根本

依法治国的根本是富民兴邦，民富足而向法治，国兴盛而权利广。具体而言就是保障公民权利不受侵犯，并确保公民权利的正当行使；实现社会的长治久安与和平安定，为社会公众一心一意谋富裕、奔小康、求发展创造扎实的秩序基础和行为规范，为公共权力服务于人民富足安康、国家繁荣昌盛的事业提供正当的法律基础和行为依据，建设一个富强、民主、文明、和谐、正义的社会，作为一个充满爱心、智慧、勇敢、兼容和壮美的礼仪之邦，屹立于世界民族之林和国家之列。

八、依法治国的策略

依法治国的策略是循序渐进。依法治国是旨在谋求实现国家长治久安的一项十分艰巨的社会政治工程,也是一项长期而壮丽的宏伟战略任务,非一朝一夕一时所能速达,必须审时度势、立足当下、深谋远虑而按部就班地努力推进和践行。首先,根据目前国情,依法治国的策略是先在基层打好基础,稳扎稳打、循序向上一阶层推进,最后达致宪政,亦即从扩大基层民主、行业民主、组织民主以及落实基层自治开始,进而在各级政权机关和社会各行各业中广泛而普遍地扩展开来。这是一条纵向的由村及乡再到县、市、省、中央的逐步扩大民主实行法治与横向的不同的组织体内部不断扩张民主实行法治同时推进的渐进道路。其次,完善一党执政和多党参政机制,但是必须强调执政党要约束自身,即所谓"党要管党",严格自律,服从他律,保障执政者由具备成熟的政治素养和良好的个人修养者充任之;任何违法犯罪者都应受到严厉惩处,以不至于败坏执政者的亲民、为民形象;任何不当行为都应承担应有的法律责任;最终确保执政活动是在宪法、法律的范围内进行。

依法治国基本方略的确立,是当代执政党领导集体治国理念和执政方式的重大转变,开启了我国社会主义民主法治建设的新阶段。进入21世纪以来,执政党不断加强社会主义民主政治建设,把依法执政确立为新的历史条件下治国理政的基本方式,提出尊重和保障人权、树立社会主义法治理念等一系列重要战略思想,不断深化对什么是社会主义法治国家、怎样建设社会主义法治国家的认识,丰富和发展了依法治国基本方略。实施依法治国基本方略16年来的历程充分证明:依法治国是发展社会主义市场经济、建设中国特色社会主义的客观需要,是社会文明进步的重要标志,是国家长治久安的重要保障。践行依法治国方略,也就是在迈向实现国家繁荣昌盛、社会和谐发展、人民幸福安康的文明、发展、进步、富强之路。

参考文献

李步云主编.法理学［M］.北京：经济科学出版社，2001.
夏勇主编.法理讲义［M］.北京：北京大学出版社，2010.
徐显明主编.法理学［M］.北京：中国政法大学出版社，1999.
徐显明主编.法理学［M］.北京：中国政法大学出版社，2007.
刘星.法理学导论［M］.北京：法律出版社，2005.
孙笑侠主编.法理学导论［M］.北京：高等教育出版社，2004.
葛洪义主编.法理学［M］.北京：中国政法大学出版社，1999.
葛洪义主编.法理学［M］.北京：中国人民大学出版社，2007.
张文显主编.法理学［M］.北京：高等教育出版社，北京大学出版社，1999.
张文显主编.法理学［M］.北京：高等教育出版社，北京大学出版社，2007.
刘作翔主编.法理学［M］.北京：社会科学文献出版社，2005.
周永坤.法理学［M］.北京：法律出版社，2004.
卓泽渊主编.法理学［M］.北京：法律出版社，1998.
公丕祥主编.法理学［M］.上海：复旦大学出版社，2002.
孙国华、朱景文主编.法理学［M］.北京：中国人民大学出版社，2004.
马克思主义理论研究和建设工程重点教材《法理学》编写组.法理学［M］.北京：人民出版社，高等教育出版社，2010.
［英］丹尼斯·劳埃德.法理学［M］.许章润，译.北京：法律出版社，2007.
［美］戈尔丁.法律哲学［M］.齐海滨，译.北京：三联书店，1987.
［美］波斯纳.法理学问题［M］.苏力，译.北京：中国政法大学出版社，1994.

［德］伯恩·魏德士.法理学［M］.丁小春，吴越，译.北京：法律出版社，2003.

［美］布莱恩·比克斯.法理学——理论与语境［M］.邱昭继，译.北京：法律出版社，2008.

［美］布莱恩·比克斯.法律、语言与法律的确定性［M］.邱昭继，译.北京：法律出版社，2007.

［德］科殷.法哲学［M］.林荣远，译.北京：华夏出版社，2002.

［澳］维拉曼特.法律导引［M］.张智仁，周伟文，译.上海：上海人民出版社，2003.

［英］G.D.詹姆斯.法律原理［M］.关贵森，陈静茹等，译.北京：中国金融出版社，1990.

［德］考夫曼.法律哲学［M］.刘幸义，译.北京：法律出版社，2004.

［美］E.博登海默.法理学——法哲学及其方法［M］.邓正来，译.北京：华夏出版社，1987.

［德］N.霍恩.法律科学与法哲学导论［M］.罗莉，译.北京：法律出版社，2005.

后　　记

呈现在读者面前的这本小册子是我在近年来开设法理学课程的教案基础上整理而成的。自2000年以来，我作为本单位的教学骨干，一直担当着为各个层次、各种类型的学生教授法理学课程的任务，其中面向法学本科生、非法学专业背景的法律硕士生、在职法律硕士生、其他专业背景辅修法学的双学士学位生的教学工作量尤其之大，教学工作辛劳，而教学过程快乐，正是在教学实践中，在不断的课堂讨论、课间提问与课后答疑的经历中，我的法理学教案体系不断调整与完善，相应的理论脉络与知识要点也愈发充实与清晰，也是在这样一段段的教学经历中，感知了法理学视域中"教学相长"的真谛与魅力。

法理学是一个具有内在逻辑的理论体系。在多年的法理学备课过程中，我对国内外不同作者的法理学著述进行了较为广泛的浏览，从中获益颇多，相当多的教益已然融入这本小册子，无论是在体系的建构方面，还是在知识的凝练方面，可以说这本小册子集聚了众多前贤的智识与能量，也可以说，这本小册子是在众多我从中获得教益的著作基础上的结晶之作。对此，在这本小册子行将付梓之际我虽无法一一列出，但愿暂举其要者，附录于书后，并期以之作为读者进入法理学殿堂的一个个基石。

时光荏苒，转眼之间，似乎已经步入了应知天命的时节。然我亦深知，生也有涯，学无止境，越潜心阅读，越觉得自己的浅显与寡闻。生活的世界瞬息万变，法律的生活各有千秋。当我致力于探索法律世界的普遍真理的时候，恍然发觉，其实法治化的生活属于当下，法理学的研究与教育怕是无法超越时代的特征与国情的蕴含。法律是生活的准则，法学是实践的学问，法理是这些背后的制度理性。如何让现时代的制度理性在现实社会生活中凸显其张力，展示其魅景，活跃其价值，应当属于法理学的重要使命。这本小册子力图在这方面有所贡献,但如何达致理想境界,尚有赖于读者的阅读且思索。

  感谢山东大学法学院的同事们!山东大学法学院正值蓬勃发展之期,同事们团结进取一心向学,诲人也严谨不倦,治学也笔耕不辍,内修成就学理人品,外谋服务国家社会,与他们在一起工作生活,倍感愉悦。感谢同事们!

李道军

2013 年 7 月 10 日于山东大学法学院